Friedelind Wagner · Nacht über Bayreuth

Friedelind Wagner

Nacht über Bayreuth

Die Geschichte
der Enkelin Richard Wagners

Mit einem Nachwort
von Eva Weissweiler

Dittrich-Verlag
Köln

Meinen beiden Vätern
Siegfried Wagner
und
Arturo Toscanini

ISBN 3-920862-04-X

Titel des Originals: „Heritage of Fire“, 1944
„Nacht über Bayreuth“, Bern/Schweiz, 1945
Übertragung aus dem Englischen (1945)
von Lola Humm
Titelgestaltung: Johannes Paar
Realisation: Inge Stratmann
Druck: fgb freiburger graphische betriebe

Einleitung

Das Deutschland, in dem ich 1918 geboren wurde, war ein zerrüttetes, trostloses Land, und meine engere Heimat, Bayreuth, hatte auf besondere Art gelitten: das Festspielhaus war geschlossen, das Ensemble und die Besucher waren in alle Winde zerstreut. Selbst *Wahnfried*, das Wohnhaus Richard Wagners, war verlassen; meine Eltern hatten während des Krieges, als sie es sich nicht mehr leisten konnten, das große Haus zu heizen, in Vaters kleines Junggesellenhaus ziehen müssen. So stammen meine ersten Kindheitserinnerungen nicht aus „Wahnfried". Erst 1922 siedelten wir wieder dorthin über; die Rasen und die Blumenbeete des weiten Gartens, die zum Anbau von Gemüse und Kartoffeln benutzt worden waren, wurden wieder in den alten gepflegten Zustand versetzt, zur Freude der zahlreichen Besucher, die den Festspielen, die im Jahre 1924 wieder aufgenommen wurden, beiwohnten.

Nur vermittels großer persönlicher Opfer und dank der Hilfe von Musikliebhabern war es Vater möglich gewesen, die Festspiele wieder zu eröffnen, und von neuem führten große Sänger und große Dirigenten Richard Wagners Opern in dem Theater auf, das er auf dem Hügel über der kleinen Stadt errichtet hatte. Musikfreunde aus den entferntesten Winkeln der Welt erfüllten die sommerliche Luft mit dem Klang ihrer Partituren-Wiedergabe und mit ihrem vielsprachigen Geplauder; Daimlers, Mercedes' und Rolls-Royces drängten sich in den Straßen; Könige und Königinnen, Herzoge und Herzoginnen, Fürsten und Fürstinnen, würdevoll wie einst, obgleich die meisten von ihnen ihre Kronen verloren hatten, soupierten nach den Aufführungen mit den Besuchern und den Künstlern, die sie mit Beifallsrufen überschütteten, wenn sie die breite Treppe ins Theater-Restaurant herunterschritten. *Wahnfried* stand wieder wie vor dem Krieg, als Cosima dort wie eine Königin Gäste empfangen hatte, vornehmen und prominenten Besuchern offen.

Ich war alt genug, um Vaters Träume zu verstehen und zu teilen, als er das Festspielhaus wieder eröffnen konnte, das zehn Jahre hindurch seine Tore geschlossen hatte. Diese künstlerische Atmosphäre war der Hintergrund, von dem aus ich später beobachtete, wie Hitler und seine Nationalsozialisten Bayreuth und ganz Deutschland verpesteten.

Daß Bayreuth sich nach dem Ersten Weltkrieg wieder zu einem Mittelpunkt des Musiklebens entwickelt hat, wird als bleibendes Verdienst meines Vaters in die Musikgeschichte eingehen. Er überlebte die Eröffnung der Festspiele nur um wenige Jahre, hatte aber noch die Genugtuung, zu sehen, daß seine Anstrengungen von Erfolg gekrönt waren. Er war jedoch zu müde und zu überarbeitet, um die Anforderungen, die von Tag zu Tag größer wurden, auszuhalten. Im Jahre 1930 brach er nach der Generalprobe der *Götterdämmerung* zusammen - es ist symbolisch, daß sein Zusammenbruch gerade nach dem Spiel vom Trauermarsch beim Tode Siegfrieds erfolgte. Meine Mutter führte sein Werk heroisch weiter. Was dann folgte, wird in diesem Buch beschrieben.

Doch das Bayreuth meines Vaters und meiner Großeltern besteht nicht mehr. Ich muß mich entschieden gegen die oft geäußerte, völlig ungerechtfertigte Meinung wehren, daß mein Großvater im Geist ein Nazi gewesen sei und daß sein Werk die

Nazi-Ideologie verherrliche. Er hätte niemals solche Anschauungen vertreten. Sein ganzes Leben, seine Schriften und seine Musik widersprechen dem. Die Leute sollten lesen, was er geschrieben hat, anstatt auf die Nazi-Propaganda zu hören.

Richard Wagner sah mit prophetischer Klarheit die Tragödie unserer Zeit voraus. Hätte Hitler den *Ring des Nibelungen* mit Verstand gelesen, würde er sein eigenes Schicksal vorausgesehen haben. Im *Ring* wird symbolisch ausgedrückt, daß der, der das Gold zur Befriedigung seiner Machtgier verwendet, vernichtet wird. Solange das Gold Schönheit darstellte, war es ein edles und schönes Metall, doch als Alberich der Liebe abschwur und das Gold nahm, daraus den *Ring* schmiedete, um Macht für sich zu erringen und seine Mitmenschen zu versklaven, vollführte er die gleiche selbstsüchtige Tat, die wir heute wiederholt sehen. Wenn Hitler und diejenigen, die seine falsche Auslegung von Richard Wagner nachsprechen, diese Parallele begreifen könnten oder wollten, würden sie meinen Großvater verstehen. Sie würden das ewige Motiv verstehen, das sich wie ein roter Faden durch seine Werke zieht - die Erlösung durch Liebe und durch Mitleid. Es sind immer Liebe und Opferbereitschaft, die in Wagners Dramen die Erlösung bringen.

Großvater hat einst geschrieben: „Ich würde alles, was ich geschaffen habe, mit Freude aufgeben und vernichten, wenn ich dadurch die Sache der Gerechtigkeit und der Freiheit in der Welt fördern könnte."

Dieses Wort hat Toscanini als Motto an den Kopf eines Briefes an mich gesetzt, als ich aus den gleichen Gründen wie mein Großvater freiwillig zur Emigrantin wurde.

So trete ich in die Fußstapfen meines Großvaters,

der nur intolerant gegen Intoleranz war, ein Rebell gegen Ungerechtigkeit. Als Kind und als junges Mädchen war ich Zeuge, wie die Bühne für das Drama, das die Welt bis in ihre Fugen erschütterte, errichtet wurde.

Anfang der Zwanziger Jahre lernte meine Mutter einen unbekannten, jungen Fanatiker kennen und wurde, da sie glaubte, er sei tatsächlich der „Retter der Welt", seine begeisterte Anhängerin. Ihre Begeisterung können nur diejenigen verstehen, die das Nachkriegs-Deutschland jener Zeit kannten, als jedermann brennend einen Menschen herbeisehnte, der dem deutschen Volke einen Weg aus seinen Wirren zeigte. Die Tatsache jedoch, daß Adolf Hitler Deutschlands Führer wurde, ist ein Denkmal für die Naivität weitester Kreise der deutschen Nation.

Hitler wurde ein häufiger Besucher unseres Hauses, so daß ich ihn kennenlernen konnte, zwanglos, ohne „Bühnenaufmachung", so, wie er wirklich war und wie ihn nur wenige Menschen erlebt haben. Mein Vater lachte über den seltsamen „Messias" meiner Mutter. Er glaubte, wie die meisten anderen, daß der sich selbst erwählte „Retter" nicht die geringste Chance auf Erfolg habe. Diese Meinung so vieler Menschen verhalf Hitler am meisten zu seinem erstaunlichen Aufstieg - niemand von Bedeutung nahm ihn ernst! Die Wächter des Versailler Vertrages wurden ebenso eingeschläfert wie das ganze deutsche Volk. Niemand hielt es für nötig, ihn unschädlich zu machen, weil alle glaubten, er würde von selbst wieder im Nichts verschwinden.

Ich habe in nächster Nähe miterlebt, was mit dem kulturellen und künstlerischen Leben Deutschlands geschehen ist; heute ist es der ganzen Welt entsetzlich offenbar geworden. Die Welt, in der ich aufgewachsen bin, scheint mir jetzt ein Märchen zu sein, scheint nie wirklich gewesen zu sein. Ich bin meinem Schicksal dankbar, daß ich eine gediegene Grundlage erhalten habe, die es mir ermöglichte, Schönheit, Liebe und Güte, Musik und alle Künste zu schätzen, bevor es mir bewußt wurde, daß das Leben grausam ist und nicht nur voll Schönheit. Daß es mir gelang, mich durch Haß, Betrug, Gemeinheit und Brutalität durchzusteuern, ohne mich darin zu verfangen, verdanke ich dem einzigartigen Hintergrund meines Elternhauses und dem Entschluß, das, was mein Vater mich lieben lehrte, hochzuhalten - und dafür zu kämpfen! Nachdem ich voll Entsetzen mitansehen mußte, wie Menschen unter dem Druck dieser Diktatur zu jämmerlichen Kreaturen wurden, wurde mein ganzes Dasein eine ständige Rebellion gegen alles, was mit dieser Diktatur zusammenhing, und gegen alle, die sich ihr verschrieben hatten.

Das Band, das mich mit Deutschland verknüpfte, wurde endgültig im Jahre 1940 in der Schweiz zerschnitten, als ich meiner Mutter zum letzten Mal Lebewohl sagte. Nach diesem Abschied auf dem Bahnsteig des Zürcher Bahnhofes, an einem rauhen Frühlingsnachmittag, begann ich ein neues Leben; vielleicht ist es richtiger, zu sagen, ich bin einen Schritt vorangegangen, denn im Grunde hatte ich schon lange kein Vaterland mehr.

Dank der Hilfe der englischen Regierung, die meine Dienste, die sie als von „unique propaganda value“ (einzig dastehendem Propagandawert) ansah, angenommen hatte, konnte ich nach England zurückkehren, wo ich dann Monate hindurch für Zeitungen schrieb und überhaupt alles in meiner

Macht Stehende gegen das Nazi-Regime unternahm, bis der Zusammenbruch von Belgien und Holland die Engländer zu zwingen schien, alle Angehörigen feindlicher Länder zu internieren; auch ich mußte einige Monate in einem Internierungslager auf der Insel Man verbringen. Im September 1940, gerade zur Zeit der ersten Luftangriffe, wurde ich nach London geschickt.

Während ich interniert war, hatte sich Toscanini unaufhörlich bemüht, meine Befreiung zu erwirken. Bereits im Sommer 1940 hatte er für mich die Überfahrt nach Argentinien geregelt, doch erst im Frühjahr 1941 konnte ich dort eintreffen.

Im Juni kam Toscanini zu einem Konzertgastspiel nach Buenos Aires, und sechs Wochen später flog ich mit ihm und seiner Frau nach New York. An einem Sommernachmittag kamen wir um sechs Uhr auf dem La Guardia-Flugplatz an. Am nächsten Morgen um neun Uhr reichte ich mein erstes Gesuch zur Erlangung des amerikanischen Bürgerrechtes ein. Ich weiß jetzt wieder, wo ich hingehöre.

Wie herrlich es ist, ein Vaterland zu haben, in dem man arbeiten und frei atmen und in Freundschaft mit seinen Nachbarn leben kann, können nur diejenigen ermessen, die auch eine andere Art zu leben kennengelernt haben!

Friedelind Wagner, New York 1945.

Erstes Kapitel

Besuch eines Retters

Cosima lag auf der Couch im Salon des oberen Stockwerkes, ihre blinden Augen hatte sie vom Licht abgewandt; wir durften mit ihr „Doktor“ spielen: Wieland maß mit einem Bleistift ihre Temperatur, ich fühlte ihr den Puls, Wolfgang versuchte, über einem Glas einen Teelöffel tropfenweise mit Wasser zu füllen, und das zweieinhalbjährige Baby Verena spielte auf dem Boden mit einigen Kissen. Wir liebten Cosimas Zimmer mit seinen tiefen, chintzüberzogenen Sesseln und der Büste von Richard Wagner auf dem Kaminsims; es lag neben unserem Kinderzimmer und war weniger steif als die Räume im unteren Stockwerk. Am meisten liebten wir den Balkon, von dem aus man den Garten sehen konnte mit seinem von Rosenbeeten umgebenen Springbrunnen und mit Wagners Grab, das eine graue, mit Efeu bewachsene Marmorplatte ohne Inschrift kennzeichnete. In Großmutters Gegenwart wagte niemand, Richard Wagners Namen zu erwähnen; nahte sein Geburtstag oder der Jahrestag seines Todes, verheimlichte man ihr das Datum, bis der betreffende Tag vorüber war; auch sie sprach nie von ihm, doch man sagte, sie rufe im Schlaf oft seinen Namen.

Jeder - außer uns Enkelkindern, die vor niemandem Scheu empfanden - ging auf Zehenspitzen in der Nähe dieser majestätischen, großen Dame mit dem Adlerprofil, deren Gesicht wohl immer eher interessant als schön gewesen war. Sie war jetzt fast neunzig Jahre alt; ich liebte es, sie mir so vorzustellen, wie sie auf dem Porträt, das über dem Kamin hing, oder auf den beiden in der Bibliothek, die von Lenbach gemalt waren, aussah; auf dem einen trug sie ein schwarzes Kleid, auf dem anderen ein weißes und auf dem, das Joukowsky gemalt hatte, ein orientalisches Gewand. Was für turbulente Tage mußten das gewesen sein, als Urgroßvater Liszt noch lebte, als Lästerzungen über Cosimas geweihtes Haupt herzogen und die Berliner die *Tannhäuser*-Ouvertüre auszischten.

Cosima und die Tanten - ihre Töchter Eva und Daniela - die Porträts und die Flügel, der Garten und das Grab, das alles gehörte zur Wagner-Tradition, die in Wahnfried weiterlebte, in diesem Haus, das Großvater vor einigen fünfzig Jahren in Bayreuth gebaut hatte, der entzückenden bayerischen Kleinstadt, von ihm erwählt, um dort das vollkommene Bühnenfestspielhaus für seine Musikdramen zu errichten. Er entwarf die Pläne für Wahnfried großzügig, es sollte ein gastfreier Mittelpunkt für Musiker und andere Künstler werden, und hier erlangte er auch den Frieden, nach dem er sich stets gesehnt hatte.

Für uns Wagner-Enkel, die wir in diese schöne und verwirrende Welt von Vorfahren und Traditionen geboren wurden, war Wahnfried wie ein altes, verzaubertes Märchen. In den dreißig Jahren, seit Wagner in Venedig auf dem kleinen Sofa, das Cosima nach Wahnfried mitgebracht und in ihrem Schlafzimmer aufgestellt hatte - wir durften es nicht berühren - gestorben war, hatte Großmutter mit diktatorischer Gewalt geherrscht. Während der ganzen Zeit war im Haus auch nicht der kleinste Gegenstand verändert worden: in der riesigen Bibliothek, die angefüllt war mit Büchern, nach Wagners Angaben wunderschön gebunden, mit seltsamen und kostbaren Geschenken, die seine Verehrer aus allen Teilen der Welt gesandt hatten, blieb alles genau auf der Stelle, wo es zu seinen Lebzeiten gewesen war; seine Brille lag noch in der gleichen Schublade der glasbedeckten Kommode, in die er sie zu legen pflegte; in fast jedem Zimmer standen Flügel; sie durften nicht um einen Zoll verschoben werden; wir durften sie nicht anrühren.

„Dieser Flügel gehörte Liszt“, wurde uns erzählt. „Euer Großvater hat auf seine Reisen immer den französischen Flügel Erard mitgenommen, den er seinen Schwan nannte; auf dem schwarzen Steck hat er Parsifal komponiert. Der Flügel aus Mahagoni mit der Inschrift ist ein Geschenk Steinways an ihn. Auf dem Bechstein komponierte Vater. Ihr könnt auf eurem Flügel im Kinderzimmer üben.“ Vor allem interessierte uns der nach Liszts Angaben hergestellte Sessel, der ihm einen guten Halt bot, wenn er sich beim Spiel zurücklehnte - es waren zwei solcher Sessel vorhanden gewesen, einen hatten wir aber zerbrochen, als wir uns in ihm zurücklehnten, um „wie Liszt zu spielen".

Ich verstehe jetzt, was für eine Verwirrung wir vier Spätkömmlinge in dieser traditionsgeweihten Umgebung verursacht haben müssen. Vater war sechsundvierzig Jahre alt und unsere schöne, junge, englische Mutter achtzehn, als er sie als seine Frau nach Wahnfried brachte. Die Ankunft von Richard Wagners erstem Enkel im Jahre 1917 war Anlaß zu großer Freude; am Tag seiner Geburt setzte sich Cosima zum ersten Mal seit Wagners Tod an den Steinway-Flügel und spielte einige Takte aus dem *Siegfried-Idyll.* Fünfzehn Monate später folgte ich an einem Karfreitag, wurde aber nicht so geehrt, ebensowenig Wolfgang und Verena, die bald nach mir kamen - Cosima berührte den Flügel nie wieder. Wir kletterten auf den geheiligten Stühlen herum, spielten mit den Souvenirs des Meisters, setzten sogar seine Brille auf, zum größten Vergnügen meines Vaters und unter entsetzlicher Mißbilligung seiner Schwestern, deren Gefühle zwischen Empörung über die Entweihung und Stolz über die Vitalität der neuen Wagners schwankten.

Wir taumelten glücklich durch unsere sorglosen Tage, bezaubert, doch nie in Furcht versetzt durch unsere atemberaubenden Vorfahren. An jenem strahlenden Maimorgen des Jahres 1923, als wir in Cosimas Zimmer Doktor spielten, waren wir besonders vergnügt, da Wieland nicht in die Schule hatte gehen müssen. Mutter erwartete einen Gast, und wir sollten später herunterkommen, ihn zu begrüßen; wir waren an Gäste gewöhnt und ließen uns durch sie nicht stören. Schon als Babys krochen wir auf dem Boden zwischen den Füßen berühmter Musiker, Schriftsteller, Sänger und gekrönter Häupter umher, der nie aufhörenden Flut vornehmer Besucher Wahnfrieds.

Cosima war zu hinfällig, um noch oft Gäste zu empfangen; sie sah nur die treuesten der alten Freunde, aber wir berichteten ihr stets alles.

„Wer kommt heute?“ fragte sie.

„Ein neuer Schwarm von Winnie“, antwortete Daniela, die heute bei Großmutter Dienst hatte. „Dieser junge Adolf Hitler, den sie in München kennengelernt hat. Sie glaubt, daß er der Retter Deutschlands wird.“

Cosimas Töchter leisteten ihr abwechselnd Gesellschaft; morgens saß Daniela bei ihrer Mutter, nachmittags Eva, manchmal auch kam Eva am Morgen und Daniela am Nachmittag. Die beiden begegneten einander mit Zurückhaltung, denn Evas Mann, Houston Stewart Chamberlain, war eines der Objekte von Danielas Haß, und diese Fehde hatte eine gewisse Entfremdung zwischen der freundlichen Eva und ihrer Schwester hervorgerufen.

Daniela haßte oder liebte immer jemanden mit großer Heftigkeit und konnte es nicht ertragen, ihre Mitmenschen glücklich zu sehen. Hätte sie in einer anderen Umgebung oder in einer anderen Zeit gelebt und einen Beruf ergreifen können, wäre ihr bestimmt großer Erfolg beschieden worden, denn sie besaß hohe Intelligenz und große Tatkraft, doch da sie von Cosima in den damals für ein Mädchen der deutschen Gesellschaft enggezogenen Schranken erzogen worden war (sie war eine v. Bülow und, trotz Cosimas Scheidung, bei Hof vorgestellt worden), war sie voll ungenutzter Energien, die sich oft in Wutanfällen Luft machten, die sie danach stets bitterlich bereute.

Was uns an Daniela besonders faszinierte, waren ihre Augen, das eine war blau, das andere braun. Es geht die Sage, daß Cosima, als sie ihr Kind zum ersten Mal betrachtete und die Augen sah, einen Schrecken bekommen habe, weil sie fürchtete, es könne ein zwiespältiger Mensch werden, und sie war entsetzt bei dem Gedanken, daß das Kind den unsteten Charakter seines Vaters Bülow geerbt haben könnte, der ihm und ihr das Leben zur Hölle gemacht hatte.

Daniela liebte uns Enkelkinder und war nachsichtig zu uns, sprach sie aber von unserer Mutter, wurde ihre Stimme scharf wie Essig. Sie hatte Vaters Ehe mit einem Mädchen, das seine Tochter hätte sein können, nie gebilligt. Zudem war Winifred Williams hingegen die Adoptivtochter von Karl Klindworth, dem berühmten Pianisten und Dirigenten, Engländerin und ein Waisenkind. Daniela und Winifred hatten vom ersten Augenblick an heftige Abneigung gegeneinander empfunden; Cosima hatte Daniela damals nach Berlin geschickt, um die Ausstattung für Siegfrieds Braut zu besorgen, und Daniela hatte in ihrem leidenschaftlichen Konservatismus auf Kleidern bestanden, in denen sich keine Braut, die etwas auf sich hielt, sehen lassen konnte - sie eigneten sich mehr für eine Großmutter. Die Schuhe waren so spitz, daß Mutter sie alle zu einem Schuster brachte und sie abrunden ließ. Als sie nach Wahnfried kam, verschenkte sie ihre ganze Aussteuer und trug ihre Schulmädchenkleider.

Seit der unglücklichen Entwicklung ihrer Ehe, die kurz vor dem Krieg geschieden wurde, hatte Daniela ihr ganzes Interesse Vater zugewandt; nach seiner Heirat war sie als Rotkreuz-Schwester an die Front gegangen. Als sie einige Jahre später nach Bayreuth zurückkehrte, hatte Vater ihr Wohnung in Wahnfried angeboten, doch ihr Haß gegen Mutter vergiftete die Atmosphäre so, daß ein Zusammenleben der beiden Frauen unter einem Dach nicht möglich war. Bald war Daniela in eine Wohnung in der Nähe gezogen; danach herrschte eine Art Waffenstillstand zwischen ihr und Mutter.

Wir lauschten stets atemlos Mutters Geschichten über ihre ersten Zeiten in Wahnfried. Cosima hatte sie behandelt, als sei sie kaum der Kinderstube entwachsen, hatte von ihr verlangt, daß sie täglich schriftliche französische Aufgaben mache und jeden Morgen eine halbe Stunde in der Bibliothek Staub wische. Mutter haßte das alles, ertrug es aber, denn sie hatte in Schearbrandt, dem alten Diener, eine mitfühlende Seele gefunden. Ihm, Chamberlain und Vater war es zu verdanken, daß ihr Frohsinn nicht von den übermächtigen Geistern Wahnfrieds gebrochen wurde.

„...ein Schwarm von Winnie“, Daniela legte eine Welt von Verachtung in diese Worte. Wir achteten nicht darauf, denn unser Interesse an dem erwarteten Gast war recht gering, uns lag vielmehr daran, Cosima zu überreden, auf den Balkon hinauszugehen.

„Großmutter“, fragte Wieland, „darf ich dich im Rollstuhl fahren?“ Er war der einzige von uns, der groß genug war, ihn zu schieben, durfte das aber nur mit Hilfe einer der Tanten tun.

Großmutter erhob sich von der Couch. Sie sah so groß und dünn aus, so wachsbleich und hinfällig, daß ich stets Angst hatte, sie könne entzweibrechen. Ihr weißes Haar, in der Mitte gescheitelt und zu einem griechischen Knoten frisiert, war noch immer dicht und schön.

In einer kleinen Prozession zogen wir zum Balkon. Wolfgang schleppte eine Decke heran, die über Cosimas Knie gelegt wurde, und Daniela hüllte sie in einen Schal. Draußen duftete der Frühling; die Blätter der Ulmen begannen sich zu entfalten, ein zartes Gelb gegen die dunklen Tannen, und das Gras zwischen den Blumenbeeten zeigte ein frisches Grün. Putzi, unser Skye-Terrier, brach seine Jagd auf eine Fliege ab und bellte uns wütend an.

„Es ist Putzi“, erklärte Wolfgang (wir nannten ihn Wolfi). „Er will heraufkommen.“

Cosima legte Wolfi ihre durchsichtige Hand auf den Kopf. Sie hatte keinen von uns mehr sehen können, wußte aber stets, wer neben ihr stand und freute sich, daß wir alle blond wie reifes Korn waren.

„Kinder, Kinder!" Emma rief von der Tür des Salons aus. „Ihr sollt kommen!"

Wir küßten Cosima auf beide Wangen und folgten widerstrebend Emmas Ruf. Dieses große Kindermädchen vergötterten wir; sie half Wieland bei seinen Aufgaben, hörte sich unsere Klagen geduldig an, stand uns in allen Schwierigkeiten bei, duldete aber keine Ungezogenheiten. Jeden Abend drohte sie, von uns fortzugehen, weil wir bös gewesen seien, und wir glaubten ihr das stets und bettelten, daß sie bleibe.

Im Nu waren wir gewaschen und gekämmt, Baby Verena trug ein weißes Spitzenkleid, ich hatte eine blaue Schleife im Haar. Emma schickte uns hinunter ins Musikzimmer, wo Vater und Mutter saßen. Ich lief stürmisch zu Vater und umklammerte seine Hand. Jeder Augenblick, den ich bei ihm verbringen durfte, bedeutete für mich vollkommene Glückseligkeit. Mutter saß, mit glänzenden Augen und geröteten Wangen, an Großvaters Flügel und strich spielerisch über die Tasten.

Dieser Raum war der Schauplatz der meisten wichtigen Ereignisse unseres Daseins. Es war der Mittelpunkt des Hauses, ein großer, zweistöckiger Salon mit dicken Wänden für gute Akustik, das Licht fiel durch ein Glasdach. Unter der Galerie, die den Raum völlig umgab, hatte Cosima die von König Ludwig geschenkten Ölgemälde mit Darstellungen des *Nibelungenrings* so anbringen lassen, daß sie wie ein Fries wirkten; es waren so viele, daß man nicht gewußt hatte, was man sonst mit ihnen tun sollte. Ebenfalls Geschenke von Ludwig waren die sechs auf Podesten stehenden Marmorstatuen: Lohengrin, Siegfried, Tannhäuser, Tristan, Walther von Stolzing, Parzival; sie dienten als gute

Haken für die Weihnachtskränze. Hier, zwischen den Büsten und den Helden, feierten wir Geburtstage und Weihnachten, und wenn die Eltern Gesellschaften gaben, krochen wir auf die Galerie und starrten durch das Geländer auf die Gäste hinunter.

Wir mußten lange warten. Mutter sprach eifrig auf Vater ein und schwärmte ihm von dem jungen Mann vor, den sie eingeladen hatte. Allmählich wurden Wolfgang und ich ungeduldig und gingen zur Haustür, um nach dem Wagen Ausschau zu halten, der die Kastanienallee herunterkommen sollte. Endlich bog ein Wagen aus der Richard-Wagner-Straße ein. Wir riefen die Eltern und gingen dann alle zur Haustür, um den Besucher zu begrüßen. Ein junger Mann sprang aus dem Wagen und ging auf uns zu. Er sah recht gewöhnlich aus in seinen kurzen bayerischen Lederhosen, den dicken Wollsocken, einem rotblau karierten Hemd und einer kurzen, blauen Jacke, die um seinen mageren Körper schlotterte; die spitzen Backenknochen schienen die hohlen, fahlen Wangen durchbohren zu wollen, seine blauen Augen glänzten unnatürlich in fanatischer Glut; er hatte einen ausgehungerten Blick.

Er schüttelte Mutter, die ihn Vater vorstellte, die Hände und folgte schüchtern und verlegen in das Musikzimmer und in die Bibliothek, wo er auf Zehenspitzen zwischen den Andenken umherging, als besichtige er die Reliquien einer Kathedrale. Voll Ehrfurcht starrte er auf die kristallene Opiumpfeife, die Cosima geschenkt worden war; er blieb vor einer Schmetterlingssammlung stehen, die Richard Wagner in Neapel auf der Straße gekauft hatte, betrachtete lange die Platte von Großvaters letzter photographischer Aufnahme, die gegen das Licht aufgehängt war. Seitdem er als zwölfjähriger Junge zum ersten Mal *Lohengrin* gehört habe, blicke er zu Wagner als „dem größten Deutschen, der je gelebt habe“, auf, pflegte Hitler zu sagen.

An den zwei recht häßlichen Vasen, die mit Lohengrin und dem Schwan bemalt waren - auch Geschenke von König Ludwig - ging er schnell vorüber, doch las er die Inschriften auf den Medaillons und nahm einen der silbernen Lorbeerkränze in die Hand, die Mutter gerne fortgetan hätte; sie wagte es aber wegen der Tanten nicht.

Nachher gingen wir hinter den Eltern und dem ständig Bücklinge machenden, sich in der ungewohnten Umgebung unsicher fühlenden Gast in den Garten, wo er von der Wagner'schen Atmosphäre weniger bedrückt zu sein schien. Er erzählte den Eltern von dem Staatsstreich, den seine Partei für Ende des Jahres plane, ein Schritt, der, wenn er gelinge, die sofortige Machtergreifung bedeute. Als er von seinen Plänen sprach, wurde seine Stimme lebhaft, tiefer und klingender, und wir saßen um ihn herum wie ein Kreis kleiner, verzauberter Vögel, die Musik lauschen, achteten dabei aber gar nicht auf das, was er sagte.

Schließlich verabschiedete sich der junge Mann, und wir konnten zu unseren Spielen zurückkehren. Beim Mittagessen sprach Mutter noch immer von Hitler und erzählte Vater, wie Frau Bechstein ihm zu essen gegeben, ihn angezogen und ihm Unterricht in den elementarsten Manieren erteilt habe; sie habe ihn ins Opernhaus mitgenommen, ihn mit Geld versehen und Gesellschaften veranstaltet, um ihn einflußreichen Leuten vorzustellen. Edwin Bechstein, der bekannte Klavierfabrikant, war Mutters Vormund, und bei einem Besuch in seinem Haus in München war sie von dem Fieber angesteckt worden.

„Fühlst du denn nicht, daß er zum Retter Deutschlands bestimmt ist?“ fragte sie hartnäckig.

Vater lächelte nachsichtig; auf ihn hatte dieser krankhaft aussehende junge Mann keinen Eindruck gemacht.

Zweites Kapitel

Aschenbrödel

Wenn Vater zu Hause war, bedeutete das jeweils Feiertage für uns. Im Herbst und im Winter aber gingen er und Mutter immer auf Konzert-Tourneen, und wir blieben mit Emma, den Dienstboten, Cosima und den Tanten zu Hause; wir hatten auch dann genügend Abwechslung, doch hatte ich stets eine geheime Angst, daß Vater eines Tages nicht zurückkommen werde.

Fast den ganzen Sommer 1923 verbrachte Vater in Wahnfried. Gewöhnlich arbeitete er bis zur Teestunde, danach machten wir einen großen Spaziergang und versammelten uns dann alle gegen sechs Uhr in Cosimas Zimmer. Manchmal ging die ganze Familie gemeinsam spazieren, manchmal - seltene und kostbare Gelegenheiten - ging ich mit Vater allein. Wir schlenderten durch den Hofpark, der von unserem Garten durch ein eisernes Gitter getrennt war; Vater liebte das Volk und blieb oft stehen, um mit einem Vorübergehenden zu plaudern. Wenn er verreiste, brach er oft stundenlang zu früh auf, um auf dem Bahnhof die Leute zu beobachten; die so gesammelten Eindrücke verwandte er in seinen Opern.

Gewöhnlich nahmen wir unseren Weg durch die Wiesen und bestiegen die freundlichen, bewaldeten Hügel, die die Stadt umrahmten. Wenn wir allein waren, lehrte er mich Englisch und Französisch. Er hatte fast seine ganze Kindheit im Ausland verbracht und sprach beide Sprachen völlig akzentfrei. Auf italienisch konnte er jeden Dialekt imitieren und liebte es, zuweilen sich vor mir als lombardischer Bauer oder neapolitanischer Fischer auszugeben. Er war ein so guter Schauspieler, daß er Leute in ihrer Gegenwart nachahmen konnte, ohne daß sie es bemerkten.

Er prüfte mich in Opernmotiven, oder wir erdachten gemeinsam neue Opern. Wir schmiedeten auch wunderbare Pläne für die Zeit, da ich alt genug sein würde, ihn auf seinen Tourneen zu begleiten und ihm bei der Veranstaltung der Festspiele zu helfen. Der sehnlichste Wunsch seines Lebens war, das seit Kriegsbeginn geschlossene Festspielhaus wieder zu eröffnen. Zu diesem Zweck ging er auf Konzerttourneen, eilte von einer Ecke Europas in die andere, dirigierte Konzerte oder seine Opern. Im nächsten Jahr - 1924 -, so glaubte er, würde er die Festspiele wieder veranstalten können.

Er wünschte so sehr, daß Cosima vor ihrem Tod noch einmal den *Nibelungenring* hören könne. Vater vergötterte sie. Niemand wußte besser als er, was für eine Entsagung es sie gekostet hatte, ihm die Leitung der Festspiele zu übergeben. Sie hatte sie zu einem großen Erfolg gebracht, sie hatte die Künstler ausgewählt und einstudiert, hatte die technische Einrichtung überwacht, die Finanzierung durchgeführt, kurz - sie hatte alles gemacht. Zunächst hatte Vater nur dirigiert, später wurde er Cosimas Assistent, und als sie ihn schließlich für genügend vorbereitet hielt, zog sie sich von der Leitung ganz zurück.

„Sie wird nie die Hände davon lassen können", hatten die Leute prophezeit; sie hatte es aber doch getan. Von dieser Zeit an waren die Festspiele Vaters Lebensinhalt. Mein Kinderherz barst fast vor Stolz, als er von mir als seiner Nachfolgerin sprach.

„Eines Tages wirst du die Festspiele führen", sagte er oft. Ich hatte noch nie ein Festspiel gesehen und verstand nicht ganz, was er meinte, antwortete aber ernst: „Natürlich werde ich das tun."

Wenn er auf unseren Spaziergängen in Gedanken verloren war, wußte ich, daß „Papa komponiert", und ging neben ihm her, sorgfältig bedacht, nicht einen Laut von mir zu geben. Es war lustig, zu versuchen, mit ihm Schritt zu halten, da er abwechselnd schnell und langsam ging, je nach dem Thema, das er gerade im Kopf hatte. Dann vergaß er seine Tochter völlig, bis wir das Gartentor von Wahnfried wieder erreicht hatten. Dort lachte er und sagte, ich würde eine wunderbare Komponistenfrau werden.

„Natürlich", stimmte ich zu. „Willst du mich nicht heiraten?" Es war nicht einfach, mir zu erklären, warum ein kleines Mädchen seinen Vater nicht heiraten kann.

An regnerischen Sommernachmittagen besuchte uns Vater zuweilen im Kinderzimmer. Wieland zeichnete meistens; er tat es mit der linken Hand und, da sein Zeichenlehrer ihn schalt und zwingen wollte, mit der rechten Hand zu arbeiten, zeichnete er zu Hause aus Protest weiter mit der linken; wir mußten ihm immer Modell sitzen. Vater hatte Verständnis für Wielands Eigenart, da er früher selbst mit der linken Hand dirigiert hatte, bis seine Musikanten sich beschwerten und ihm sagten, es sei zu schwierig, ihm zu folgen. Wolfi hörte auf, seine Feuerspritze auseinanderzunehmen, und wir umringten Vater, der uns dann Geschichten aus seiner Kindheit oder aus seiner Verlobungszeit mit Mutter erzählte.

Seine Winnie war ein Aschenbrödel gewesen. Ihre

Mutter, eine junge Schauspielerin, und ihr Vater, ein Ingenieur, ein Brückenbauer, der in seiner Freizeit Romane und Musikkritiken schrieb, waren gestorben, als Winnie noch nicht zwei Jahre alt war. Ihr dänischer Großvater, der in bescheidenen Verhältnissen in London lebte, war so entsetzt über die Aussicht, ein Kind großziehen zu müssen, daß er in Versuchung geriet, das Baby umzubringen und Selbstmord zu begehen. Diesem Schicksal entging Winnie, verbrachte aber eine traurige Kindheit in einem englischen Waisenhaus. Als sie zehn Jahre alt war, wurde sie in die Ferien nach Deutschland zur Frau von Karl Klindworth geschickt, einer entfernten Verwandten von ihr. Als die Klindworths auf dem Bahnhof in Hannover das bleiche, schöne, kleine Mädchen mit der Erkennungsmarke um den Hals abholten, verliebten sie sich sofort in es. Die Ferien wurden endlos ausgedehnt, und nach einigen Jahren wurde es von dem Pianisten und Dirigenten adoptiert.

Frau Klindworth, die Engländerin war und schlecht Deutsch sprach, schickte Winnie zwar in eine deutsche Schule, nahm sie aber zu allen englischen Teegesellschaften der Stadt und sonntags in den Gottesdienst der englischen Kirche mit. Ihr Pflegevater gab ihr Klavierunterricht, und sie durfte mit ihm die besten Konzerte in Berlin besuchen. Als sie fünfzehn Jahre alt war, hörte Winnie meinen Vater dirigieren, verliebte sich sofort in ihn und verbrachte ihre Tage in der Schule damit, sein Profil in ihre Schulbücher zu zeichnen - diese Bücher hatten wir noch in Wahnfried. Ihr ganzes Taschengeld gab sie für die Textbücher seiner Opern aus.

Zwei Jahre später - 1914 - nahm Klindworth sie nach Bayreuth zu den Festspielen mit; zu den

Generalproben hatte man auf Einladung hin Zutritt, und sie waren exklusiver als die öffentlichen Aufführungen. Der Pianist, ein alter Freund von Richard Wagner und von Liszt, war Intimus in Wahnfried, und so stellte er seine Pflegetochter Cosima und der Familie vor, die von dem schönen Mädchen begeistert waren. Vor allem war Siegfried entzückt, der sie fortwährend in das Wagnerhaus zum Tee einlud. Mutter hatte eine Schwäche für Eingemachtes, und Vater war so betört von ihr, daß er sie drängte, es aus dem Topf zu essen. So eroberte sich dieses siebzehnjährige Mädchen mit Marmelade an ihren Fingern einen der bestaussehenden, reichsten und hervorragendsten Junggesellen Deutschlands. Wie man sich denken kann, herrschte tiefe Trauer unter vielen Müttern von heiratsfähigen Töchtern.

Doch die Werbung ging nicht ohne Schwierigkeiten vor sich. Sowie Vater die geschäftlichen Angelegenheiten der Festspiele geregelt hatte, die 1914 mitten während der Saison infolge des Kriegsbeginns abgebrochen wurden, fuhr er nach Berlin und unternahm die lange Wallfahrt nach Lichterfelde, zum Hause Klindworths. Er ließ dort sogar ein vegetarisches Mittagessen über sich ergehen, bestellte sich allerdings sofort danach im ersten besten Restaurant am Potsdamer Bahnhof eine riesige Portion Schinken.

Als Vater im Frühling des nächsten Jahres seinen Antrag machte, war Klindworth einverstanden.

„Soll Winnie erst die Schule absolvieren“, fragte er, „oder wollen Sie sofort heiraten?“

„Sofort!“ erwiderte Vater, doch es bestand ein großes Hindernis: Winnie war feindliche Ausländerin und mußte sich täglich zweimal auf der Polizei melden. Nach endlosen Kämpfen mit der Bürokratie und drei Monaten Wartezeit erreichte Vater, daß sie naturalisiert wurde; einen Tag lang war sie preußische Staatsangehörige, am nächsten Tag heiratete sie Vater in Bayreuth, und sie wurde bayerische Staatsangehörige.

Von dem Augenblick an, da sie Wahnfried betrat, war Mutter Vaters Ein und Alles. Sie wurde seine Sekretärin und besorgte während einiger Jahre alle geschäftlichen Angelegenheiten seiner Konzert-Tourneen, begleitete ihn überallhin, belebte ihn durch ihren Frohsinn und ihren Liebreiz. Er amüsierte sich über ihre Schwächen und machte sich gutmütig über sie lustig. Ihre Schwärmerei für Hitler sah er einfach als ein neues Steckenpferd von ihr an. Sie war jung und sprudelte vor Leben und Vitalität, warum soll sie also nicht zu Versammlungen laufen und auf der Straße oder in Bierlokalen - wenn sie schon in Bierlokale geht - eine Hakenkreuzfahne schwingen? Ihre Begeisterung würde sich mit der Zeit schon legen.

Vater war von dem Deutschland der Nachkriegszeit enttäuscht. Im Herzen war er noch immer, wie die meisten Deutschen, Monarchist; er hatte des Kaisers Flucht weder verstanden noch verziehen, hatte aber auch keinerlei Sympathie für die Weimarer Republik, die Schiffbruch erlitt, obgleich sie das Beste wollte. Er war liberal, aber auch konservativ, und der Anblick Deutschlands, zerrissen durch Revolution und Blutvergießen, einen dunklen Messias nach dem anderen hervorbringend, bekümmerte ihn. „Deutschland ist ein Schweinestall geworden“, sagte er. Vater hatte jedoch ein zu kosmopolitisches Leben geführt, um sich durch politischen Hader erregen zu lassen. Er hatte den Hauptteil seines Lebens im Ausland verbracht, bereiste jedes

Jahr ganz Europa, und die Atmosphäre in Wahnfried war durch seine Besucher aus aller Welt ebenfalls international. So neckte er Mutter nur wegen ihrer politischen Spielerei und weigerte sich, Hitler als einen Heiligen anzusehen.

Der Sommer 1923 ging vorüber, und ich war, als die Konzertsaison begann, noch ängstlicher als sonst; denn diesmal wurde davon gesprochen, daß die Eltern nach Amerika gingen. Zu Beginn dieses denkwürdigen Novembers, um genau zu sein, am neunten, fuhr Vater mit Mutter nach München, um ein Konzert zu dirigieren. Nach seiner Ankunft mußte er feststellen, daß das Konzert abgesetzt worden war wegen des Putsches vom 8. November. Von den Zimmern des Hotels aus konnte man auf die Feldherrnhalle sehen. Die Eltern hörten Lärm auf der Straße, und als sie zum Fenster hinausblickten, sahen sie Hitler und General Ludendorff in der Mitte der Straße marschieren an der Spitze einer Abteilung von SA-Männern in Windjacken. Näher und näher kamen sie, Schritt haltend mit dem General, neben dessen gebieterischer Gestalt Hitler kläglich unmilitärisch aussah. Plötzlich, als der Zug gegenüber der Feldherrnhalle aufmarschieren wollte, wurde er durch Maschinengewehrfeuer auseinandergetrieben. In dem Durcheinander konnte Mutter nicht erkennen, was mit Hitler und Ludendorff geschehen war. Der General sei unversehrt, hieß es, aber Hitler sei am Arm verwundet, niemand wußte, wo er sich verbarg.

Vater war entsetzt bei dem Gedanken, daß die bayerische Regierung auf General Ludendorff, Deutschlands Abgott, hatte feuern lassen. Mutter konnte ihn in dieser Stimmung überreden, nach Innsbruck zu fahren, wo Göring, der über die Alpen geflohen war, in einem Krankenhaus lag, ernstlich verwundet. Vater, dem Unglück naheging, fand Göring, gepflegt von seiner schönen schwedischen Frau, die selbst krank war; sie waren ohne einen Pfennig Geld. Vater bezahlte ihre Rechnungen und ermöglichte es ihnen, nach Venedig zu reisen, wo sie ein Jahr in einem Hotel wohnten, dessen Besitzer, ein Freund von Vater, ihnen keinen Pfennig berechnete.

Dies war meines Vaters einziger Beitrag zur Nazi-Bewegung. Er dachte gar nicht mehr an das Ganze und kam nach Hause, um mit uns Weihnachten zu feiern, stets eines der größten Feste in Wahnfried. Schon wochenlang vorher suchten wir Kinder uns im Haus Schlupfwinkel aus und versteckten Geschenke für die Tanten, Cosima und Emma. Richard Wagners Büste im Musikzimmer hatten wir mit einer meiner Mützen und Wolfis Schal bekleidet, Liszt hatten wir Vaters schillerndste Krawatte um den Hals gebunden. Der große Baum lag auf dem Fußboden; aufgestellt und geputzt war er so hoch, daß wir den Stern an der Spitze von der Galerie aus berühren konnten.

Am Heiligen Abend wurde um sechs Uhr geläutet; wir zogen in einer Reihe in den Saal und umringten den mit brennenden Kerzen geschmückten Baum. Vater spielte Klavier, Mutter las das Weihnachts-Evangelium vor, und wir sangen ein Lied. Schließlich folgte die Bescherung! Die Köchin, die in unserem Haus eine intellektuelle Snobistin geworden war, hatte sich Bücher über Richard Wagner gewünscht; Emma war mit Geschenken sowohl von den Familienmitgliedern als auch von den Gästen überhäuft - alle Besucher Wahnfrieds hatten sie gern. Dann gingen wir zu den kleinen Tischen, die um den Baum herumstanden, und bewunderten unsere Geschenke.

Bald nach diesem herrlichen Tag wurden die Koffer aus dem Keller geholt, und die Betten in Mutters Zimmern waren mit Kleidern bedeckt: Vater und Mutter fuhren nach Amerika! Vater hatte sich viel von dieser Reise versprochen, die aber eine Enttäuschung wurde. Als er in New York ankam, mußte er eine gewisse kühle Reserve ihm gegenüber feststellen, selbst seitens seiner besten Freunde. Später erfuhr er, daß Übelwollende nach New York gekabelt hatten, Vater habe zum Hitler-Putsch die Gelder beigesteuert, die von begeisterten Wagner-Anhängern in der ganzen Welt zur Wiedereröffnung der Festspiele gestiftet worden seien, obwohl Vater die Wiedereröffnung hauptsächlich mit den durch seine Konzerte erworbenen Mitteln ermöglicht hatte. Die offensichtliche Begeisterung meiner Mutter für die Nazis war meinem Vater in die Schuhe geschoben worden.

Wir Kinder wußten nichts von Vaters Sorgen, wir waren von einer anderen Tragödie betroffen worden - in diesem Frühling war Putzi gestorben. Eines der Dienstmädchen kam eines Tages aus dem Garten gelaufen, während wir beim Mittagessen saßen, und erzählte uns, daß unser Liebling im Springbrunnen ertrunken sei. Nachdem wir Putzi sehr beweint hatten, begruben wir ihn im Garten am rückwärtigen Zaun in der Nähe seiner Vorgänger, den Papageien und der jungen Amsel, die ich im Gras tot aufgefunden und in einer alten Schuhschachtel in die Erde versenkt hatte. Alle diese Gräber waren mit Grabsteinen versehen, die sogar größer waren als der für Russ, Großvaters Neufundländer, der aus Kummer über den Tod seines Herrn gestorben war und am Fuß von Wagners Grab beerdigt lag. Sein Grabstein war aus Marmor und trug die Inschrift: „Hier ruht und wacht Wagners Russ!“ Die anderen Grabsteine des kleinen Friedhofes am Zaun trugen nur die Namen der Hunde und Papageien, die dort beerdigt waren.

Ich habe stets bedauert, daß ich zu spät auf die Welt gekommen bin, um die Papageien noch zu erleben, dieses krächzende Paar, das Gäste mit Brünnhildes Schlachtruf „Hoiotoho!“ in Schrecken zu versetzen pflegte. Als Mutter nach Wahnfried kam, waren sie noch am Leben. Sie erzählte uns oft, daß der eine, es wird wohl Gockel gewesen sein, schlimmer als die Menschen gewesen sei. Eva konnte er nicht leiden und krächzte boshaft, wenn er in das Zimmer der Tante huschen konnte, wo er die Papiere auf ihrem Schreibtisch zerriß. Einmal hatte Gockel Eva aufstoßen gehört, seitdem ahmte er immer, wenn Eva ein Zimmer betrat, diesen Laut nach. Cosima aber liebte er; er schlief neben ihrem Schlafzimmer, und wenn seine Herrin in der Nacht unruhig wurde, rief er so lange „Dora komm, Dora komm!“, bis die Pflegerin erschien. Eines Nachts, als Einbrecher ins Parterre eindrangen, wurde Gockel zum Helden des Tages, da er das ganze Haus mit seinen Rufen „Dora komm!“ weckte. Gockels Grab war alt, doch wir pflegten es mit derselben Sorgfalt, die wir für die Gräber der Hunde, an die wir uns erinnerten, aufwandten.

Nun trugen wir Putzi zum Friedhof und legten ihn ins Grab. „Er soll neben der Amsel begraben werden“, befahl ich und steckte die Stelle mit einem Stock ab.

„Darf ich graben, Mausi?“ fragte Wolfi.

Da Wieland in der Schule war, führte ich als

Nächstälteste das Kommando und überwachte die Vorbereitungen. Wolfi ging ins Gartenhaus, eine Schaufel zu holen und kam mit dem alten Hoffmann, dem Gärtner, zurück, der vermeiden wollte, daß wir den Rasen zu sehr beschädigten. Sein Rosengarten und die Rasen waren ihm wichtiger als irgend etwas in der Welt. Während des Krieges hatte der alte Mann die Nachricht erhalten, daß seinem Sohn das Eiserne Kreuz verliehen worden war, und Cosima ging in den Garten, um ihm zu gratulieren.

„Danke vielmals, gnädige Frau", hatte er erwidert, „und ich möchte ein neues Paar Baumscheren haben."

Wir hatten die Absicht, Putzis Grab jeden Tag mit Blumen zu schmücken, vergaßen es dann aber in der Aufregung der Vorbereitungen für die Festspiele. Lieferanten liefen zwischen dem Festspielhaus und Wahnfried hin und her, Telegraphenboten rasten dauernd den Kastanienbaumweg entlang und zerfuhren den Kies mit ihren Fahrrädern. Auch Mutter war sehr beschäftigt, sie beantwortete Briefe und kümmerte sich um tausend Dinge; trotzdem fand sie noch Zeit, herauszubekommen, daß Hitler und seine Gefährten in der Festung Landsberg am Lech gefangen saßen. Die Partei schien verschwunden zu sein, und nur einige ganz fanatische Nazis arbeiteten noch im Geheimen. Hitlers treue Bewunderer empfanden solches Mitleid mit dem armen Mann, daß sie ihm Berge von Lebensmittelpaketen sandten, vor allem Süßigkeiten und Kuchen, die er leidenschaftlich gerne aß. In der Festung verlor er für immer sein verhungertes Aussehen.

Da Landsberg nur in siebeneinhalbstündiger Fahrt mit dem Personenzug von Bayreuth aus zu erreichen war, machte Mutter keinen Versuch, Hitler zu besuchen, begann aber sofort, Geld, Kleider und Nahrungsmittel für die Familien der verurteilten Nazis zu sammeln. Der Polizeichef der Stadt bestellte sie eines Tages auf sein Amt und ermahnte sie väterlich, mit diesem Unsinn aufzuhören, sonst würde auch sie noch eines Tages im Gefängnis landen. Doch sie ließ sich durch nichts beirren. Als sie dann erfuhr, daß noch andere Bewunderer dem eingelochten „Retter" Deutschlands Süßigkeiten sandten, dachte sie sich etwas anderes aus, was er brauchen könne. Im Papierladen in der Hauptstraße Bayreuths kaufte sie große Quantitäten Schreibmaschinenpapier, Kohlepapier, Bleistifte, Federn, Tinte und Radiergummis. Wir halfen ihr, alles einzupacken, und es sah so lustig aus wie eine Sammlung von Weihnachtspaketen. Sie wußte gar nicht, daß Hitler literarischen Ehrgeiz hatte, aber auf ihrem Papier und mit ihrer Tinte und ihren Federn schrieb er den ersten Band seines „Mein Kampf". Solange er sich auf der Festung befand, versorgte sie ihn mit allem, was ein vermeintliches Genie benötigen könnte.

Diese Tätigkeit bereitete Vater Sorgen, denn sie schuf eine unglückliche Atmosphäre für die Eröffnung der Festspiele. Das war jetzt schon mehr als kindliche Spielerei. Er wußte, daß er Mutter eigentlich veranlassen müsse, ihre Beziehungen zu den Nazis aufzugeben, konnte jedoch nicht streng zu ihr sein. Er machte aber damals die einzig bittere Bemerkung, die ich je von ihm gehört hatte: „Winnie vernichtet alles, was ich so verzweifelt aufzubauen versuche."

Drittes Kapitel

Festspiele

Mit der Wiedereröffnung des Festspielhauses im Jahre 1924 schien für uns Kinder ein Märchen Wirklichkeit geworden zu sein. Wir wollten nicht mehr Arzt werden, Lokomotivführer oder Eisenbahnschaffner, wir waren von Richard Wagners Werk und dem Treiben im Theater so gefangen, daß wir keinen Zweifel mehr über unsere Berufswahl hegten. Jeden Tag erzählten wir Vater einen neuen Plan, was wir alles machen würden, wenn wir mit ihm die Festspiele leiteten.

Es war sehr erregend mitanzusehen, wie das Festspielhaus, nachdem es zehn Jahre lang geschlossen gewesen war, neu angestrichen und eingerichtet wurde. Im Mai durften Wolfi und Verena jeden Morgen mit Vater durch die Straßen Bayreuths zum Festspielhaus fahren, um die Arbeiten zu besichtigen, während Wieland und ich, wir Unglückseligen, die wir in die Schule gehen mußten, warteten, bis Vater uns nach dem Unterricht mit dem Wagen abholen ließ.

Niemand hatte uns je gesagt, daß wir ins Festspielhaus gehen sollten, aber Vater hielt es für das Natürlichste auf der Welt, daß wir uns dort herumtreiben wollten, und so saßen wir bei jeder sich bietenden Gelegenheit im Wagen. Wir fuhren die Richard-Wagner-Straße hinunter über den Platz, um den Verkehrspolizisten herum, der uns immer „Guten Morgen“ zurief, vorbei an dem bronzenen Reiterstandbild auf einem Erinnerungsbrunnen für irgendein berühmtes Regiment, dann über den Main, der in Oberfranken ein so winziger Fluß ist, daß er sich im Sommer zwischen seinen hohen Ufern fast gänzlich verliert, dann den Hügel hinauf zum Festspielhaus. Die Motoren ratterten, wenn wir durch den Park, der sich am Hügelabhang zum Theater hinaufzieht, fuhren. Nach dem Krieg hatten die Stadtväter die Insassen des Ortsgefängnisses angestellt, um den Park mit Fußgängerwegen, Brunnen und kleinen Teichen in Winkeln unter Weiden zu versehen.

Wie liebten wir das Festspielhaus, dieses einfache, rote Backsteingebäude zwischen den Tannen! Es war nach Wagners Entwürfen gebaut, das Innere in Form eines Cellos; die offenen Gewölbe unter der Bühne gaben gute Resonanz, und die Decke war so dünn, daß der Ton bis zum Dach drang; es wird gesagt, das Theater habe die beste Akustik der Welt.

Im Innern herrschte lebhaftes Treiben: Schreiner hämmerten, Anstreicher gingen mit ihren Leitern in bekleckstеn Leinwandkitteln umher, Putzfrauen gossen über die Korridore Eimer mit Wasser und schrubbten eifrig. Alles war von den erregenden Gerüchen frischer Farbe, Terpentin und Naphtalin erfüllt. Auch Kranich, der technische Direktor, war bereits angekommen. Seine beiden Kinder spielten mit uns, kletterten mit uns zwischen den Stricken auf dem Schnürboden, trieben sich mit uns zwischen dem Gebälk unter der Bühne umher.

Daniela, welche die Kostüme unter sich hatte, ließ von den Näherinnen Miniatur-Kostüme für uns anfertigen, genaue Kopien der Originale. Wenn wir nicht im Festspielhaus waren, paradierten wir im Garten als Wotan, Fricka, Froh, Freia oder Siegfried und Brünnhilde, tobten umher, schwangen Speere, stießen unheimliche Schlachtrufe aus. Wir veranstalteten eine Aufführung des *Nibelungenrings* und erhoben von den Fremden, die im Garten umherwanderten, als besichtigten sie ein Museum, zwanzig Pfennige Eintritt. Mutter hielt später die Hintertür zum Hofpark geschlossen und reservierte den Rasen hinter dem Haus für die Familie, doch damals durften Touristen noch im ganzen Garten umhergehen; jeden Tag kamen sie, sprachen zu den Hunden auf englisch, holländisch, schwedisch, in allen Sprachen, nur nicht auf deutsch, blieben stehen, um die Inschrift über der Haustür zu lesen oder die Büste von König Ludwig zu betrachten, die gegenüber der Haustür inmitten einer kleinen Gruppe von Eiben stand.

Am 1. Juni begannen die Proben; die Anstreicher und Schreiner waren abgezogen, und das Personal erschien: die Korrepetitoren und die Orchestermitglieder, die Näherinnen und die Schneider und die Bühnenarbeiter. Seit jener Zeit bis zu dem Tag, da ich Bayreuth verließ, habe ich nicht eine Probe versäumt. Stunde auf Stunde war ich auf der Bühne, wich meinem Vater nicht von den Fersen, spielte „Regie-Assistent“, bis mir meine Füße von dem langen Stehen auf dem abschüssigen Boden wehtaten. Vater hatte eine himmlische Geduld, und ich schien ihn nie zu stören. Zwischen den Proben liefen wir in den Garderoben umher, sahen den Kostümproben im oberen Stockwerk zu, wo auf der einen Seite des Gebäudes den Choristinnen die Kostüme abgesteckt wurden und auf der anderen Seite die Chorsänger Schilde und beflügelte Helme ausprobierten; hinten im Raum hämmerte ein Schuster Sandalen für die Götter und Göttinnen.

Um uns zu finden, war eine ermüdende Odyssee erforderlich; wir spielten Verstecken zwischen den Felsen oder auf dem Schnürboden oder verbargen uns im Bauch des Fafner. Niemand kümmerte sich um uns, bis Kranichs Sohn, den ein Arbeiter durch eine Falltür gejagt hatte, zwei Stockwerke tief hinunterstürzte. Der Knabe fiel auf die einzig weiche Stelle des Rheingold-Felsens und zerbrach sich zwar keine Knochen, erlitt aber eine leichte Gehirnerschütterung, die ihn einige Tage ans Bett fesselte. Von da an waren uns die gefährlichsten Stellen streng verboten.

Der Apparat, der die Rheintöchter im *Rheingold* auf und ab schweben ließ und sie um den Felsen mit dem goldenen Gipfel herumführte, ähnlich wie in einem Karussell, war für eine Sechsjährige natürlich ein besonderes Wunder. Mit weitaufgerissenen Augen sahen wir den Bühnenarbeitern zu, welche die Drähte und die Stricke bedienten.

„Weia! Waga! Woge, du Welle, walle zur Wiege! Wagalaweia! Wallala weiala weia!“ sang Woglinde und betete in ihrem Innern, daß sie nicht seekrank werde, während drei Korrepetitoren mit den Partituren in der Hand umherliefen und den Arbeitern Zeichen zur Bedienung der Apparatur machten. Die Rheintöchter fürchteten sich sehr vor dieser Fahrt auf der Wellenmaschine, die sie so lange wiederholen mußten, bis sie seefest waren, wir aber beneideten sie sehr und forderten einander heraus, die Maschine zu besteigen:

„Wetten, daß du Angst hast, eine Rheintochter zu sein?“

„Wetten, daß ich keine Angst habe.“

Manchmal überredeten wir die Arbeiter, uns vor der Probe die Maschine besteigen zu lassen und fuhren so lange darin, bis einer von uns sein Mittagessen von sich gab.

Unten im Orchester, wenn die Musiker ihre

Instrumente stimmten, war es auch sehr lustig. Das Orchester war vom Zuschauerraum aus nicht sichtbar; der Dirigent war in einer nach der Bühne zu offenen Muschelschale verborgen, und die Musiker saßen auf Stufen, die bis weit unter die Bühne führten, so daß die Sänger die Pauken und Trompeten nicht sehen konnten, sondern nur den Dirigenten und die Geigen. Großvater hatte sich eine neue Sitzeinteilung ausgedacht: die ersten Geigen saßen nicht alle zusammen auf der linken und die Cellos auf der rechten Seite, sondern waren unter die anderen Instrumente verteilt, um den Ton besser auszugleichen. Einige eitle Dirigenten bedauerten zwar, daß sie vom Publikum nicht gesehen wurden, waren aber während der Hundstage sehr froh, daß sie ihre Röcke und Krawatten ausziehen konnten; zuweilen boten sie dann einen Anblick für die Götter.

Vater hatte hundertfünfzig Musiker aus sechzig verschiedenen Orchestern ausgesucht, hauptsächlich aus Deutschlands Großstädten, niemals aber Choristen oder Musiker aus München. Die alte Fehde zwischen den beiden Städten war noch immer im Gang. Zu Cosimas Zeiten hatte München ein großes Konkurrenz-Opernhaus im Stile unseres Festspielhauses gebaut und Festspiele zur gleichen Zeit wie die unsrigen veranstaltet, unglücklicherweise hatte das Gebäude jedoch keine gute Akustik. Ich bin das einzige Mitglied der Familie Wagner, das jenes Gebäude je betreten hat.

Vaters Art, die Sänger auszusuchen, schien willkürlich; er hielt aber nichts vom Vorsingen, da er der Überzeugung war, daß jeder Künstler, der vorsingt, nervös wird und daher selten gut sein kann. Zudem, wie sollen die Beurteiler wissen, ob der

Sänger noch etwas anderes kann außer der Arie, die er vielleicht jahrelang geübt hat? Er zog vor, inkognito Aufführungen zu besuchen und den Sänger, für den er sich interessierte, anzuhören; gefiel ihm ein Sänger, ging er nach der Aufführung hinter die Bühne und machte ein Angebot; gefiel er ihm nicht, ging er ruhig wieder fort; niemand war damit geschädigt, keine Gefühle waren verletzt worden.

Persönlichkeiten mit Stimme zu finden, war ein Talent, das Vater zu besitzen sich schmeichelte. Einmal sah er in einer Bar in Dresden einen Mann, der Beckmesser wie aus dem Gesicht geschnitten war. „Hören Sie", sprach Vater ihn an, „Sie müssen den Beckmesser in Bayreuth singen."

„Aber ich habe in meinem Leben noch nie gesungen", entgegnete der erstaunte Fremde.

„Das macht nichts; Sie werden es lernen", antwortete Vater, und der Mann lernte es. Er wurde einer unserer besten Beckmesser und sang 1924 und 1925 die Rolle bei unseren *Meistersinger*-Aufführungen.

Vaters intuitives System hatte jedoch keinen Erfolg bei seinem Freund Peter Passmann, dem gutaussehenden Holzhändler, der nie eine Aufführung von Vaters Opern versäumte.

„Sie sind ein so wunderbarer Siegfried, Sie sollten singen können", klagte Vater oft, doch beide wußten, daß Peter keine Note singen konnte und auch nie dazu imstande sein würde.

Mitte Juli konnten die Walküren bereits sicher über die Felsen springen, und die Rheintöchter hatten sich an ihre wogenden Wellen gewöhnt. Während der Woche der Generalproben herrschte in Bayreuth eine festliche Stimmung. Uns gefiel diese Woche besser als die Zeit der Aufführungen, denn während der Proben bestand das Publikum aus Musikern und Freunden von Vater und eingesessenen Bayreuthern: kein Außenseiter störte, wir waren eine zwanglose Familie.

Nach der Eröffnung der Festspiele tuteten glänzende Rolls Royces und Daimlers in den Straßen, die Hotels waren zum Bersten voll, und jede Familie von etwas Bedeutung rühmte sich, prominente Persönlichkeiten zum Tee bei sich zu haben. Die Stadt war so von Ausländern überfüllt, daß man selten ein deutsches Gesicht sah. In Wahnfried empfing Mutter an jedem Aufführungstag von elf bis zwölf Uhr. Eva hatte ihre Schwester Blandine zu Gast, die schönste von Cosimas Töchtern, die mit neunzehn Jahren den Grafen Biaggio Gravina geheiratet hatte und ein fröhliches Gesellschaftsdasein in Florenz führte. In der ersten Zeit ihrer Ehe kam sie immer zu langen Besuchen, mit den Jahren aber wurden die Besuche kürzer und seltener, bis sie schließlich nur noch zu den Festspielen kam und sofort nachher davoneilte, um dem rauhen Bayreuther Klima zu entfliehen.

Daniela und Eva betrachteten Blandine irgendwie als Fremde. Daniela hatte sich mit Leib und Seele Cosimas Diktatur unterworfen, und Eva hatte geduldig als Packesel gedient, bis sie mit einundvierzig Jahren durch ihre Heirat mit Chamberlain das erlangte, was sie als „die wirklich schöne Freiheit" ansah; Blandine hatte aber schon früh verstanden, sich das zu verschaffen, was sie sich wünschte. Sie und Daniela vertrugen sich nicht allzu gut, doch war Blandine die einzige, die weder jetzt Vater noch später Mutter durch Einwände gegen jede Verbesserung störte, die im Festspielhaus vorgenommen wurde.

Wir Kinder mochten Blandine sehr, weil sie nie

tadelte, und wir liebten ihre Kinder, die wir „Onkel“ und „Tante“ nannten, denn sie waren älter als Mutter. Die schöne Maria und ihr Mann wohnten bei uns und ebenfalls Manfred mit seiner Frau, Maria Sofia, unserem Liebling, die ein dunkles römisches Profil hatte und viel Verständnis für Kinder besaß.

Das waren sorglose Tage für uns, denn die Erwachsenen waren viel zu beschäftigt, um an unserem Benehmen herumzunörgeln und zu prüfen, ob unsere Hände sauber seien. Gewöhnlich versuchten Daniela und in geringerem Umfang auch Eva, uns zu dem Benehmen zu zwingen, zu dem Cosima sie angehalten hatte. Wir kümmerten uns so wenig wie möglich darum, doch gelegentlich rebellierten wir, besonders Wieland. Als Daniela wieder einmal einen Vortrag hielt über das Benehmen, das sich für einen Wagner zieme, soll er erwidert haben, daß seine Familie gar nicht so fein sei, denn „Papa pfeift bei Tisch, Mama liest die Zeitung und Mausi singt“.

Wieland mit seinem blonden Pagenkopf und bezauberndem Lispeln, Verena mit ihrer hohen, unschuldigen Kleinmädchenstimme, Wolfi mit seiner sanften Gleichgültigkeit wurden eine erstaunliche Anzahl von Fehlern nachgesehen, doch ich unglückseliges Kind hatte weniger Glück. Meine sprunghafte Betriebsamkeit und hemmungslose Aufrichtigkeit brachten mich stets in Schwierigkeiten.

Ein solcher Vorfall ereignete sich während der Generalprobe von *Siegfried*. Ich habe nicht mehr die leiseste Ahnung, wieso mir der Gedanke durch den Kopf schoß; aber ihn fassen und ausführen war die Angelegenheit der wenigen Sekunden, die ich brauchte, um mich zwischen den Falten des Vorhanges durchzuschlängeln. Schon immer hatten mich die merkwürdigen Titel, die Vater für einige seiner Opern gewählt hatte, befremdet, zum Beispiel: *An allem ist Hütchen schuld*; *Bruder Lustig*; *Schwarzschwanenreich* und *Der Bärenhäuter*. Vielleicht wollte ich versuchen, ihm einen besseren Titel in den Sinn zu bringen - jedenfalls war ich sicher, einen großartigen Plan zu haben.

Die Bühne war bereits für den zweiten Akt verdunkelt. Alberich lag vor der Neidhöhle, bereit, auf den ersten Takt des Orchesters hin düster zu brüten. Ich war hinter dem Vorhang hervorgeschlüpft, stand im unsicheren Licht und starrte auf die schattenhaften Gesichter, die mir wie Gespenster in einem Amphitheater vorkamen, holte tief Atem und schrie dann mit aller Kraft meiner Lungen: „Meines Vaters nächste Oper heißt ‚Der Kuhwedel'". Nach einem Augenblick verblüfften Schweigens zitterte die verschwommene Wolke weißer Kleider und heller Sommeranzüge, die Zuhörerschaft brach in lautes Gelächter aus. Eine Hand packte mich am Genick, ich wurde hinter den Vorhang gezogen, das Orchester stimmte Alberichs Klage an, und ich wurde in die Kulissen gezerrt. Der Inspizient, der mich am Kragen hielt, lud mich bei Wieland ab, der zwischen den Kulissen neben dem auf sein Stichwort wartenden Wanderer stand.

„Macht, daß ihr fortkommt, ihr beiden." Der Inspizient erstickte fast vor Lachen, als er uns beiseite schob.

„Ha, ha", hohnlachte Wieland, „du mußt ja etwas Tolles gesagt haben. Was war es eigentlich?"

„Nichts, gar nichts", erwiderte ich hochmütig. „Du weißt doch, daß die Leute über nichts lachen. Außerdem solltest du ganz still sein. Denk nur daran, wie alle vor Lachen gebrüllt haben, weil du, als Verena in der Wiege lag und König Ferdinand von ha, ha dich nach ihr gefragt hat, ihm erzählt hast, daß Emma gesagt hat: ‚Wenn das Fünfte kommt, gehe ich!'"

Freundschaftlich streitend begaben wir uns ins Parkett. Bei den Proben durften wir sitzen, wo wir wollten, doch während der Aufführung wurden wir in die Familienloge gepfercht. Die Tanten fanden zwar, daß wir sehr lästig seien; tatsächlich wurde das Problem der Wagnerschen Familienloge immer schwieriger, je weiter die Festspiele fortschritten. Daniela und Eva sagten, wir störten so, daß man uns nicht darin sitzen lassen dürfe, Vater hielt aber an seinem Entschluß fest, daß wir die Vordersitze haben sollten. Er regelte schließlich diese Streitfrage, indem er noch eine Loge für seine Familie bauen ließ. Für mich war der Streit uninteressant, denn ich genieße auch heute noch eine Aufführung nur richtig, wenn ich hinter der Bühne stehe.

Vaters Traum, daß Cosima noch eine Aufführung des *Rings* erlebe, verwirklichte sich. Gebrechlich wie sie war, machte Großmutter trotzdem mehrere Male die Fahrt durch die ganze Stadt zum Festspielhaus und wurde dort in ihrem Rollstuhl zur Loge gefahren. Jeden Tag kleidete Dora sie mit besonderer Sorgfalt für den Empfang außergewöhnlicher Ehrengäste an, die von einer der Tanten nach oben geführt wurden, damit sie ihre Reverenz machen konnten.

Uns Kindern gefielen die Zusammenkünfte im Restaurant nach den Aufführungen am besten. Künstler zogen mit ihren Freunden von Tisch zu Tisch, schwatzend, lachend, flirtend. Liebesgeschichten sponnen sich an. Jeder Tag war ein Fest - an den aufführungsfreien Tagen unternahmen die

Künstler und die Gäste Ausflüge zur Eremitage, dem schönen Barockschloß, oder zu den hübschen Gasthöfen in den schönen Ortschaften Frankens, wo spezielle Forellen-Mahlzeiten serviert wurden.

Die erste Saison nahm während einer drückenden Hitze ein glänzendes und erfolgreiches Ende. Vater, der stets den letzten Zyklus des *Rings* dirigierte, trug dabei Shorts, ebenso die Mitglieder des Orchesters. Und die Walküren versicherten, sie würden unter ihren Panzern in Ohnmacht fallen; wir Kinder aber gediehen in der Hitze. Wir verzehrten während der Pausen unglaubliche Mengen von Eis und sahen verächtlich die eleganten Damen an, die sich ihre Brauen wischten und verstohlen die Nasen puderten.

Am Morgen nach der letzten Aufführung fand ein Exodus aus Bayreuth statt. Den ganzen Tag hindurch blitzten die großen Wagen auf ihrem Weg nach Marienbad, Karlsbad oder den Bayerischen Alpen vorbei, und am Abend lag die kleine Stadt wie tot da, eine verzauberte Märchenstadt. Für fast zwei gesegnete Wochen hatten wir Wahnfried für uns - keine Touristen im Garten, die uns tätschelten und uns sagten, wie sehr wir unserem Großvater glichen, in den Gastzimmern keine Künstler, die Vater mit Beschlag belegten. Vater schlenderte mit uns im Garten umher, lauschte unseren großartigen Plänen für die Festspiele des nächsten Jahres und spielte mit den Hunden, sorglos wie wir. Dann war es Zeit für die Schule.

Viertes Kapitel

Cosima erinnert sich

Mein erstes Jahr in der Schule war ein Erlebnis, zwar matt nach den Aufregungen der Festspiele, aber doch ganz angenehm. Der Lehrer erzählte uns wunderbare Geschichten über Bayreuth aus den Tagen, als es noch Residenz war und die Schwester Friedrichs des Großen das große Schloß baute, das ihr Bruder den „Ziegenstall" nannte. Auch machte uns die lange Morgenpause Freude, da wir im Schulsaal „Quäkerspeisung" erhielten: Reispudding, Kakao oder sonst etwas Nahrhaftes. Niemand von uns Kleinen wußte natürlich, was · der Name „Quäker" bedeutete, erst Jahre später erfuhr ich, daß diese Nahrungsmittel von den amerikanischen Quäkern für die unterernährten deutschen Kinder geschickt worden waren.

Wieland und ich hatten das Glück, einige Ferientage außer der Reihe zu erhalten: wir wurden zu Aufführungen von Papas Opern in verschiedenen deutschen Städten mitgenommen. Diese Ausflüge waren von der Schulleitung gar nicht gerne gesehen - einer unserer Lehrer rief: „Gott sei Dank, daß wir nicht noch mehr Kinder haben, deren Väter Komponisten sind" - doch Wieland und ich waren begeistert. Wir durften bei den Aufführungen lange aufbleiben und bekamen von den Orchester-Musikern manchen Bonbon.

Als Belohnung für gute Leistungen in der Schule erhielt ich ein Fahrrad. Während des Sommers hatte ich fahren gelernt und wünschte mir nun so sehr ein eigenes Rad, daß es fast schon zu einer Besessenheit wurde. Aber meine Mutter hatte nicht die Absicht, es mir so einfach zu geben; sie hielt es für richtig, daß ich es mir durch gute Noten in der Schule verdienen solle. Ich war zwar der Meinung, daß das Erpressung sei, da ich aber nur auf diese Weise das Fahrrad erlangen konnte, blieb mir nichts anderes übrig.

Gute Noten zu erhalten, war leicht; auf Ostern brachte ich ein ausgezeichnetes Zeugnis heim, nur in Handarbeit, was nicht meine Stärke war, hatte ich eine schlechtere Note, und Mutter willfahrte jetzt meinem Wunsch. Vielleicht war sie durch Vater milde gestimmt worden, ich habe es nie erfahren. Er mischte sich nie in unsere Erziehung ein, er wollte einzig und allein die Gesellschaft und die Liebe seiner Kinder genießen.

Die Anstrengungen des Winters waren mir nicht besonders schwer gefallen, doch was mich bedrückte, war die Entdeckung, daß Mutter das Rad als Mittel betrachtete, mich zu gutem Verhalten zu zwingen. Waren alle Strafen wirkungslos, verschwand mein kostbares Rad und tauchte erst wieder auf, wenn ich mich gebessert hatte.

Sicher war es für Mutter nicht einfach, mit mir auszukommen, aber gerade ich mußte am meisten unter ihren jeweiligen Steckenpferden leiden. In diesem Jahr hatte sie einen wundertätigen Arzt in Kassel entdeckt, der durch seine vegetarische Ernährungsmethode unser Leben änderte. Emma wurde mit uns vier Kindern nach Kassel zur Kur geschickt, die darin bestand, daß wir nur Gemüse essen durften und nach dem Mittagessen eine Stunde auf den bloßen, harten Brettern der Terrasse ruhen mußten. Das war schon schlimm genug, doch als wir nach Hause zurückkehrten, wurden wir weiter zu dieser verhaßten Diät gezwungen und bekamen zum Abendessen nur Rohkost. Später durften wir ein- oder zweimal die Woche etwas Fleisch essen, aber erst, nachdem wir entsetzlich viel Gemüse hatten hinunterschlucken müssen.

Erbsen und Bohnen konnte ich einfach nicht hinunterkriegen. Nach vielem Tadeln bei Tisch verlor Mutter dann die Geduld und schickte mich aus dem Zimmer; ich mußte auf der Treppe weiteressen. Wenn sie den Teller unberührt vorfand, schlug sie mich und zwang mir das Gemüse die Kehle hinunter. Ich erbrach mich prompt... Mutter verprügelte mich von neuem, zwang mir wieder eine Portion hinunter, die ich ebenso prompt wiedergab ... wieder Prügel ... wieder eine Portion. Es war offener Krieg, doch Mutter war die Verlierende: sie schlug mich mit der bloßen Hand, so daß ihr die Finger schmerzten, zudem empörte sie mein Gelächter maßlos. Ich hatte nämlich die Entdeckung gemacht, daß Lachen eine ebenso wirksame Erleichterung bei Schmerzen ist wie Weinen, so daß ich, je heftiger sie schlug, um so lauter lachte.

Nach einem Jahr dieses Kriegszustandes zwischen uns verzichtete Mutter auf körperliche Züchtigung, da es ihr doch nicht gelang, die Dickköpfigkeit aus mir herauszuschlagen. Sie versuchte nun, mit mir fertig zu werden, indem sie mich zwang, bei Wasser und Brot im Bett zu bleiben, eine entsetzliche Strafe für ein lebhaftes Kind, und jetzt kam noch die Sache mit dem Fahrrad hinzu.

Am schlimmsten war, daß Wieland, Wolfi und sogar Baby Verena, nachdem sie auf meinem Rad fahren gelernt hatten, von Mutter Räder erhielten, ohne auch nur eine Hand dafür rühren zu müssen. Aber so war das immer: Mutter war zu den anderen nie so streng, und was sie sich wünschten, erhielten sie ohne die geringste Schwierigkeit, während ich für jede Kleinigkeit, an die ich mein Herz hängte, alle möglichen Anstrengungen machen mußte. Mein „ungebührlich“ geschärfter Gerechtigkeitssinn war oft mein Unglück. Ungerechtigkeiten mir oder anderen gegenüber versetzten mich in Wut und veranlaßten mich zu Auflehnung, was eigentlich gar nicht zu meiner sonst eher gleichmütigen Veranlagung paßt.

Manchmal glaubte ich, daß Vater mit mir leide, aber das einzige, was er bei solchen Gelegenheiten für mich tat, war, mir nachher seine Liebe zu beweisen, indem er große Achtung für meine Ansichten zeigte. Aus dem gleichen Grund stellten sich die Tanten auf meine Seite, was Mutter kränkte und ihre Anstrengungen, mich zu meistern, noch verstärkte.

War Vater zu Hause, konnte mich nichts auf die Dauer bedrücken, und da er in diesem Winter keine größeren Tourneen unternahm, verbrachte ich doch eine glückliche Zeit. Ende Oktober war die Bilanz für die erste Festspiel-Saison aufgestellt worden, die ergab, daß das Defizit nicht so groß war, wie man gedacht hatte, so daß die Spiele im Jahr 1925 wiederholt werden konnten. Vater beabsichtigte, mit dem traditionellen System fortzufahren, die gleichen Opern in der zweiten Saison zu wiederholen, dann eine Saison zu überspringen, um eine neue Reihe vorzubereiten. Stets aber führten wir den *Ring* und *Parzival* auf und änderten nur immer das sechste Werk.

Während des Winters kamen berühmte Sänger nach Wahnfried, um ihre Rollen einzustudieren. Die Proben wurden im Musiksaal abgehalten, die Sessel und Sofas dienten als Kulissen und wurden hierhin und dorthin verschoben. Vater markierte die anderen Rollen und gab den Sängern die Stichworte, während ich ernsthaft dabeisaß, zusah und die Souffleuse spielte. Am Ende der Saison konnte ich den *Ring* so ziemlich auswendig.

In diesem Winter erhielt Wieland den ersten Klavierunterricht. Vater fand es falsch, daß ein Kind zu früh zu spielen beginne, weil die Finger noch nicht kräftig genug seien, und war der Ansicht, daß ein Kind, das bis zum achten oder neunten Lebensjahr warte, in wenigen Wochen das lerne, wozu es in zu früher Jugend zwei oder drei Jahre benötige. Sowie Wieland mit den Stunden begonnen hatte, quälte ich meine Eltern jedoch so lange, bis sie mich endlich einige Monate später ebenfalls mit dem Unterricht beginnen ließen; doch hatte ich nicht das gleiche Debut wie Wieland, das unbeabsichtigt zu einer Weltsensation wurde.

Vor Weihnachten veranstaltete nämlich unsere Lehrerin ihr jährliches Schülerkonzert für die liebevollen Eltern und die Freunde und Verwandten ihrer Schüler. Wieland, der erst seit zehn Tagen Unterricht nahm, hatte sie Luthers entzückendes Weihnachtslied „Vom Himmel hoch" in der einfachsten Fassung, beide Hände in Oktaven, einstudiert, in der Art eines „Kotelett-Walzers", nur daß er es mit mehreren Fingern spielte. Um der Bearbeitung etwas Gefühl und Würde zu verleihen, spielte sie die Harmonien dazu. Bei der Berichterstattung über dieses Konzert erwähnte der Rezensent des Bayreuther Lokalblattes, daß Wieland als Pianist mit dem Lied „Vom Himmel hoch" debütiert habe. Berliner Zeitungen, die den Bericht aufnahmen, schrieben übertrieben, Wieland habe sein Debüt als

Pianist gemacht und erweckten so den Eindruck, er habe ein Konzert gegeben. Die französische, englische und italienische Presse ergingen sich in langen Artikeln über das sensationelle Debüt von Wagners Enkel, und die amerikanischen Zeitungen übertrafen alle bei weitem: sie veröffentlichten lange Leitartikel mit Wielands Bild und beschrieben rührende Szenen beim Konzert des neun Jahre alten Wunderkindes, das sich mit seinem Urgroßvater Liszt vergleichen könne. Als meine Eltern die Belegexemplare sahen, lasen sie uns Kindern die Berichte vor, und wir fanden alle, daß das ein wunderbarer Witz sei.

Ein anderer Vorfall des Jahres hatte ebenfalls seine humoristische Seite; da ich aber das Hauptopfer war, konnte ich ihm gar keinen Spaß abgewinnen. Wieland und ich brachten aus der Schule Läuse nach Hause, und bevor jemand etwas davon bemerkte, hatten Wolfi und Verena sie auch bekommen. Man schob mir die Schuld zu, wie immer, wenn Masern, Keuchhusten, Mumps und sonstige Kinderkrankheiten nach Hause gebracht wurden. Gewöhnlich hatten wir vier diese Krankheiten gleichzeitig, und nachdem unser Kinderzimmer wochenlang ein Spital gewesen war, bekam Mutter meistens die gleiche Krankheit, der sie als Kind entronnen war. Emma, so abgearbeitet, daß ihre Geduld fast zu Ende war, schwor, daß sie bestimmt fortgehe, wenn wir noch eine Krankheit kriegten. In dem Fall mit den Läusen war Emma besonders streng mit mir, da sie und Mutter überzeugt waren, daß ich sie durch meine zu demokratische Auswahl von Freunden bekommen habe. Ob es nun meine Schuld war oder nicht, jedenfalls litt ich am meisten, denn ich hatte das längste Haar, und die tägliche Behandlung, das Einreiben mit einem Ungeziefermittel und das ewige Kämmen mit einem Staubkamm, war eine Qual.

Den Höhepunkt der Demütigung stellte Vaters Geburtstagsfeier dar, zu der wir gewöhnlich unsere hübschesten Kleider und Blumenkränze im Haar trugen. Diesmal durften wir nur an der Feier im Garten teilnehmen. Es war Juni, die Rosen dufteten, alles blühte und sproß, doch wir trugen keine Kränze im Haar - wir standen neben dem Treibhaus mit herunterhängenden Köpfen, während die Gäste, bemüht, nicht über uns zu lachen, sich in sicherer Entfernung von uns hielten.

Es war eine sehr arbeitsreiche Saison für Vater. Jeden Morgen nach dem Frühstück machten er und Mutter sich gleich an die Tagesarbeit, Korrespondenz, Interviews, eine Unmasse von Einzelheiten, nur manchmal unterbrochen durch einige wenige Stunden des Spielens mit den Hunden und mit uns im Garten. Nachdem er einen Erfolg erzielt hatte und einen anderen erwartete, hörte Vater auf, sich um Mutters pro-nazistische Umtriebe Sorge zu machen, und jetzt, da Hitler nicht mehr auf der Festung war, lief sie nicht länger in der Stadt umher, um für ihn zu sammeln.

Alle Welt sprach in Wahnfried über Politik, doch wir kümmerten uns nicht darum; erst später versuchte Mutter, uns im nazistischen Sinne zu beeinflussen und uns zu lehren, Hitlers „erhabene Persönlichkeit“ zu würdigen. Obwohl sie Vater durch ihre Ideen nicht kränken wollte, war ihr Eifer noch genau so groß wie zu der Zeit, als sie 1920 oder 1921 in die Partei eingetreten war. Sie gehörte nicht zu den sieben ersten Mitgliedern, wohl aber zu den ersten paar Hundert. In der Anfangszeit, als es Hitlers Aufgabe war, die Mitgliedkarten in dem kleinen, dunklen Loch hinter einer Münchner Bierkneipe, das damals der Partei als Büro diente, auszufüllen, trugen die Karten keine Nummern. Als die Partei nach Hitlers Entlassung aus der Festung reorganisiert wurde, trat Mutter wieder ein und erhielt eine Nummer in den achtzigtausend. Jetzt hatten die Nazis Geld für ein elegantes, neues, repräsentatives Büro, und sehr bald konnte Hitler auch ein eigenes Sprachrohr, den „Völkischen Beobachter", kaufen und ihn in einer eigenen Druckerei drucken.

Als kurz nach Hitlers Entlassung aus der Festung im Februar 1925 die Partei neu gegründet wurde, ging Mutter nach München und nahm an der ersten Versammlung teil. Sie fuhr dann mit Hitler und seinen Adjutanten nach Wahnfried und hielt sie dort über Nacht verborgen. Niemand wußte von diesem Geheimnis außer Wieland, der es so gut hütete, daß ich es ihm während dreizehn Jahren nicht entreißen konnte.

In jenen Tagen war Hitler in ständiger Furcht um sein Leben, und so trafen wir ihn stets an anderen Orten. Mutter nahm uns mit zu Zusammenkünften in kleinen Restaurants außerhalb Bayreuths oder irgendwo im Wald. Zuweilen kam Hitlers Wagen nach Mitternacht angefahren, und er schlich sich heimlich ins Haus. So spät es auch war, er versäumte nie, ins Kinderzimmer zu kommen und uns grausige Geschichten von seinen Abenteuern zu erzählen. Wir vier hockten im Halblicht auf unseren Kissen und lauschten, von Gänsehaut überlaufen. Er zeigte uns seinen Revolver, den er, natürlich unerlaubterweise, trug - eine kleine Waffe, die, obwohl er sie mit der Handfläche bedecken konnte, zwanzig Schuß enthielt.

Hitler hatte an Gewicht zugenommen; die Süßigkeiten, die er in seiner Festungszeit gegessen hatte, hatten seine hohlen Wangen so gut ausgefüllt, daß er ausgesprochen dick aussah. Die Tränensäcke unter seinen Augen - er erzählte uns, daß sie von einer Gasvergiftung im Krieg herrührten - waren stärker denn je und betonten noch seine wimperlosen Lider, so daß sein Blick besonders nackt wirkte. Trotz meinen Scharmützeln mit Mutter und dem Kummer über das oft weggenommene Fahrrad war es ein herrlicher Frühling. Wieland und seine Spielgefährten ließen mich zu ihren Spielen zu und mit sieben Jahren war es mein Ehrgeiz, sie alle zu übertreffen. Einmal sprang ich für ein Frankfurter Würstchen von einem drei Meter hohen Sprungbrett, und bei einem Wettschwimmen blieb ich so lange im Wasser, daß man mich mit einer Herzattacke nach Hause bringen mußte.

Wenn die Tanten mich lachend und schreiend im Garten herumtoben sahen, lächelten sie und sagten zueinander: „Genau wie Isolde", aber nur, wenn Cosima es nicht hören konnte. In Großmutters Gegenwart wagte niemand, den Namen ihrer einstigen Lieblingstochter zu erwähnen. Die Erzählungen über die sagenhafte Isolde hatten mich stets gefesselt, und aus den stückweisen Bemerkungen der Tanten konnte ich mir ungefähr ihr Schicksal zusammenreimen: sie war Richard Wagners und Cosimas ältestes Kind, ein nicht zu bändigendes Mädchen, sprühend, voll Lebendigkeit. Während Daniela und Eva ihre Mutter respektvoll verehrten, ja, sie fürchteten und sich bemühten, Musterbilder von korrektem Benehmen zu sein, kümmerte sich Isolde wenig um Cosimas zeremonielle Haltung und behandelte sie mit nachlässiger Zuneigung.

„Aber, Mama, das ist ja Unsinn, was du sagst",

hatte sie oft erklärt, und ihre Mutter hatte dazu begeistert gelächelt.

Aber Cosima war doch die Stärkere: es gelang ihr, Isolde davon abzuhalten, den Mann zu heiraten, den sie liebte. Sieben Jahre lang versuchte das Mädchen, dies zu vergessen, dann flüchtete es sich in die Ehe mit einem jungen Dirigenten namens Beidler. Die Ehe wurde unglücklich, und es kam bald zu einem Streit, der zum Bruch mit der ganzen Familie führte. Für Cosima war Isolde tot, obgleich sie tatsächlich erst viele Jahre später starb. Eva und Daniela besuchten sie heimlich, als sie hoffnungslos krank an Schwindsucht lag, erwähnten ihren Namen aber nie vor der Mutter. Arme, glänzende, stürmische Isolde, die nur zur Freude geboren zu sein schien. Oft sagten also die Tanten liebevoll: „Genau wie Isolde!“ Doch ich war fest entschlossen, mir durch niemanden mein Leben verpfuschen zu lassen.

Oft, wenn ich Cosima von der ehrfürchtigen Daniela, von Vater und den Gästen umgeben sah, die sich alle so benahmen, als stünden sie vor einem Altar, war ich erstaunt. Niemand hatte mir je Großmutters Lebensgeschichte erzählt, aber ich hörte sie in Bruchstücken, die sich wie Steine eines Mosaiks zusammenfügten. In fast jedem Zimmer befand sich ein Andenken an Urgroßvater Liszt - wir wußten alle sehr gut, wie er ausgesehen hatte, wie er gewesen war und vor allem, wie er diese oder jene Passage gespielt hatte. In der Bibliothek hing hoch oben an der Wand das Porträt von Cosimas Mutter, der Gräfin d’Agoult - wir Kinder sprachen ihren Namen „Ragout“ aus, weil das „d“ unseren Ohren fremd klang. Oft starrte ich die romantische Französin an, die geglaubt hatte, Liszt würde zufrieden sein, in wonnevoller Einsamkeit, nur von ihrer Liebe genährt, zu leben und zu komponieren. Sie war enttäuscht, als sie feststellen mußte, daß Liszt als Komponist kein Genie war; und als er, der nach Beifall, dem täglichen Brot des Künstlers, hungerte, das Idyll aufgab und zur Anbetung der Welt zurückkehrte, ließ es sich Madame d'Agoult genügen, in ihrem Salon in Paris als glänzende, aber verbitterte Schriftstellerin zu brillieren.

Cosima hatte eine unglückliche Kindheit verlebt. Sie war fünfzehn, als sie Richard Wagner in Paris kennenlernte und hörte, wie er seine Dichtung *Siegfrieds Tod* - später die *Götterdämmerung* - in einem Kreis von Liszt-Freunden vorlas. Einige Jahre danach wurde Cosima mit ihrer Schwester Blandine nach Berlin zu Frau v. Bülow, der Mutter von Liszts Schüler und Großvaters bestem Freund Hans, einem glänzenden Pianisten und später dem berühmtesten Dirigenten seiner Zeit, geschickt.

Hans gab Cosima Unterricht und war von ihrem Talent so überzeugt, daß er Liszt bat, ihr zu erlauben, in der Öffentlichkeit zu spielen, doch ihr Vater wollte nichts davon wissen. Um sie herum tobte der Kampf um Wagner; die Konzertsäle wurden zu Schlachtfeldern, wo Kritiker und Zuhörer buchstäblich zu Tätlichkeiten schritten. Bülow war Wagners eifrigster Verteidiger, und bei dessen Konzerten kam es zu wahren Tumulten. Eines Abends, als Hans die Premiere der *Tannhäuser*-Ouvertüre dirigierte, griff das Gebrüll, Pfeifen und Trampeln den jungen Dirigenten, der stets ein Nervenbündel war, so an, daß er auf dem Podium zusammenbrach. Liszt, der dem Konzert beigewohnt hatte, wanderte danach mit Hans stundenlang durch die Straßen. Zu Hause gingen Frau v. Bülow und Blandine schließlich zu Bett,

Cosima aber wartete fast bis zum Morgengrauen in dem kalten Salon, von unaussprechlicher Furcht befallen.

Schließlich, als die Nacht dem Morgengrauen zu weichen begann, brachte Liszt den erschöpften und zerquälten Dirigenten nach Hause. Dieser suchte bei Cosima Trost, und sie, von Mitleid und Edelmut bewegt, versprach, ihn zu heiraten, im Glauben, sie könne ihm helfen und ihn schützen. Im folgenden Jahr schlossen Cosima und Hans die Ehe, aber auch nicht die verständnisvollste Liebe konnte diesem verwirrten, unglücklichen Temperament Ruhe bringen. Viele Jahre später hatte Cosima Daniela gestanden, daß sie im ersten Jahr ihrer Ehe oft an Selbstmord gedacht habe.

In jener Zeit verbrachten Cosima und Bülow ihre Sommerferien in Zürich, um in Wagners Nähe zu sein. Hans machte die Klavierauszüge von Wagners Musikdramen und war eine unschätzbare Hilfe für den Mann, den er als großen Meister anerkannte. Später veranlaßte Richard Wagner, als König Ludwig II. von Bayern ihn nach München berief, daß Bülow die Stellung des ersten Kapellmeisters an der Oper angeboten wurde. Bülow, der darauf brannte, mit seinem Freund zu arbeiten, sandte Cosima mit den zwei Kindern, Daniela und Blandine, nach München und folgte ihnen später.

Als Wagner durch Intrigen gezwungen wurde, München zu verlassen, wurde Cosima sich darüber klar, daß sie ihn über alles liebte. Er und sein Werk wurden ihr höchstes Streben, wurden der Inhalt ihres Lebens. Sie folgte ihm nach Luzern. In Tribschen, dem großen Haus am Vierwaldstättersee, das durch ihr Idyll unsterblich wurde, lebte sie mit ihm und ihren jungen Töchtern. Während fünf Jahren empfing sie seine Gäste, gebar sie ihm seine Kinder und fühlte sich erhaben über allen Skandal, bis endlich im Jahre 1870 Bülow in die Scheidung willigte und sie Wagner heiraten konnte.

Großmutter war eine wunderbare Frau, doch wenn ich oben bei ihr saß und dieses stolze, blinde Antlitz betrachtete, das so viele Geheimnisse barg, fragte ich mich manchmal, was für Gefühle sie für Hans v. Bülow hegte, der sie geliebt und benötigt und sich alle Mühe gegeben hatte, weniger schwierig zu sein. Daß sie diese Gewissensqual fast über fünfzig Jahre mit sich schleppte, weiß ich, denn auf dem Totenbett galt Bülow ihr letztes Wort: „Verzeih!"

Fünftes Kapitel

Wallfahrt

Festspiele, Opern, Konzerte, Reisen nach Nürnberg, Dresden, Stuttgart, wobei Wieland und ich von Emma behütet wurden, die sich bemühte, unsere Gesichter sauber und unsere Erregung in Grenzen zu halten - es war eine zauberhafte Zeit für ein achtjähriges Mädchen. Den Höhepunkt von allem bildete die Reise nach Weimar im Sommer 1926, dem Jahr, in dem keine Festspiele in Bayreuth stattfanden. Alexander Spring, der Intendant der Weimarer Oper, ein alter Freund und Schüler von Vater, war nach seiner Entlassung aus der Armee vor einigen Jahren als stellvertretender Operndirektor von Stuttgart nach Bayreuth gekommen. Der große, dünne, militärisch aussehende Mann, der stets ein Monokel fest ins Auge geklemmt hatte, war ein häufiger Gast in Wahnfried gewesen. In diesem Sommer veranstaltete er eine Siegfried-Wagner-Woche in Weimar.

Die Eltern reisten schon vor Beginn der Festspielwoche hin und wohnten im Hotel, in dem sich die Wagner-Verehrer versammelten. Wir Kinder kamen etwas später mit Emma nach und wurden in einer Pension in der Nähe untergebracht. „Es ist wie in den glücklichen Zeiten vor dem Krieg“, sagte Vater oft - diese Feiertags-Atmosphäre im Hotel, das Zusammensein mit Peter und Margarete Passmann, Dr. Vering, Stassen und den andern, der Gesellschaft von Musikfreunden, die in den unbekümmerten Tagen vor 1914 Vater von Stadt zu Stadt begleiteten zu allen Konzerten und Premieren seiner Opern, sich zum Mittagessen oder zum Tee oder zu fröhlichen Diners nach den Aufführungen trafen, gemeinsam Ausflüge unternahmen und so Vaters Tournee zu einer frohsinnigen musikalischen Wallfahrt gestalteten.

Dieser Kreis hatte seine alten Gewohnheiten nicht aufgegeben, doch die Mitglieder waren jetzt älter und - ärmer geworden. Einige von ihnen hatten ihre letzten Pfennige zusammengekratzt, um die Reise zu unternehmen, und diese Wochen in Weimar bezauberten sie wieder wie einst. In ihren Augen sah ich einen Schimmer jenes anmutigen Deutschlands, in dem sie vor dem Krieg gelebt hatten.

Mein Liebling war Peter Passmann, der wie Siegfried aussah und nicht eine Note singen konnte. In den Vorkriegszeiten war er reich gewesen, ihm hatten sowohl das Eden-Hotel in Berlin wie einige bedeutende Holzfirmen gehört. Er machte noch immer den Eindruck eines sorglosen Herrn und hatte einen erfrischenden und frechen Humor, der ihm durch nichts verlorenging. Im Gegensatz zu ihm war seine Frau, Margarete, zierlich, zart und sehr damenhaft. Sie betrachtete Peters Eskapaden mit Nachsicht, denn wie auch seine Abenteuer waren, stets kehrte er zu ihr zurück. Zu Wieland und zu mir war sie reizend, ebenso wie ihre Schwester, eine fröhliche, alte Dame, noch zierlicher als Margarete; sie luden uns oft zum Tee ein und nahmen uns in die Konditorei am Hauptplatz mit.

Auch Dr. Vering traktierte uns oft mit Süßigkeiten, obwohl wir mit diesem kahlköpfigen, höflichen, sehr korrekten alten Junggesellen, der hinter seinem Kneifer schon bei der Erwähnung einer Frau errötete, nicht auf so innigem Fuß standen. Dr. Vering übersetzte Plato und veranstaltete reizende Gesellschaften, war aber irgendwie geheimnisvoll.

Niemand wußte, wovon er eigentlich lebte, bis die Eltern ihn eines Tages in Hamburg besuchten und seinen Schreibtisch mit Plänen von Grundstücksgeschäften bedeckt sahen.

Franz Stassen, vor dem Krieg einer der erfolgreichsten Maler und Illustratoren Deutschlands, war Vaters bester Freund und gehörte sozusagen zur Familie. Er kannte die Werke Richard Wagners und Goethes und Schopenhauers auswendig und war zudem eine unerschöpfliche Quelle von Witzen. Franz Stassen war mein Taufpate; ich liebte den stattlichen Mann mit der riesigen Nase und dem markanten Gesicht, das von einer grauen Mähne gekrönt war, die ihm das Aussehen eines Löwen verlieh. Er war in jenen Tagen arm, aber glücklich, und irgendwie brachte er es immer zuwege, Vater auf allen Exkursionen folgen zu können.

Natürlich fehlten auch Vaters drei Anhängerinnen nicht - Margarete Strauss, Rosa Eidam und Marianne Lange. Wohin er auch ging, stets war er von Frauen umgeben; alle waren sie bezaubert von seiner warmherzigen Einfachheit und seinem natürlichen Charme, Eigenschaften, die ihn zum beliebtesten Menschen, den ich je gekannt habe, machten. Männer wie Frauen fühlten sich zu ihm hingezogen, wurden ihm zu ergebenen Gefährten und treuen Freunden.

Margarete Strauss war aus Magdeburg; groß, anmutig, noch immer schön, wirkte sie königlich und war der Mittelpunkt jeder Gesellschaft. Durch viele Jahre hindurch war sie Vorsitzende der Richard-Wagner-Bünde Deutschlands, die den Studenten den Besuch der Bayreuther Festspiele finanziell ermöglichten.

Marianne Lange wurde von Wieland und mir

mehr mit Neugierde als mit Herzlichkeit betrachtet, und wir konnten nicht verstehen, wieso ihr Mann, ein sehr korrekter preußischer Richter, Vater einmal ohne jeden Grund wegen dieser dicklichen, rötlichen Blondine, die für unsere kritischen Augen alles andere als schön war, zum Duell gefordert hatte.

Rosa Eidam sahen wir als ein sonderbares Wesen an. Wir amüsierten uns über das Gerücht, daß sie Vater hatte heiraten wollen, und lachten bei dem Gedanken, solch eine Mutter zu haben. Dieses vertrocknete, rotnasige, schäbig aussehende alte Fräulein, das Gedichte schrieb und wie ein verschrumpelter Pilz wirkte, folgte Vater seit Jahren, wohnte in billigen, kleinen Pensionen, nährte sich von Zwieback und Kaffee. In den alten Zeiten, als die Zusammenkünfte nach den Aufführungen noch glänzend und kostspielig waren, mußte Vater ihr immer freundlich einreden, daß sie viel Schlaf nötig habe. Jetzt sorgte er diskret dafür, daß sie die Mittel hatte, an den Wallfahrten teilzunehmen. Später verschaffte Mutter ihr einen Platz in einem guten Heim für alte Damen in Bayreuth.

All diese Freunde und die zahlreichen anderen, die zu den Festspielen kamen, aßen gemeinsam mit den Musikern, Sängern, Gastdirigenten zu Mittag, veranstalteten Diners und Ausflüge. Wieland und ich, die wir uns sehr erwachsen fühlten, blieben nach den Aufführungen mit den andern zusammen und versäumten natürlich keinen Ausflug. Wir besuchten die Häuser von Goethe, von Urgroßvater Liszt, von Wieland. Wir ritten auf Eseln zur Wartburg, stopften uns mit Kuchen, Bonbons und belegten Broten voll. Am Morgen gingen wir ins Museum, um dort Peter Stassen zu treffen oder wer immer vor dem Mittagessen dorthin ging.

Mein Beitrag zur allgemeinen Fröhlichkeit der Weimarer Tage war unbeabsichtigt. Ebenso wie Wieland, der seit des Führers erstem Besuch in Wahnfried Hitlers Liebling geworden war, schrieb auch ich gelegentlich Wolf (der Name, unter dem Hitler bei seinen Intimen bekannt war) Briefe, worin ich ihm von unseren Erlebnissen berichtete. Was ich mir bei diesen Briefen gedacht hatte, weiß ich nicht mehr, doch als ich hörte, daß Mutter einen meiner Briefe einem Kreis von Freunden beim Tee vorlas und sah, daß alle sich vor Lachen bogen, beschloß ich, Wieland das Alleinrecht auf diese Korrespondenz zu überlassen.

Einen der erregendsten Augenblicke meiner Kindheit erlebte ich bei einer besonders guten Aufführung vom *Sternengebot.* Nach dem letzten Vorhang stürmte eine Gruppe von Studenten in Vaters Loge; sie hoben ihn auf die Schultern und trugen ihn im Triumph durch das Foyer auf die Straße. Der arme Vater war puterrot vor Verlegenheit. Ich stimmte in den Beifallsjubel ein und platzte fast vor Stolz, bemühte mich aber, möglichst erwachsen und blasiert auszusehen, um meine Gefühle zu verbergen.

Nach dieser Musikwoche, an die wir uns später allerdings weniger gern erinnerten, weil Vater und seine Freunde das Defizit übernehmen mußten, kam der Umbau des Festspielhauses mit seinen Aufregungen.

Vater ließ einen vierstöckigen Erweiterungsbau zu beiden Seiten und an der Rückseite des Festspielhauses errichten, um dort die bisher in der Stadt gelegenen Büroräume, einen großen Übungssaal für das Ballett, neue, geräumige Garderoben und größere Magazine für die Bestände unterzubringen. Wir spielten auf den neuen, hohen Schränken, sahen zu, wie die Maler sie mit den Namen der verschiedenen Dramen kennzeichneten und rochen an dem Naphthalin der Kostüme, die darin untergebracht wurden. Die Bühne, die bereits so tief war wie das Parkett, wurde noch vergrößert. Vater hatte sie so entworfen, daß sie in drei Phasen benutzt werden konnte - die Spielbühne, die Mittelbühne für größere Tiefe, und für den letzten Akt der *Meistersinger* mit dem Chor von mehreren hundert Menschen kam die Hinterbühne dazu.

Wenn Vater nicht im Festspielhaus zu tun hatte, arbeitete er an seiner neuen Oper. Er hatte bereits das Libretto fertiggestellt und ging jeden Morgen nach dem Frühstück ins Junggesellenhaus, um dort an der Partitur zu arbeiten. Er durfte dort nicht gestört werden, aber wenn ihm das Mädchen um zehn Uhr ein Glas Milch hinüberbrachte, schlüpfte ich oft hinter ihr her ins Haus und versteckte mich unter einem der Flügel; von den drei, die in seinem Arbeitszimmer standen, konnte man den, der Liszt gehört hatte, am schwierigsten erreichen; vielleicht war er darum mein Lieblingsplatz. Dieser Flügel stand im rückwärtigen Teil des großen Raumes, der zwei verschieden hohe Fußböden hatte, und von dort aus konnte ich Vater bei der Arbeit beobachten.

In dieses Haus, besonders in diesen Raum, flüchtete sich Vater, wenn er allein sein wollte. Dort standen seine Lieblingsmöbel, sein Schreibtisch, die Couch, auf die er sich zum Mittagsschlaf hinlegte; die Gegenstände, die er liebte, umgaben ihn, die Raritäten, die er gesammelt hatte, seine Partituren, seine Bücher. An den Wänden hingen Gemälde, Zeichnungen und Stiche - er liebte vor allem Stiche - und die eingerahmten Programme der Premièren seiner Opern; viele Stiche stellten römische Straßen dar, Tempel, Ruinen und sonstige antike Gebäude. Ursprünglich hatte Vater Architekt werden wollen und hatte ganze Zeichenblocks mit Plänen einer Traumstadt, die er „Wankel" nannte, gefüllt. Er studierte auch tatsächlich einige Semester Architektur an den Technischen Hochschulen von Berlin und Karlsruhe. Mit übergeschlagenen Beinen unter Liszts Flügel sitzend, pflegte ich ihm zuzuhören, wie er an einem Thema arbeitete und überlegte manchmal, warum er wohl plötzlich von einer Orientreise aus Cosima telegraphisch mitgeteilt hatte, er habe sich entschlossen, die Architektur aufzugeben und Musik zu studieren.

Was hätte Vater wohl gebaut, wenn er, anstatt bei Humperdinck in Frankfurt Kompositionslehre zu studieren, Architekt geworden wäre? fragte ich mich manchmal. Jung, wie ich damals war, ahnte ich doch bereits, daß die Größe seines Vaters ihn gehemmt hatte. Er war zu bescheiden, er hing zu sehr an Richard Wagners Werk, um als Komponist für sich Ruhm erwerben zu können; und doch war er in seiner Art ein großer Künstler. Sein Talent war anders als das seines Vaters, es drückte sich nicht in überwältigenden Dramen aus, er war ein Dichter, ein Lyriker, er hatte eine besonders schöne und zarte Sprache.

Heute ist mir klar, daß er der größte Opernregisseur seiner Zeit war. Nur diejenigen, die Jahr für Jahr nach Bayreuth kamen, konnten ermessen, was er geleistet hat, indem er mehrere Generationen von Wagner-Sängern, die Weltruf erlangt haben, ausgebildet hat. Von dem Zeitpunkt an, da er im Jahre 1906 aus Cosimas Händen die Leitung der Festspiele übernahm, auf die sie während zweiundzwanzig Jahren übermenschliche Anstrengungen verwandt hatte, ordnete er sich ganz dem Werk seines Vaters unter. Wer kann sagen, ob ihn das glücklicher gemacht hat? Bestimmt nicht das kleine Mädchen, das unter dem Flügel sitzend darauf wartete, daß er zum Mittagessen komme.

Die Stiele und die Kelche der Rosen im Garten begannen zu welken. Der alte Hoffmann fuhr mit seinem Schubkarren umher und sammelte das Laub vom Boden. Ein neues Schuljahr begann. Mein Lehrer, der gleiche nette Mann mit historischem Interesse, hatte sich etwas Neues ausgedacht, was harmlos zu sein schien, aber die Ordnung in seiner Klasse zerstörte. Im Glauben, daß seine Zöglinge etwas über Richard Wagner wissen sollten, der der kleinen Stadt ihren Anspruch auf Unsterblichkeit gegeben hatte, lud er Daniela ein, uns eine Reihe von Vorträgen über je eines der Wagnerschen Musikdramen zu halten. Meiner Tante gefiel dieser Vorschlag, und sie gab sich große Mühe, den Inhalt der Opern dem Verständnis ihrer jungen Zuhörerschaft anzupassen, indem sie ihnen märchenhaften Charakter verlieh, was die Kinder begeisterte. Nach jedem ihrer Vorträge sollten wir Zeichnungen zu den Dramen machen. Diese Zeichnungen, die Daniela gegeben wurden, riefen bei vielen berühmten Sängern und Dirigenten fröhliches Gelächter hervor.
Zu Danielas Pech kannte ich aber die Dramen fast ganz auswendig. Wenn sie die ursprüngliche Sage benutzte oder die Wagnersche Version für die Ohren ihrer jungen Zuhörerschaft von Anstößigkei-

ten befreite, protestierte ich, die ich ihre Absicht nicht erkannte, aufs heftigste. Meine schon begeisterten Klassengefährten wurden noch mehr unterhalten durch die erbitterten Diskussionen zwischen meiner Tante und mir. Daniela bat Vater, dafür zu sorgen, daß ich während der Vorträge ruhig bleibe; er aber, von meiner Haltung belustigt, weigerte sich, die Tante zu unterstützten. Dadurch ermutigt, beharrte ich auf meinem Standpunkt und kämpfte erbittert gegen jede Abweichung vom Wagnerschen Text. Bald hatte ich eine Partei begeisterter Anhänger, die meine Berichtigungen aufnahm und sich an meine Fassung hielt, wenn wir zu Beginn des nächsten Vortrages die Geschichten wieder erzählen mußten. Daniela saß finster brütend dabei, während ich mit triumphierendem Lächeln zuhörte.

Da Daniela wütender und wütender wurde, rächte sie sich zu Hause an mir. Sie ging sogar so weit, ihr Weihnachtsgeschenk, das aus einem Dutzend Taschentüchern bestanden hatte, zurückzunehmen. Jedesmal, wenn ich mich in der Klasse mit ihr gestritten hatte, nahm sie ein Taschentuch fort. Wäre ich von ihrem Geschenk, diesen so nützlichen Gebrauchsgegenständen, abhängig gewesen, wäre ich zu einem dauernden undamenhaften Schnüffeln verurteilt worden.

Abgesehen von meinen Streitereien mit Daniela verlief dieser Winter ruhig für mich; ich hatte keine ernsthaften Zusammenstöße mit Mutter, wurde von keinen Unglücksfällen betroffen. An schönen Tagen spielte ich mit den Jungen Fußball und bei schlechtem Wetter in unserem Kinderzimmer Theater. Unter unseren Spielsachen befand sich ein Kinderspiel-Theater, so groß wie eine normale Tischplatte, mit vollständigen Dekorationen der Wagner-

Opern und kleinen bemalten Holzfiguren - nicht Puppen mit beweglichen Armen und Beinen -, die an einem Draht mit einer Schleife für die Finger befestigt waren und so geführt werden konnten. An manchen Nachmittagen veranstalteten wir Aufführungen von *Rheingold* oder der *Götterdämmerung*; unsere Spielgefährten waren dabei das Publikum.

Dann gab es die traulichen Nachmittage, die wir in Cosimas Zimmer verbringen durften. Obwohl Großmutter nicht sichtlich gebrechlicher wurde, ruhte sie nun wesentlich länger als früher auf der riesigen Couch, und die Tanten paßten sehr auf, daß wir sie nicht ermüdeten. Alle waren noch sorgsamer als bisher darauf bedacht, in ihrer Gegenwart keine Gedenktage zu erwähnen oder für sie schmerzliche Themen zu berühren. Eines Tages, als ich bei ihr auf der Couch saß und ihr von meinen Schulerlebnissen erzählte, bemerkte ich, daß ihre Gedanken wanderten. Auf einmal unterbrach sie mich und rief Daniela.

Tante, die neben dem Fenster saß und las, legte ihr Buch beiseite und kam zur Couch.

„Daniela", fragte Großmutter, als sie die Hand der Tochter auf ihrer Schulter fühlte, „wie alt bin ich?"

Daniela zögerte, blickte die alte Dame ängstlich an, aber antwortete schließlich, da ihre Mutter wartete.

„Neunzig Jahre, Mama."

Uns stockte der Atem, und wir fragten uns bestürzt, wie Großmutter diese Feststellung aufnehmen werde. Alter war eines jener Themen, die seit Jahren bei ihr nicht berührt wurden.

Cosima hob ihre blinden Augen zu uns und lachte.

„Wirklich?" sagte sie.

Im Winter nach Houston Stewart Chamberlains Tod begann Daniela öfters Eva zu besuchen und nahm schließlich die Mahlzeiten bei ihrer Schwester ein. Der alternde Schriftsteller war schon lange Zeit vor seinem Tod gelähmt gewesen. Als Prophet des Dritten Reiches hinterließ er einen Anspruch auf Unsterblichkeit. Hitler hatte als ganz junger Mann Chamberlains Werk *Die Grundlagen des 19. Jahrhunderts* gelesen und war von Chamberlains Definition des Wortes „Arier", das dieser in beschränktem Sinne für die Rasse verwandte, so beeindruckt, daß er auf diesem Wort seine unsinnige Theorie der Rassenreinheit aufbaute. An dem Tag, an dem er uns zum erstenmal in Wahnfried besuchte, hatte Hitler auch eine Wallfahrt zum gegenüberliegenden Hause unternommen. Ich hätte zu gern der Zusammenkunft zwischen dem jungen, linkischen, verlegenen, aber vom Teufel besessenen zukünftigen Herrn des Dritten Reiches und dem kranken, alten Propheten beigewohnt, der es sich nicht hatte träumen lassen, welche entsetzliche Saat aus seinen Worten aufgehen sollte.

Wieder näherte sich eine Saison, die Festspiele des Jahres 1927. Wir Kinder trieben uns auf dem Hügel umher, saßen zuweilen auf den Bänken neben dem Festspielhaus, die mit „nur für Mitwirkende" gekennzeichnet waren, und zischten Leute, die wir nicht leiden konnten, aus oder besuchten Hugo Rüdel, den Chordirektor, in seiner Wohnung hinter dem Proberaum für den Chor; „Rüdelheim" wurde die Wohnung genannt. Von seinem Wohnzimmer aus konnte er direkt in den Raum zu den Morgenproben gehen. Rüdel war eine freundliche, alte Haut; er war der berühmteste Chordirektor Deutschlands und war an der Berliner Staatsoper und in Bayreuth sozusagen zu einer stehenden Institution geworden.

Nach der Woche der Generalprobe wurde Bayreuth aus seinem gewohnten Kleinstadtschlaf geweckt: die Straßen, die Kirchen, die markgräflichen Schlösser und unser Vorgarten waren mit Fremden überfüllt. Aus allen Fenstern ertönte das Leitmotiv der Oper, die am Nachmittag aufgeführt werden sollte. Musikliebhaber spielten Partituren - jedes Klavier in Bayreuth war für die Saison vermietet.

Prozessionen prominenter Besucher kamen nach Wahnfried; wir Kinder wurden getätschelt, die Ähnlichkeiten mit unseren großen Vorfahren besprochen - wir waren von dem Treiben begeistert. Doch für die erwachsenen Familienmitglieder und die Dienstboten war diese Zeit sehr anstrengend, alle waren nervös und doppelt reizbar. Emma gingen wir soviel wie möglich aus dem Weg und mieden auch die Tanten. Daniela und Eva „feierten" gewöhnlich die Mitte der Festspiele durch hysterische Anfälle, in denen sie Vater und Mutter die heftigsten Vorwürfe machten. In diesem Sommer, so erinnere ich mich, brach das Unwetter schon zeitiger aus - Ende Juni; es kam auf Vaters ungeschütztes Haupt herab, doch seine gute Stimmung war durch nichts zu verderben.

„Meine Lieben", entgegnete er nur sanft, „ihr irrt euch in der Zeit, es ist ja noch gar nicht August."

Ein anderes Familienmitglied, das das Durcheinander nicht liebte, war Straubele, unser neuer Schnauzer, den Vater von Mutter zum Geburtstag bekommen hatte. Der Hund hing sehr an uns; wir konnten ihn schlagen oder herumjagen, wie wir wollten; Fremde jedoch liebte er nicht, und wir mußten gut auf ihn aufpassen, wenn Wahnfried voller Gäste war.

Der einzige Fremde, den Straubele als Freund anerkannte, war Hitler. Als er ihn das erste Mal sah, war der Hund sofort zu ihm getrottet und hatte seine Hand beschnüffelt; war der Führer bei uns zu Besuch, wich der Hund ihm nicht von der Seite. In dieser Hinsicht war Straubele genau wie seine Nachfolger; diese großen, wilden Tiere, die zu niemandem außer der Familie gingen, freundeten sich genau wie alle Kinder sofort mit Hitler an - er zog sie durch seine hypnotisierende Gewalt ohne Anstrengung zu sich heran.

In dieser Zeit hatte Hitler sein bayerisches Kostüm mit einem billigen, dunkelblauen Anzug und dem berühmten Trenchcoat vertauscht und wechselte stets seinen Hut, um sein Aussehen zu verändern und zu verhindern, auf seinen Reisen erkannt zu werden. Handschuhe trug er nie, hielt aber stets eine Hundepeitsche in der Hand. Die Peitsche, der Trenchcoat und der Mercedes-Wagen - diese Aufmachung war seine Fabrikmarke in der Zeit zwischen dem Putsch und dem Jahr 1933. Er erzählte uns, daß die Peitsche die einzige Waffe sei, die er bei sich trage, aber wir Kinder hatten den kleinen Revolver nicht vergessen. Tatsächlich wollte er mit der Peitsche, mit der er sich stets photographieren ließ, die Herzen der sentimentalen Deutschen gewinnen, die vom Anblick des unerschrockenen kleinen Mannes gerührt wurden, der den ihn mit dem Tod bedrohenden, schwerbewaffneten Kommunisten mit keiner anderen Waffe als einer Hundepeitsche entgegentrat.

Wieland, Wolfi, Verena und ich, wir alle liebten Wolf, weil uns seine Erzählungen der Abenteuer begeisterten, die er auf seinen Reisen durch Deutschland erlebte; vor allem die über jene pechschwarze Nacht, in der der Chauffeur Hitlers Wagen in ein gefährliches Loch fuhr und ihn nur unter den größten Schwierigkeiten wieder herausholen konnte. Sein Leben war spannend für uns, weil es so ganz anders war - alles war wie ein Märchen, sein Auftauchen bei uns so spät in der Nacht, seine Erzählungen über sein gefährdetes Dasein.

Sechstes Kapitel

Vater braucht mich

Die ersten drei Schuljahre waren wunderschön, unter der Obhut eines sympathischen Lehrers, belebt durch die Plänkeleien mit Daniela; in der vierten Klasse aber änderte sich das. Ich hatte dort einen Klassenlehrer, der ein versteckter Sadist war. Bei den Kindern aus wohlhabenden Familien nahm er sich zusammen, genoß es jedoch, ärmere und schutzlose Schüler zu peinigen, die vielleicht unter dem Intelligenz-Durchschnitt standen, sich aber verzweifelt bemühten, dem Unterricht zu folgen. Tag um Tag beobachtete ich, wie er diese armen Kinder quälte und sie schwer bestrafte, wenn sie seine tückischen Fragen nicht beantworten konnten. Als mir das zuviel wurde, forderte ich ihn eines Tages heraus: „Es ist abscheulich, wie Sie Ihre Bosheit an den Kindern auslassen, die sich nicht wehren können, es ist eine Schande, eine Ungerechtigkeit. Warum lassen Sie Ihre Bosheit nicht an mir aus? Aber eine Wagner anzurühren, wagen Sie nicht."

Mein Wutausbruch änderte das Verhalten des Mannes, machte mir aber das Leben schwer. Meine Worte wurden entstellt wiedergegeben, als habe ich gesagt, „... man schlägt eine Wagner nicht", und so wurden sie stets zitiert, wenn mich ein Familienmitglied besonders kränken und mich daran erinnern wollte, wie unerträglich hochmütig ich sei.

Meine Stimmung verschlimmerte sich noch erheblich, als ich nach mehrmonatigem Besuch der vierten Klasse erfuhr, daß ich diese überspringen und sofort ins Gymnasium hätte eintreten können. Die Lehrer waren der Ansicht gewesen, daß ich ohne Schwierigkeiten das Zulassungsexamen bestehen würde, hatten aber versäumt, das meinen Eltern rechtzeitig mitzuteilen. Dieses Versäumnis übte eine verheerende Wirkung auf meine Zeugnisse aus. Bis dahin war ich der Stolz der Familie gewesen, ich war immer die erste in der Klasse - doch jetzt verwandte ich weniger Zeit auf meine Schulaufgaben, als darauf, die Lehrer zu ärgern.

Dadurch gestaltete sich auch mein Leben zu Hause schwieriger. Die Lehrer beschwerten sich bei Mutter, und Mutter, über mich empört, strafte mich und versuchte mit allen Mitteln, mich zu bessern; sie schickte mich abends mit Wasser und Brot ins Bett, nahm mir alles fort, woran ich hing. Sie erreichte damit aber nur, daß es zu verbissener Feindschaft zwischen uns kam.

Als ich schließlich im Frühjahr 1928 ins Gymnasium kam, war ich zehn Jahre alt und Mutters ewiges Sorgenkind. Die Tanten, die sich natürlich gegen Mutter stellten und mich unterstützten, die Cousins, die Familienfreunde, die zur alten Garde gehörten und Mutter als Außenseiterin betrachteten, interessierten sich lebhaft und mitfühlend für meine Angelegenheiten, was Mutter sehr kränkte. Sie nahm ihnen ihren angeblichen Mangel an Interesse für die anderen Kinder übel. Es wäre zuviel von mir verlangt gewesen, die Vorteile der so entstandenen Lage nicht auszunutzen. In kürzester Zeit war ich nicht mehr zu bändigen; ich spielte mit den Jungen Fußball, kletterte auf die höchsten Bäume, raste auf dem Fahrrad umher mit Verena, die wir Nickel nannten, auf der Lenkstange und Wolfi hinten auf

dem Gepäckträger; ich machte alles, nur nicht meine Schulaufgaben.
Der arme Vater, wie muß er gelitten haben unter all den kriegerischen Persönlichkeiten seiner Umgebung! Obwohl er mich als Gefährtin stets bevorzugte und seine schützende Hand so oft wie möglich über mich hielt, mischte er sich weder in den Krieg ein noch verlor er seine sonnige, gute Stimmung. Äußerlich floß das Familienleben glatt dahin, weil niemand mit Vater in Unfrieden leben konnte. Die Familienfestlichkeiten, Weihnachten, Geburtstage, folgten einander in traditioneller Weise mit den Geschenken, den Feiern, den hübschen, kleinen Überraschungen.

Zu Weihnachten und zu Mutters Geburtstag hatte Vater stets einige Scherze vorbereitet, die gewöhnlich die Nazis, die den besten Stoff für jeden Witz boten, lächerlich machten. Zum diesjährigen Weihnachtsfest hatte Vater eine Hausapotheke geschreinert, leere Flaschen hineingestellt mit Etiketten, die die komisch klingenden Namen der Bayreuther Nazis trugen (zufällig hatten die meisten von ihnen merkwürdige und belustigende Namen); jeder Flasche war ein Gedicht beigefügt, das die Krankheiten, die mit dem Medikament kuriert werden sollten, beschrieb. Dieser Scherz war nicht nur auf Mutter, sondern auch auf Daniela gemünzt, denn meine Tante war eine fanatische Homöopathin und schleppte stets eine Apotheke mit sich herum, die mindestens hundert verschiedene Medikamente enthielt.

Ein anderes Mal hatte Vater eine Höhle gebaut mit einem Wolf und einem Dachs darin: „Der Wolf in der Dachshöhle“, nannte er sie. Das sollte Hitler und seine Münchner Wirtin, die Dachs hieß, darstellen.

Einige Zeit danach wäre dieser Scherz noch komischer gewesen, denn der Verstand von Frau Dachs verwirrte sich, und sie benahm sich höchst seltsam. Lange war Hitler der einzige, der sie beruhigen konnte; in seiner Gegenwart war sie noch halbwegs normal, aber eines Tages bedrohte sie ihn mit einem Beil. Hitler mußte um sein Leben rennen und wechselte schleunigst die Wohnung.

Vater scheute keine Mühe, uns zu belustigen und zu unterhalten. Er wollte uns einen reichen Schatz an glücklichen Erinnerungen geben, und das ist ihm auch gelungen. Für seinen Geburtstag schmiedeten wir schon wochenlang vorher Pläne. Zuweilen bereitete er uns an diesem Tag Überraschungen. So fanden wir und die Gäste beim Essen zu seinem sechzigsten Geburtstag im Frühling 1929 unter unseren Tellern das Textbuch seiner neuen Oper, *Das Flüchlein, das jeder mitbekam.* Ich hegte, obwohl ich sehr stolz und entzückt war, den leisen Verdacht, daß ich sein Flüchlein sei. Voll von guten Vorsätzen umarmte ich Vater stürmisch; er streichelte lächelnd mein Haar, und ich wußte, daß er mich verstanden hatte.

Doch trotz all meiner guten Vorsätze war das zweite Jahr im Gymnasium noch schlimmer als das erste. Die Lehre der Revanche wurde uns tagaus, tagein mit teutonischer Wut eingehämmert. Von jedem Lehrer, ganz gleich, in welchem Fach er unterrichtete, wurden wir mit Reden über die „Wahrheit" von Versailles, die Ungeheuerlichkeit der „Kriegsschuldlüge" und der „Tatsache", daß Deutschland nie besiegt worden sei, bombardiert. Diese Lehren wurden als Evangelium vor uns hingestellt, das über jeden Zweifel erhaben sei. Clemenceau wurde als großer Verbrecher, als der schlimmste

Bösewicht, den die Welt je gesehen, geschildert. Vielleicht wäre ich leichter zu überzeugen gewesen, wenn meine Lehrer den Namen Clemenceau wenigstens richtig hätten aussprechen können, doch eigensinnig wie ich war, sagte ich mir, daß sie, wenn sie sich schon bei der Aussprache irrten, sich auch bei der Darstellung ihrer „Tatsachen" irren konnten. So hatte sich mir Anlaß zu neuen Kontroversen geboten. Ich versuchte, die Kriegsschuldlüge von beiden Seiten zu betrachten und stellte eine hartnäckige Frage nach der anderen. Das einzige, was ich erreichte, war die Genugtuung, meine Lehrer zu ärgern, die mir mit ungeduldigen Bemerkungen, wie „du mußt das glauben" oder „du darfst an meinen Worten nicht zweifeln" antworteten; ich zweifelte aber dennoch und hielt mit meiner Meinung nicht zurück.

Wieder war ich in offenem Aufruhr, die Stunden in der Schule wurden zum Kampf, die Spannung wuchs.

Wie fast stets in Deutschland war ich von dem Gefühl befallen, daß mich ein Strick würge, an dessen beiden Enden gezogen werde; die Lehrer beschwerten sich, Mutter war am Ende ihrer Weisheit. Sie nahm mich aus der Schule und sandte mich zur Strafe im Sommer in eine Ferienkolonie; dort war ich aber so unglücklich, daß ich die Eltern so lange bestürmte, bis sie mich nach Hause kommen ließen.

Die Eltern nahmen mich dann auf eine Reise in die Bayerischen und Tiroler Alpen mit; wir waren nur zu dritt, die anderen Kinder waren bei Freunden am Bodensee zu Besuch. Vielleicht war das Vaters Idee gewesen, ich habe es nie erfahren, aber es war eine der glücklichsten Zeiten meines elfjährigen Daseins. Mutter nörgelte nicht an mir herum, und ich verbrachte lange, glückselige Tage mit Vater, mit dem zusammen ich, einen Stock in der Hand, in den Bergen umherwanderte. Vater versuchte nie, alpinistische Rekorde aufzustellen - er ging bedächtig einher, blieb hier stehen, um einen Moosflecken oder ein Büschel Alpenblumen zu bewundern, sprach dort mit dem und jenem. Am Nachmittag kehrten wir ins Hotel zurück oder machten in irgendeiner Bergwirtschaft halt, nahmen auf einer Veranda, mit Blick auf die Alpentäler und die entfernter liegenden Berge, unseren Tee. Ich saß dort neben Vater, aß glückselig Brot mit Marmelade, lauschte der Unterhaltung - wo er auch war, gesellten sich Leute zu ihm - und wünschte, dieser Sommer möge nie zu Ende gehen.

Aber er ging zu Ende. Bald war ich wieder in der Schule und focht die alten Kämpfe aus. Dieses Jahr war noch ein neues Kreuz hinzugekommen - Latein! Als der Lehrer uns jeden Tag zwei oder drei Seiten unregelmäßiger Verben zum Auswendiglernen aufgab, streikte ich und beschäftigte mich nur noch damit, Streiche, die meine Lehrer ärgern sollten, auszuhecken. Bald waren alle Mitschüler daran beteiligt, die Jungen halfen mir, die Mädchen verrieten mich. Der Direktor drohte, mich aus der Schule zu werfen. Mutter war gezwungen, etwas zu unternehmen und beschloß, mich in das Mädchen-Lyzeum zu schicken; da aber in dieser Schule Englisch statt Latein gelehrt wurde, schlug sie vor - oder war es Vaters Idee? -, mich für ein Jahr nach England in die Schule zu geben, damit ich im Lyzeum mitkomme.

Das war ein wunderbarer Gedanke! Welches Mädchen hätte nicht darauf gebrannt, ins Ausland zu gehen? Insgeheim aber begann ich schon im voraus Sehnsucht nach Vater zu empfinden. Ich heftete mich wie ein Schatten an seine Fersen. Abends, wenn Mutter vorlas (Vater hatte Cosimas Augen geerbt, die auf künstliches Licht schmerzhaft reagierten, so daß er nie bei elektrischem Licht las oder arbeitete), saß ich ruhig neben ihm, zufrieden, ihn ansehen zu dürfen. Zuweilen erlaubte er mir, im Junggesellenhaus zu bleiben, während er arbeitete oder Korrespondenz erledigte. Eines Morgens, als er einen Brief an Toscanini schrieb, übersetzte er mir das Postscriptum: „Entschuldigen Sie, bitte, mein Italienisch, aber ich habe es von Köchen und Dienstmädchen gelernt." Toscanini war ein alter Freund von Vater und wurde in Bayreuth erwartet, um bei den Festspielen des nächsten Jahres zu dirigieren.

„Ich will dir eine Begrüßung für ihn beibringen", sagte Vater. „Sag' mir nach: ‚Caro maestro, siamo felici di salutarla a Bayreuth.'"

„Caro maestro, siamo felici di salutarla", wiederholte ich mehrere Male, um die richtige Aussprache zu lernen. Vater war stolz auf mein Gehör. Weder Mutter noch Wieland versuchten, Italienisch zu sprechen. Mutter las es zwar, beschränkte sich jedoch beim Sprechen auf eine amüsante Sammlung von Flüchen.

Plötzlich sagte ich mit erstickter Stimme: „Du wirst mir furchtbar fehlen."

„Du kommst zu den Festspielen zurück; du weißt doch, daß ich ohne dich nicht fertig werde."

Weihnachten kam und ging vorüber. Meine Geschwister betrachteten mich als eine besondere Persönlichkeit und weihten mich in ihre geheimsten Unternehmungen ein. Wolfi erlaubte mir, ihm bei seinen neuen elektrischen Installationen zu helfen, die er in seiner Werkstatt im Keller baute. In jenen Tagen war es nichts Außergewöhnliches, daß plötzlich alle Lichter im Haus ausgingen, weil Wolfi eine Sicherung durchgebrannt hatte. Nickel wich mir nicht von der Seite, und ich versprach, ihr zum Abschied meine Druckpresse zu schenken.

Ende Januar waren wir dann zur Reise bereit. Ich ging hinauf zu Großmutter, um ihr den Abschiedskuß zu geben. Sie fuhr leicht mit ihren Fingern über mein Gesicht, als wolle sie sich jeden Zug einprägen, und ich wußte plötzlich, daß dies ein Abschied für immer sei - ich würde sie nie wiedersehen.

Tante Eva mußte ihr Gesicht abwenden; ihre Augen füllten sich mit Tränen. Doch Cosima war nicht traurig; sie lächelte mir zu; das Lächeln erleuchtete ihr pergamentenes Gesicht.

Drei Tage lang wohnten die Eltern und ich in einem märchenhaften Appartement im Mayfair-Hotel in London als Gäste der Columbia-Grammophon-Gesellschaft, die vor Jahren einige Bayreuther Aufführungen aufgenommen hatte. Vater führte mich in London umher, das er so gut kannte wie Bayreuth - zeigte mir die Sehenswürdigkeiten: die öffentlichen Gebäude, die schönen Parks und die alten historischen Winkel. Mutter ließ mich an allen gesellschaftlichen Veranstaltungen, die nicht geschäftlicher Natur waren, teilnehmen. Mein Kopf wirbelte vor so viel Glückseligkeit.

Dann war es Zeit für Vater, nach dem Süden zu fahren, um seine Konzertverpflichtungen zu erfüllen. An einem Mittag, Anfang Februar, gab ich ihm vor dem Mayfair-Hotel den Abschiedskuß. Das Taxi fuhr an, ich winkte, er winkte, wir lachten beide, doch mein Herz war schwer, ich empfand wieder jene alte, kindliche, böse Vorahnung, die mich immer befiel, wenn Vater auf eine Konzert-Tournee ging - vielleicht würde er nicht zurückkommen! Diesmal war dieses Gefühl so stark, daß es mir fast körperlichen Schmerz verursachte.

Mutter und ich machten uns auf den Weg nach Brighouse in Yorkshire, wo ich in eine Mädchenschule eintreten sollte, die von einer alten Freundin meiner Mutter, ihrer früheren englischen Lehrerin in Deutschland, geleitet wurde. Miss Scott, eine Irländerin, war, als ihre Freundschaft mit Mutter dadurch begann, daß sie ihr in ihr ungezogenes Gesicht schlug, nicht viel älter als Mutter und muß ein sehr hübsches Mädchen gewesen sein. Sie war sehr freundlich zu mir, quartierte mich in ihrem Hause ein, das eine Minute von der Schule entfernt lag, und ich hatte das wohltuende Gefühl, willkommen zu sein. In kürzester Zeit sprach ich Englisch; ich hatte die Lehrerinnen und meine Mitschülerinnen gern, und sie mochten mich. Es gab keine Probleme: ich war plötzlich ein normales, glückliches Kind. Die einzige Wolke am Himmel meiner Glückseligkeit war der Angsttraum, der immer wieder kam, eine böse Ahnung, daß ich infolge eines schrecklichen Unglücks nach Hause gerufen werde. Im April starb Cosima. Ihr Tod machte mich nicht zu unglücklich. Sie war so sehr ein Teil der unzerstörbaren Erinnerungen meiner Kindheit, daß es mir ganz natürlich schien, daß sie aus der Gegenwart in eine stets lebendige Vergangenheit überwechselte. Aber ihr Tod steigerte meine Vorahnung, daß etwas Furchtbares mich nach Deutschland zurückrufen werde.

Ich war in Brighouse so glücklich und hatte solche Angst, daß dieses Glück nicht dauern werde, daß ich meine Eltern mit Briefen bombardierte und sie anflehte, mich die Schule hier beenden zu lassen und mich nicht zum Besuch einer deutschen Anstalt zu zwingen. Als Antwort erhielt ich einen langen Brief, den Mutter nach Vaters Diktat mit der Schreibmaschine geschrieben hatte; ich merkte das am Stil und an den Korrekturen, die er handschriftlich vorgenommen hatte. In dem Brief sagte Vater, daß er nun fast einundsechzig Jahre alt sei und ich ihm schrecklich fehle; niemand wisse, wie lange wir einander noch haben würden. Zudem solle ich auch an meine Geschwister denken, es dürfe keine Entfremdung zwischen ihnen und mir entstehen. Vor allem aber wünsche er, daß ich nach Hause komme, da ich bald soweit sei, ihm in Bayreuth helfen zu können und ihn auf seinen Tourneen zu begleiten. Es gäbe also keine Wahl - ich müsse nach Hause zurückkehren. Und zum Schluß betonte er nochmals, wie einsam er sich ohne mich fühle.

Dieser Brief, der mich mit liebendem Stolz hätte erfüllen sollen, vergrößerte nur meine Sorge. Es war kein Datum für meine Rückkehr festgesetzt, doch jeden Tag verbrachte ich in Furcht. Der Frühling ging in den Sommer über, ohne meine düsteren Ahnungen zu vermindern. Schließlich, Ende Juli, kam eines Abends ein Telegramm für Miss Scott, die gerade in der Schule eine Lehrerkonferenz abhielt. Ich brachte es ihr hinüber und wußte, daß dieser kleine, gelbe Umschlag mein Schicksal barg.

Am Abend sagte mir Miss Scott nichts, war aber besonders freundlich zu mir. Erst am nächsten Morgen, einem Samstag, eröffnete sie mir, daß Vater schwer krank sei. Sie begleitete mich am Sonntag nach London und übergab mich Tante Edie, einer entfernten Verwandten von Mutter, einer farblosen, kleinen, alten Jungfer, die ich von Bayreuth her, das sie schon zweimal besucht hatte, kannte.

Wir kamen gegen Mittag in Bayreuth an. Mutter holte mich nicht an der Bahn ab, aber Maria Sofia, die Frau meines italienischen Vetters Manfredi, war dort. Sie drückte mir die Hand und sagte ruhig, daß Mutter im Krankenhaus sei. Freundliche Maria Sofia, ich habe sie immer geliebt! In Wahnfried herrschte ein Treiben wie in einem Ameisenhaufen, es war angefüllt mit der Familie, mit Verwandten und Festspielgästen. Eines der Mädchen führte mich in Cosimas Zimmer, das für Nickel und mich eingerichtet worden war; die Jungen waren in das Kinderzimmer gezogen, und die Eltern hatten unser altes Schlafzimmer übernommen. Ich fragte das Mädchen, wo Wieland und Wolfi und Nickel und Emma seien. Sie sagte dauernd: „Ich versteh' kein Wort. Sprich doch bitte deutsch." Endlich brachte ich aus ihr heraus, daß meine Geschwister nicht aus den Ferien zurückgerufen worden seien.

Alles war merkwürdig. Erschrocken und verwirrt ging ich hinunter ins Musikzimmer, wo meine französische Kusine Blandine mit einer Gruppe von Freunden plauderte. Wir aßen dann zusammen zu Mittag; die Verständigung war etwas schwierig: Tante Edie sprach nur Englisch, meine italienischen Cousins und Blandine, die in allen vier Sprachen zu Hause waren, wechselten von einer Sprache zur anderen; verschiedene Freunde, die nur Deutsch konnten, waren ärgerlich, und Manfredi, der leicht taub war, hatte Schwierigkeiten, überhaupt etwas zu verstehen.

Ich erfüllte, so gut es ging, meine Pflicht als Gastgeberin, mein Herz klopfte aber so laut, daß ich glaubte, jeder müsse es vernehmen. Nach dem

Essen entwich ich ins Krankenhaus. Mutter umarmte mich.

„Ich bin so froh, daß du gekommen bist, Mausi!" Sie lehnte sich an meine Schulter und brach in Tränen aus; wir waren uns noch nie so nah gewesen. Als sie sich etwas beruhigt hatte, erzählte sie mir, was geschehen war. Vater hatte eine Embolie. Die Festspiele waren sehr anstrengend gewesen - es hatte ungewöhnlich viel Streitigkeiten mit einem der Dirigenten gegeben. Nach der Generalprobe der *Götterdämmerung* war Vater zusammengebrochen. Mutter hatte mich kommen lassen, damit ich da sei, wenn er nach mir frage. Rührend setzte sie ihre letzte Hoffnung darauf, daß die plötzliche Freude, mich zu sehen, seinen Zustand bessern könne.

Doch die Ärzte waren unerbittlich; sie behaupteten steif und fest, daß ein Schock, welcher Art immer, seinen Zustand nur verschlimmern könne. Tagein, tagaus ging ich auf Zehenspitzen an seinem Zimmer vorüber, wartete, hoffte, daß er sich etwas erholen werde und nach mir verlange, hoffte, daß man mich ihn sehen lassen werde. Aber man ließ mich nicht zu ihm. Die Ärzte wußten, daß sein Zustand hoffnungslos war, und doch sagte ihm niemand, daß ich nach Hause gekommen sei, ließ ihm niemand das glückliche Bewußtsein zuteil werden, daß ich in seiner Nähe sei. Weder Mutter noch ich haben ihnen das je verziehen.

Die Tage schienen endlos; sie schienen im Weltenraum zu hängen, nur durch kurze, drückende Augenblicke der Dunkelheit voneinander getrennt. Ich zog mich an, aß, ging zum Krankenhaus, zu den Aufführungen, wartete, wartete immer, eine endlose Stunde nach der anderen, stets von der entsetzlichen Vorahnung erfüllt. Mutter sah ich nur im

Krankenhaus, wo sie Tag und Nacht bei Vater blieb. Schließlich trat das seit Tagen Erwartete und doch nicht Faßbare ein, und ich war nicht in seiner Nähe gewesen. Am 4. August, als ich gegen sechs Uhr nach Wahnfried zurückkehrte, öffnete das Mädchen die Haustür, ich sah, daß das Haus verödet war. Die Augen des Mädchens waren rot umrändert, ihre Schürzenzipfel feucht und zerknittert vom steten Augenwischen.

„Dein Vater ist tot", sagte sie mir, „du sollst zu Tante Eva gehen."

Ich schloß leise die Tür und ging die Auffahrt hinunter. Straubele und sein neuer Spielgefährte, Stritzi, kamen kläglich aus dem rückwärtigen Garten mit eingezogenen Schwänzen und rieben sich an meinen Beinen.

„Geht zurück", sagte ich und sah zu, wie sie langsam zum Haus des Gärtners trotteten, um dort Trost zu suchen.

Einen Augenblick wartete ich, um zu mir zu kommen, dann ging ich hinüber zum Haus von Tante Eva. Sie war allein im Salon. Ich ging auf sie zu, und sie zog mich an sich. Gleich darauf öffnete sich die Tür; ein schlanker Mann mit tiefliegenden, freundlichen Augen und ausdrucksvollem, feingeschnittenem Gesicht nahm erst Eva in die Arme, dann mich, das Kind, das er nicht kannte.

Das war mein erstes Zusammentreffen mit dem Mann, der mir später näherkam als irgendein anderer Mensch und der mir fast meinen Vater ersetzte - Toscanini!

Siebentes Kapitel

Krieg auf dem Podium

Um acht Uhr am Morgen nach Vaters Tod saß Mutter an seinem Schreibtisch im Festspielhaus und übernahm seine Arbeit. Ihre anderen Pflichten, und es waren immerhin Pflichten, obwohl es sich nur um solche gesellschaftlicher Natur handelte, konnte sie nicht berücksichtigen und übertrug sie, wenn möglich, einem von uns. Jetzt hatte sie auch gar keine Zeit mehr, Karl Muck zu verhätscheln. Muck war bereits eine Tradition im Festspielhaus; sie rührte noch aus Cosimas Zeiten her, die ihn im Jahre 1900 zum ersten Mal engagiert hatte, und während dreißig Jahren war er einer der berühmtesten Festspiel-Dirigenten gewesen. Sonderlich beliebt war er aber nicht - jedermann fürchtete seine geistreichen, bissigen Bemerkungen, die so treffend waren, daß sie überall wiederholt wurden.

Muck vertrug sich nicht mit Vater, der ihn deshalb Mutters listenreicher Freundlichkeit überließ. Während der Festspielsaison fuhr sie Vater jeden Morgen um acht Uhr ins Büro und ging dann hinüber in die Villa Küfner, wo Muck wohnte, und leistete ihm beim Frühstück Gesellschaft. Bei den Aufführungen, die er dirigierte, wagte sie nie, ihn in den Pausen allein zu lassen, er verzehrte dann stets ein Pfund Kaviar - Mutters Kaviar für siebzig Mark das Pfund.

Bei den Generalproben war Muck dieses Jahr besonders unangenehm gewesen, paffte ständig seine Spezialzigaretten, stark wie Zigarren, trank in riesigen Mengen schwarzen Mokka und wurde immer schlimmerer Laune, weil Toscanini den *Tristan* und den *Tannhäuser* dirigieren sollte. In den vorangegangenen Jahren war es ihm gelungen, Vater davon abzuhalten, Toscanini zu engagieren. Mutter sagte mir, daß Vaters Zustand sich durch den ständigen Ärger mit Muck zweifellos noch verschlimmert habe.

Mutters Erscheinen in Vaters Büro im Festspielhaus, für sie die natürlichste Sache der Welt, war in Wirklichkeit eine Kriegserklärung an die Partei der alten Wagnerverehrer, die während so vieler Jahre „Patrone der Festspiele" gewesen waren, einige schon seit Cosimas Zeiten. Unter Anführung von Daniela und - in geringerem Maße - von Eva organisierten sie sich fast über Nacht, um die Leitung der Festspiele zu übernehmen und das „Wagnersche Vermächtnis zu wahren". Noch bevor Vater begraben war, wurde Mutter vom Bürgermeister und den Stadtvätern von Bayreuth gedrängt, Wahnfried der Stadt als Wagner-Museum zu übergeben; sie hatten sogar schon ein Haus als Ersatz ausgesucht. Über Nacht fand sich Mutter aus der Stellung von Siegfried Wagners verwöhnter, umschmeichelter junger Frau in die einer Außenseiterin gedrängt, angefeindet von den alten Wagnerianern, die glaubten, den wahren Geist der Festspiele gepachtet zu haben.

Jetzt empfand Mutter zum ersten Mal eine Verwandtschaft mit Cosima und verstand, was diese hatte ertragen müssen, als sie die Festspiele nach Wagners Tod fortsetzte. Damals war Cosima die Ausländerin, „diese Französin, die nie deutsche Künstler engagierte", jetzt war Mutter „diese Engländerin, die nie imstande sein wird, das Wagnersche Vermächtnis zu wahren".

Die Stadt sollte Vaters Begräbnis übernehmen.

Wie alle Wagner war er Ehrenbürger der Stadt gewesen; diese Auszeichnung, die mittels einer schönen Pergamentrolle beurkundet worden war, berechtigte den Inhaber zu einem Begräbnis auf Kosten der Stadt. Doch trotzdem (waren die Stadtväter verärgert, weil Mutter sich weigerte, ihnen Wahnfried zu übergeben?) wurden alle Rechnungen für die Beerdigung an Mutter gesandt, die sie ohne weiteres bezahlte.

Wir gingen nicht zum Friedhof. Wieland, Wolfi und Verena, die am Abend zuvor zurückgekommen waren, Mutter und ich, fuhren vom Gottesdienst in der Kirche direkt nach Wahnfried zurück. Wir fanden das Haus verschlossen. Alle Dienstboten waren zur Beerdigung gegangen, und so warteten wir unter dem Portal des Junggesellenhauses. Stritzi und Straubele sprangen uns entgegen, suchten Vater, spürten aber unser Unglück und legten sich still zu unseren Füßen nieder. Gedankenlos zog ich an Stritzis Ohr. In dem Schmerz, der uns alle wie eine unsichtbare Mauer umgab, stand ich abseits, war jämmerlich allein, von den übrigen ausgeschlossen. Von dem Augenblick an, da die anderen Kinder zurückgekehrt waren, suchte Mutter bei ihnen Trost - ich galt nichts mehr. Ich bedeutete für sie nicht mehr als die Luft um uns. Das Gefühl, das sie gehabt, als sie sich an mich gelehnt hatte, zärtlich zu mir gewesen war und mich als Stütze gegen die Ärzte brauchte, gegen jeden, der Vater einen letzten Augenblick Glückseligkeit verweigern wollte, war vorbei, als sei es nie vorhanden gewesen.

Trotz der Stürme und Intrigen unter der Oberfläche wurden die Festspiele besonders erfolgreich fortgesetzt. Herbert Janssen, den Vater zum erstenmal nach Bayreuth engagiert hatte, übertraf alle

Erwartungen. Janssen war ein so vollkommener Künstler, daß weder Vater noch Toscanini mit ihm die Rollen einzustudieren brauchten. Toscanini ging mit ihm die Partitur einmal durch und sagte dann: „Wir brauchen uns erst auf der Bühne wiederzusehen." Als Janssen ohne jede Vorbereitung für unseren erkrankten Amfortas einspringen mußte, rief Muck von seinem Pult aus: „Das ist der beste Amfortas, den ich seit Reichmann gehört habe."

Muck selbst war durch Vaters Tod geläutert und bereitete keine Schwierigkeiten mehr; der junge Karl Elmendorff, einer von Vaters Schützlingen, war ausgezeichnet, Toscanini dirigierte wunderbar. Sowohl vom künstlerischen wie vom finanziellen Standpunkt aus war es das erfolgreichste aller Festspiele seit dem Krieg, und der *Tannhäuser*, den Toscanini dirigierte, wurde als die glänzendste Aufführung in Vaters ganzer Laufbahn angesehen.

Ich traf Toscanini oft beim Mittag- und beim Abendessen und im Theater-Restaurant während der Pausen. Ohne viele Worte gelang es dem Maestro, mir Mut einzuflößen und mich fühlen zu lassen, daß er mich durch seine Zuneigung stütze.

Hatte ich nicht im Festspielhaus zu tun, mußte ich mich in Wahnfried um die Gäste kümmern. Sie kamen und gingen, eine nie endende Prozession. Es waren so viele Namen, so viele Nationalitäten, daß ich sie nicht eher auseinanderhalten konnte, bis ich die Gästeliste einsah, die der Diener anhand der Visitenkarten zusammenstellte. Dieser Diener war nur für die Zeit der Festspiele engagiert; er stand täglich bis zum Beginn der Aufführung unter der Tür, die silberne Visitenkartenschale in der Hand, und ließ die Gäste eintreten; später am Nachmittag fuhr er auf seinem Fahrrad in der Stadt umher und gab Mutters Karten ab. Ich erinnere mich vor allem an Venizelos als einen angenehmen, alten Herrn, der gern im Garten spazieren ging, und an Madame André Maurois, eine von Blandines Freundinnen.

Als schließlich die Festspiele vorüber waren, fiel Bayreuth wieder in seinen Dornröschenschlaf; Wahnfried jedoch nicht. Jetzt trat das Komitee der alten Garde aus seiner Deckung und beschuldigte Mutter, Vaters Willen zu fälschen, der das Festspielhaus und Wahnfried seinen Kindern hinterlassen habe; Mutter habe lediglich die Verwaltung zu besorgen bis wir großjährig seien. Die alte Garde hatte nicht recht; doch in einer Beziehung versuchte Mutter, Vaters Willen zu ändern: stets war Wieland ihr besonderer Liebling gewesen, und sie wollte, daß er Alleinerbe werde. Die Beziehungen zu den Tanten wurden immer gespannter. Daniela, die nach Chamberlains Tod ihre Mahlzeiten bei Eva einnahm, beherrschte diese nun völlig und hielt sie so viel wie möglich von Wahnfried fern - beide wären gänzlich fortgeblieben, doch sie wollten wissen, was dort vor sich gehe. Sie hörten sogar auf, uns Kinder zu den wöchentlichen Mittagessen einzuladen, wie es nach Chamberlains Tod Sitte geworden war.

Im Herbst steckte mich Mutter in das Mädchen-Lyzeum. Sie war ruhelos, verbrachte viel Zeit von zu Hause entfernt, fuhr ungefähr jede Woche nach Zürich zu ihrer Bank und nach Berlin, engagierte Sänger und Orchester-Mitglieder für die kommende Saison. Jedesmal, wenn sie nach Hause kam, rasten Stritzi und Straubele die Treppen hinauf zu Vaters Ankleidezimmer, wo sie ihn immer nach einer Reise angetroffen hatten, und jedes Mal kamen sie traurig die Treppe wieder herunter. Erst nach mehreren Monaten hörten sie auf, ihn zu suchen.

In diesem Herbst waren die Hunde meine besten Freunde, vor allem Stritzi, der intelligenter war als die meisten seiner Rasse. Er liebte es, auf den Sesseln zu sitzen - beide Hunde taten das gern -, und sie wählten unfehlbar den besten im Wohnzimmer aus, auf dem sie dann in unbehaglichem Triumph lagen, die Pfoten hinunterhängend, bis sie Emmas Schritte hörten. Bevor sie die Tür öffnete, lagen beide auf dem Teppich, unschuldig wie ein Paar bärtiger Cherubim. Stritzi liebte besonders beim Mittagessen unsere Gesellschaft, saß auf einem Stuhl an der Wand und folgte der Unterhaltung mit verständnisinnigem Ausdruck.

Während der Novemberferien nahm Mutter uns zum Bodensee mit, wo sie gerade ein entzückendes Haus in Nußdorf auf der badischen Seite gekauft hatte. Es lag auf der Spitze einer kleinen Halbinsel, die fast vor unserer Tür einen Hafen bildete. Seit Jahren hatten sie und Vater sich nach einem Sommerheim umgesehen. Vater kannte Italien und die Schweiz besser als die ländlichen Bezirke Deutschlands, und Mutter hatte ihn in der schönen deutschen Landschaft umhergefahren. Während der letzten Sommer, da er und Mutter ihre Entdeckungsfahrten machten, war Mutter mit der Gegend am Bodensee so vertraut geworden, daß sie wußte, wieviel Schlafzimmer und wieviel Badezimmer jedes Haus dort hatte.

Das Haus, das sie schließlich erwarb, hatte einem jüdischen Sammler ostasiatischer Kunst gehört, der allen Besitz in Deutschland verkaufte und das Land verließ. Die Wände waren mit chinesischen Farben bemalt oder mit orientalischen Drucken tapeziert, und Mutter verwandte nun einen Teil ihrer rastlosen

Energie darauf, das ganze Haus umzumodeln und neu einzurichten.

An einem Tag dieser Woche gingen wir nach Luzern, wo ich zum ersten Mal Tribschen sah, das Haus, in dem mein Vater geboren war. Die Stadt Luzern hatte es gekauft, um es vor dem Abbruch zu bewahren, der von einem Industrie-Unternehmen beabsichtigt worden war, und wollte es so weit wie möglich wieder in den Zustand von Richard Wagners Zeiten zurückversetzen. Der zweite Stock war für die Angehörigen der Familie Wagner reserviert, und daher hatte die Stadtverwaltung Mutter eingeladen, mit ihr die Einrichtung zu besprechen. Eine friedliche Stimmung umgab dieses große, altmodische Schweizer Haus, von dem aus man durch eine Gruppe von Pappeln einen wunderbaren Blick auf den See hat, und ich verstand Cosimas tiefe und stille Liebe dafür. Mutter schätzte die liebenswürdige Geste der Stadt, doch wir wohnten nie in Tribschen; zeitig im nächsten Frühjahr zogen Daniela und Eva dort ein und verbrachten von nun an jeden Sommer dort. Wir hatten nichts dagegen, denn wir hatten unser eigenes Haus am Bodensee.

Dieser Ferienaufenthalt war die letzte ruhige Zeit, die wir für lange verlebten. Kaum waren wir von unseren Weihnachtsferien in der Schweiz zurückgekehrt, wohin wir mit Emma zum Skilaufen gesandt worden waren, als Lieselotte Schmidt in unser Leben einbrach. Lieselotte war die Tochter eines treuen Wagnerianer-Ehepaars, ihr Vater war Inhaber einer Tabakgroßhandlung in Stuttgart. Sie kam im Januar zu kurzem Besuch nach Wahnfried, während sich Mutter auf einer ihrer Reisen befand, und blieb für den Rest ihres Lebens bei uns. Zunächst hatten wir eigentlich nichts gegen Lieselotte einzuwenden;

sie war ein kleines, dunkelhaariges, hübsches Mädchen, eine ausgezeichnete Klavierspielerin. Es war ganz angenehm, sie im Haus zu haben, sie half uns bei unseren Schulaufgaben und hörte aufmerksam zu, wenn wir Klavier übten.

Zudem stellte sich Lieselotte in der Frage eines Hauslehrers auf unsere Seite. Bald nach Weihnachten fand Mutter, daß wir eine starke männliche Hand benötigten und sah sich nach einem Lehrer für uns um. Am besten schienen sich für diesen Posten verarmte preußische Aristokraten zu eignen, die zu keiner anderen Arbeit taugten. Der erste Bewerber kam zum Tee und erklärte sogleich, daß die Stelle für ihn ungeeignet sei. Der zweite blieb einen langen, jämmerlichen Monat. Er war groß, trug Reitstiefel und sah auf arrogante Art recht gut aus, doch als Hauslehrer war er eine Katastrophe. Er wußte bei unseren Aufgaben weniger als wir. Zunächst versuchte Mutter, seine Autorität zu stärken, indem sie steif und fest behauptete, er habe recht, auch wenn das nicht der Fall war, und so brach bald offener Krieg zwischen uns aus.

Nach dem Abzug der Preußen seufzten wir erleichtert auf, doch dann begann Lieselotte zu einem schwierigen Problem für uns zu werden. Sie hatte zwar zu unseren Gunsten gegen die Hauslehrer gesprochen, aber nur, weil sie selbst diese Stelle haben wollte. Um diese Zeit lernte sie, wie es Mode wurde, Schreibmaschine schreiben und nannte sich Mutters Sekretärin. Sie war ein schmeichlerisches, kleines Geschöpf, das sich ihren Weg in Mutters Leben bohrte und versuchte, uns ihr zu entfremden. War Mutter fort, beanspruchte Lieselotte ihren Platz, versuchte zum Beispiel bei Tisch auf Mutters Stuhl zu sitzen, bis ich sie vertrieb, und arbeitete an

Mutters Schreibtisch. Und wenn Mutter anrief, sprang Lieselotte sofort an den Apparat.

„Eure Mutter hat telephoniert“, war alles, was sie uns sagte. Sie glaubte, uns dadurch in unsere Schranken zu verweisen, indem sie sich weigerte, uns mitzuteilen, was Mutter gewollt hatte.

Eine der Pflichten, die Lieselotte in Mutters Abwesenheit übernahm, war die der Zusammenstellung des Speisezettels; sie schien aber nicht imstande zu sein, sich mehr als sieben verschiedene Menüs auszudenken, und wir weigerten uns, jeden Samstag oder Sonntag oder Montag das gleiche zu essen. Emma stellte sich auf unsere Seite, als wir uns auflehnten. Sie, ebenso wie die anderen Dienstboten, haßte Lieselotte und drohte ständig, fortzugehen; es gab heftige Auseinandersetzungen zwischen ihnen. Verschiedene Male hatte ich Mutter so aufgebracht, daß sie im Begriff war zu erklären: „Dann muß eben Lieselotte nach Hause zurückgehen.“ Im entscheidenden Moment aber ließen mich meine Geschwister stets im Stich, weil Lieselotte ihnen so gut bei den Aufgaben half.

So verging der Winter mit Zank, Streit und Intrigen und mit Einsamkeit, wenn Mutter fort war. Früher war Cosima immer oben in ihrem sonnigen Wohnzimmer gewesen, stets bereit, uns liebevoll zu behandeln und sich unsere kindlichen Sorgen anzuhören - sie und die Tanten, die nun nur noch selten nach Wahnfried kamen.

War Mutter zu Hause, sprach sie nicht viel von ihren Unannehmlichkeiten, wir wußten aber, daß sie einen schweren Kampf auszufechten hatte. Karl Muck hatte sie verlassen; er weigerte sich, bei den Festspielen des Jahres 1931 zu dirigieren, weil auch Toscanini engagiert worden war. Mutter sah sich nach einem anderen prominenten Dirigenten um, Muck bemühte sich aber, ihr möglichst viele Schwierigkeiten zu bereiten.

Nach der Rückkehr von einer ihrer Reisen nach Berlin erzählte uns Mutter, daß sie einen neuen Dirigenten engagiert habe, wollte uns aber seinen Namen noch nicht nennen. Er blieb der geheimnisvolle Herr X, auch als er nach Wahnfried kam und eine Nacht im Gästehaus verbrachte. Wir Kinder wurden ihm nach dem Abendessen vorgeführt und stellten dann unsere Betrachtungen über ihn an; doch erst kurz vor Beginn der neuen Festspiele erfuhren wir, daß dieser große, schlanke Mann in mittleren Jahren, mit dem langen Schädel auf einem Schwanenhals, Wilhelm Furtwängler war, heute der berühmteste Dirigent Deutschlands. Frauen fielen in Ohnmacht, wenn er dirigierte, und warfen sich ihm mit einer solchen Begeisterung in die Arme, daß stets Klatsch entstand, wo er auch auftauchte.

Für mich war jedoch ein viel wichtigeres Ereignis die Geburt von Stritzis Jungen, acht auf einmal, ihr erster Wurf. Wieland, Wolfi, Nickel und ich wählten uns je eines aus. Auf den Rat der Erwachsenen wählten die anderen die kräftigsten, gesundest aussehenden, ich jedoch verliebte mich in das kleinste, schwächste und war entschlossen, es großzuziehen. Ich übernahm auch die Pflege von Stritzi, und auf den Rat des Tierarztes fütterte ich drei der Jungen mit der Flasche, was ihnen gut bekam. Aber trotz aller Sorgfalt hielt mein kleines Tierchen nicht Schritt mit den anderen und starb nach einigen Monaten an der Staupe. Sein Tod erfüllte mich mit Verzweiflung, mein Schmerz verringerte sich auch nicht, als liebe Freunde meinten: „Ich habe es ja gleich gesagt.“ Ich behielt in Zukunft meine Gefühle für mich.

Anfang Juni trafen die Künstler zu den Proben ein. Toscanini, der in dieser Saison ohne seine Frau kam, war Gast im Junggesellenhaus. Jeden Morgen nahm er sein Frühstück auf der kleinen Glasveranda ein, die im vollen Sonnenlicht lag und in der eine solche Hitze herrschte, daß Wieland sie „Toscaninis türkisches Bad" taufte. Aber der Maestro liebte die Sonne. Er war einer der angenehmsten Gäste, die wir je beherbergt hatten. Die Dienstmädchen vergötterten ihn, denn er schien alles, was ihm vorgesetzt wurde, gern zu essen und bereitete ihnen nie Schwierigkeiten. Er hatte auch seinen eigenen Wagen und Chauffeur mit und belästigte niemals den Haushalt durch Beanspruchung besonderer Dienstleistungen.

Toscanini belustigten meine aufrichtigen Bemerkungen.

„Du bist zu koomiisch", sagte er oft lachend zu mir. An Tagen, an denen weder Proben noch Aufführungen stattfanden, fuhren wir zuweilen in die Berge, um dort unseren Tee zu nehmen, oder besuchten die malerischen Städtchen Frankens oder fuhren einfach an schönen Sommernachmittagen ins Grüne.

Furtwängler bereitete Mutter die größten Sorgen. Sie hatte sich kontraktlich verpflichtet, ihm ein Reitpferd mit Stall und Reitknecht und ein Auto mit Chauffeur zur Verfügung zu stellen, und sie wurde etwas nervös, wenn sie an seine Beziehungen zu Toscanini dachte. Zudem wußte sie nicht, wie die anderen Künstler sich zu Fräulein Doktor Berta Geissmar, Furtwänglers berühmter Sekretärin, stellen würden, die für seine Publizität sorgte. Auf Berta Geissmars Betreiben gab er als erster Künstler in Deutschland wöchentliche Presseempfänge, und er benutzte ihr ausgezeichnetes Propagandatalent zur Erhöhung seines Ruhmes. Doch als ich ihn zum ersten Mal dirigieren hörte, erkannte ich sofort, daß Furtwängler ein großer Künstler war und stets ein begeistertes Publikum haben werde, mit oder ohne Pressereklame. Jedenfalls war Berta Geissmar für ihn nicht mit Gold aufzuwiegen, und es gab keinen Dirigenten in Europa, der sich nicht gewünscht hätte, eine Sekretärin wie sie zu haben.

In Wirklichkeit stand diese graumelierte Jüdin nicht im Dienst von Furtwängler, sondern war vom Berliner Philharmonischen Orchester engagiert, und während der sechzehn Jahre, die sie bei Furtwängler arbeitete, hatte sie nie einen Pfennig von ihm erhalten; aber sie war selbst vermögend.

Das Zusammensein mit all diesen Künstlern verstärkte meine sich immer heftiger regenden Wünsche nach künstlerischer Betätigung und schärften mein Verantwortungsgefühl. Ich wurde mir bewußt, daß ich für die Aufrechterhaltung der Bayreuther Festspieltradition mitverantwortlich war. Es war einer meiner unausgesprochenen Vorwürfe gegen Mutter, daß sie nicht versuchte, meinen Geschwistern Verantwortungsgefühl für die Wahrung des Wagnerschen Vermächtnisses beizubringen, und ich war entschlossen, sowie Nickel alt genug sei, wenigstens bei ihr Verständnis dafür zu wecken.

Furtwängler und Toscanini konnten einander nicht ausstehen, ihr Widerwille wurde noch durch eine dritte Persönlichkeit verstärkt, durch die das Festspielhaus in der Saison 1931 zu einem vollkommenen Irrenhaus wurde. Bald nach Beginn der Proben traf Heinz Tietjen, den Mutter als Operndirektor für die nächste Saison, für 1933, verpflichtet hatte, in Bayreuth ein, um sich zu informieren.

Dieser dünne, dunkle, kleine Mann mit den dicken Brillengläsern war eine der düstersten und erstaunlichsten Gestalten, die in den ersten verworrenen Zeiten des Dritten Reiches darum kämpften, ihre Machtpositionen zu behaupten. Er zeigte sich nie in der Öffentlichkeit, sah auch so unbedeutend aus, daß ihn doch niemand beachtet hätte. Seine Kollegen persiflierten den Titel eines damals in Deutschland weit verbreiteten Buches „Hat Christus je gelebt?“ und fragten einander: „Hat Tietjen je gelebt?“ Meiner Meinung nach übertrafen seine geschäftlichen Talente bei weitem seine Fähigkeiten als Dirigent. Zu jener Zeit war er Generalintendant aller preußischen Staatsopern, wozu die Kroll-Oper und die Staatsoper in Berlin gehörten; dort hatte er auch seine Büros, und er war der Allgewaltige in diesen Theatern.

Tietjen war halber Engländer, in Tanger geboren und in Konstantinopel, England, Afrika, Indien und Südamerika erzogen. Im Ersten Weltkrieg war er einer der fünfunddreißig deutschen Geheimagenten in der Türkei. Sicherlich war er der geborene Diplomat, und dieses Talent ermöglichte ihm, jeden Regierungswechsel, der seine Stellung hätte erschüttern können, zu überleben.

Innerhalb kürzester Zeit hatte Tietjen Mutter in der Tasche und den ganzen Stab der Festspiele an der Kandare. Furtwängler war eine leichte Beute für ihn, denn der Dirigent war nachgiebig und unentschlossen; er hörte auf den Rat eines jeden, mißtraute jedem, auch sich selbst, und fiel daher jeder Intrige zum Opfer. Sein Charakter irritierte Mutter, die ein aufrichtiger Mensch war und kein Verständnis für zwiespältige Naturen hatte.

„Er ist wie ein Schwamm“, sagte sie einmal.

„Wenn man versucht, ihn festzuhalten, windet er sich nach allen Richtungen."

Tietjen entfachte diesen Widerwillen zu einem Kleinkrieg, indem er Mutter Furtwänglers Bemerkungen über sie erzählte und Furtwängler Mutters Bemerkungen zutrug. Beide hatten volles Vertrauen zu Tietjen und betrachteten ihn als wahren Freund und guten Ratgeber. Furtwängler, der stets grollte, unentschlossen und schwierig war, wurde Mutter gegenüber mißtrauisch und war überzeugt, sie habe eine heftige Abneigung gegen ihn. Infolgedessen herrschte zwischen beiden eine wenig erfreuliche Stimmung.

Auf die gleiche Weise versuchte Tietjen, die Abneigung zwischen Toscanini und Furtwängler zu nähren, hatte dabei aber beim Maestro wenig Glück, denn dieser konnte ihn nicht leiden. Doch auf die Dauer war das Resultat das gleiche. Die Beziehungen zwischen den drei Männern wurden schlechter und schlechter.

Achtes Kapitel

Jahrestag

Die Generalproben gingen gut voran, obwohl jeden Augenblick ein Sturm auszubrechen drohte; die ersten Aufführungen der Festspiele hatten großen Erfolg, und wir näherten uns dem 4. August, dem Jahrestag von Vaters Tod.

Zwei Gedächtniskonzerte waren geplant: eines im Festspielhaus von den Solisten und dem Orchester der Festspiele, das andere, eine kleine Matinée, in einem Konzertsaal der Stadt; an dem großen Abendkonzert sollten alle Dirigenten teilnehmen.

Toscanini, der die Faust-Ouvertüre dirigieren wollte, hatte eine Nervenentzündung im rechten Arm und war halb verrückt vor Schmerzen. Er hatte dirigiert, indem er den schlimmen Arm mit seiner anderen Hand stützte, aber schließlich mußte er den Taktstock mit dem linken Arm führen. Er hatte sich bei der Morgenprobe alle Zuhörer verbeten.

Ich konnte an diesem Morgen nicht zum Festspielhaus gehen, da ich eine Bearbeitung für zwei Klaviere vom *Siegfried-Idyll* beim Morgenkonzert mit Karl Kittel, einem der Korrepetitoren des Festspielhauses, spielen mußte. Als ich mit Gilberto, einem meiner italienischen Vettern, der Vaters Flötenkonzert spielen sollte, zum Konzertsaal fuhr, herrschte eine drückende Hitze. Es war ein unangenehmer Tag, voll von bösen Vorahnungen, und ich wünschte, er wäre vorüber.

Bevor wir abfuhren, traf ich unseren Verwaltungsdirektor, Albert Knittel, der zu einer Konferenz mit

Mutter ging, und wir wechselten ein frostiges „Guten Morgen".

Dieser dicke, rosagesichtige Mann mit seiner schmalzigen Liebenswürdigkeit hatte in mir vom ersten Augenblick an, da ihn Vater vor vier Jahren ins Festspielhaus gebracht hatte, Mißtrauen erweckt. Er war sehr reich, Besitzer des „Karlsruher Tageblatts" und einer großen Kunstdruckerei in der badischen Hauptstadt, hatte aber immer Zeit, uns ausgedehnte Besuche zu machen und gab oft große Gesellschaften für uns, meist in seinem Sommerhaus am Bodensee.

Als Vaters sechzigster Geburtstag nahte, war Knittel besonders oft in Wahnfried gewesen, denn er war Mitglied des Komitees, das die „Tannhäuser-Spende" verwaltete, der Fonds, den Mutter und einige von Vaters Freunden für eine neue *Tannhäuser*-Inszenierung als Geburtstagsgeschenk für Vater gesammelt hatten. Während des folgenden Jahre verwaltete Knittel diesen Fonds allein und weigerte sich, den beiden anderen Mitgliedern des Komitees Rechnung abzulegen. Er sagte zu Mutter, daß er mit der ursprünglichen Summe von 170 000 Mark spekuliert und sie auf 700 000 Mark gebracht habe. Mutter war von seinem Finanzgenie so beeindruckt, daß sie ihn nach Vaters Tod zum Verwaltungsdirektor ernannte. Jedermann war gerührt, daß er kein Gehalt annehmen wollte, weil, wie er sagte, es eine große Ehre für ihn sei, Bayreuth seine Dienste zur Verfügung stellen zu dürfen.

Zu Vaters Lebzeiten war Knittel recht freundlich zu mir gewesen, doch nach dessen Tod gab er sich keine Mühe mehr, seine Antipathie gegen mich zu verbergen, verlieh ihr im Gegenteil klar Ausdruck: zu Weihnachten und den Geburtstagen, wenn er allen Familienmitgliedern große Geschenke machte, schickte er mir nicht einmal einen Glückwunsch. Wir waren also offene Feinde. Ich war stolz darauf, und die Tatsache, daß Knittel Tietjen fürchtete und ihm mißtraute, da dieser Knittels Einfluß auf Mutter zu untergraben suchte, bereitete mir große Freude. Der Saal war voll, und das Konzert nahm einen guten Verlauf. Gilberto spielte als erster: er hatte jedoch so dicht beim Flügel gestanden, daß, als ich mich hinsetzte, um ein Duo mit Knittel zu spielen, die Tasten der hohen Töne mit Speichel bedeckt waren. Infolge der Hilflosigkeit meiner dreizehn Jahre wagte ich nicht, sie mit dem Taschentuch abzuwischen, sondern fuhr über die klebrigen Tasten.

Nach dem Schluß des Konzertes lief ich zum Junggesellenhaus, um zu sehen, ob Toscanini schon von der Probe im Festspielhaus zurückgekehrt sei. Wahnfried war mit Gästen überfüllt, die sich im Garten drängten, doch ich zwängte mich hindurch und ging in Vaters Arbeitszimmer, wo sich Mutter, Toscanini und auch Tietjen befanden. Der Maestro saß da, starrte die Wand an und weigerte sich, ein Wort zu sprechen. Mutter flehte ihn an, Tietjen flehte ihn an, aber er ließ sich nicht einmal dazu herab, den Kopf zu schütteln. Ich fand dann heraus, daß gegen sein Verbot Zuhörer zur Probe gekommen waren, woraufhin Toscanini das Pult verlassen hatte und sich weigerte, weiter zu dirigieren. Die dichten Brauen des Maestro waren zusammengezogen, seine Augen glühten. Tietjen strich um ihn herum, redete in sanftesten Tönen, spähte hoffnungsvoll durch die dicken Brillengläser, doch alles, was der kleine Mann vorbrachte, machte Toscanini nur noch wütender. Schließlich gingen Mutter und Tietjen müde fort und ließen den Maestro allein die Wand anstarren. Mutter bat Alexander Spring, bekanntzugeben, daß Toscanini plötzlich erkrankt sei, das Publikum solle glauben, was es wolle.

Trotz Toscaninis Abwesenheit war das Konzert denkwürdig. Furtwängler übertraf sich selbst, und viele Damen fielen vor Ekstase fast in Ohnmacht; sogar Daniela war von seiner Kunst hingerissen und drängte sich zum Podium hindurch, um ihm zu gratulieren. Später, beim Abendessen, als er die Treppe von der Galerie herunterkam, seinen Kopf auf dem Schwanenhals hin und her wendend, wurden manche schmachtende Seufzer ausgestoßen, und die Damen drängten sich um ihn wie Bienen um eine Honigwabe.

Das für mich bemerkenswerteste Ereignis dieses stürmischen Tages hatte aber am Morgen stattgefunden. Nach dem Frühstück hatte Mutter uns gesagt, wir sollten in ihrem Arbeitszimmer auf sie warten, und mir schwante, als wir den Korridor entlangschlenderten und uns den Kopf zerbrachen, was sie wohl von uns wolle, daß es etwas Unangenehmes sein werde.

Meine Blicke schweiften über das hübsche Zimmer, wanderten über den Schreibtisch aus Kirschbaumholz mit Elfenbeineinlagen, über Mutters Sessel und ihr Nähtischchen, die Stiche des Kolosseums und der Via Appia und die Uhren, ein halbes Dutzend - eine Freundin hatte uns einen Teil ihrer Sammlung vermacht. Das alles sah vertraut aus, beruhigend. Wolfi saß am Fenster und starrte auf eine plumpe bayerische Bauernuhr, die tickte wie stets, ihre Augen wanderten nach rechts und nach links mit dem Schlagen des Pendels. Wolfi betrachtete sie, als er am Fenster saß, das zu den Rosenbeeten geöffnet war; gegen das Licht umgaben ihn seine blonden Locken wie ein Heiligenschein. Alles war, wie es gestern gewesen war, vorgestern und vor einem Jahr. Es gab keinen äußeren Grund zu Besorgnis, und doch wurde ich dieses unbehagliche, drückende Gefühl nicht los.

Schließlich hörten wir Mutter mit einem der Gäste in der Halle sprechen, dann kam sie herein und setzte sich hastig in den Sessel neben dem Nähtischchen, als habe sie nur einen Augenblick Zeit. Sie teilte uns kurz mit, daß sie sich entschlossen habe, für den Fall ihres Todes Tietjen zu unserem Vormund zu ernennen. Wir blickten sie wortlos an, wußten nicht, was wir sagen sollten. Ich war betroffen und empört: warum sollte er unser Vormund werden? Er hatte doch überhaupt keine Beziehungen zu uns. Dann fand ich meine Sprache wieder und erhob Einwände, doch meine Geschwister, die Mutter nicht mißfallen wollten, überstimmten mich. Wieder war ich es, die sich aufgelehnt, die eine neue Streitfrage aufgeworfen hatte; wieder hatte ich mich als ein widerspenstiges Kind erwiesen.

Schließlich waren die Festspiele vorüber. Am letzten Aufführungstag hatte Emma alles gepackt und alles bereit gemacht, um mit uns zum Bodensee zu fahren. Da sie eine ausgezeichnete Köchin war und uns gern mit unseren Lieblingsspeisen in gute Stimmung versetzte, freuten wir uns, von den anderen Dienstboten befreit zu sein. Mutter war die meiste Zeit unterwegs, und so konnten wir glückselige zwei Wochen mit Schwimmen, Rudern und Baden verbringen.

Dann kam wieder die Schule - ich besuchte für ein oder zwei Monate das Lyzeum, ohne daß sich etwas Bemerkenswertes ereignete. Die Eintönigkeit wurde nur einmal durch das Auftreten von Verena und mir als Sängerinnen in Liszts Oratorium, *Die Legende von der Heiligen Elisabeth*, unterbrochen, das von der Chorgesellschaft von Bayreuth aufgeführt wurde. Nickel sang ihre eine Zeile lange Rolle des Kindes Elisabeth vollkommen kaltblütig, mir gelang das bei meiner ebenso kurzen Rolle des jungen Ludwig leider nicht, denn ich mußte mittendrin aufstoßen, und das Orchester mußte auf mich warten.

Bald nach den Oktoberferien nahm Mutter mich aus der Schule und schickte mich nach Jena zu Professor Ibrahim, dem berühmten Kinderspezialisten, in der Hoffnung, daß er ein Mittel gegen meine Anlage zum Dickwerden, die sie auf schlechtes Funktionieren der Drüsen zurückführte, ausfindig machen könne. Ich verbrachte drei Tage in Ibrahims Klinik, da er aber keinen Apparat zur Bestimmung des Grundumsatzes besaß, sandte er mich zu Professor Veil, dem Chef der Medizinischen Klinik der Universität, die eine Stadt für sich im Herzen von Jena bildet.

Sofort empfand ich gegen den Professor einen heftigen Widerwillen; dieser dicke, kleine, untersetzte Mensch mit dem roten Haarbüschel und den grünen Augen, die flackerten, wenn man ihn ansah, hatte etwas an sich, das mich an eine Gestalt aus Dantes Hölle erinnerte. Auch ich schien ihm widerwärtig zu sein, doch er erwies mir einen guten Dienst, denn er schickte mich nach Garmisch-Partenkirchen in Wiggers Sanatorium, wo ich zwei höchst entzückende Monate verbrachte.

In dem Sanatorium gab es keine ernsthaft Kranken; jedermann schien zu seinem Vergnügen dort zu sein und betrachtete die Kur nur als etwas Nebensächliches. Ich war für mich allein, war das einzige Kind im Sanatorium und war lärmend glücklich; jede Stunde bot neue Zerstreuungen. Am Morgen unterwarf ich mich gewissenhaft der Behandlung, nahm Salzbäder, wurde massiert, hielt eine sehr strenge Diät ein, die von einem gutaussehenden, jungen Arzt überwacht wurde, für den alle Patientinnen schwärmten. Am Nachmittag wurde Ski gelaufen, auf die Berge geklettert, oder es wurden Ausflüge mit der Drahtseilbahn nach Wank oder Kreuzeck unternommen, es gab Rennen auf dem Eibsee am Fuß der Zugspitze. Einmal im Jahr wurde ein Rennen zwischen Flugzeugen und Automobilen auf dem See veranstaltet. Udet, der verblüffende Flugkunststücke ausführte, hatte seinen sensationellen Trick, ein Taschentuch mit einem Flügel seines Flugzeuges aufzuheben - was auf dem Eis unmöglich war - abgeändert, schoß jetzt auf den See herunter und berührte das Tuch mit einem Flügel seines Flugzeuges. Auch Rudolf Heß war dort und vollführte mit einem kleinen Sportflugzeug, das mit einem Hakenkreuz bemalt war, verblüffende Kunststücke. Etwas Aufregendes geschah immer, alles begeisterte mich ungemein.

Meine Mitpatienten waren freundlich zu mir, nahmen mich auf Schlittenpartien zu den kleinen Gasthöfen in den Bergen mit, wo wir auf Terrassen Tee tranken und Skirennen zusahen. Die Damen erzählten mir ihre Liebesgeschichten; vielleicht, weil ich jung war und das meiste, was sie erzählten, nicht verstand, vertrauten sie mir ihre Flirts mit den oberbayerischen Bauernburschen an, kühnen, hübschen Burschen in ihrer theatralisch wirkenden Tracht. Die Burschen waren bekannt fürs „Fensterln";

sie rühmten sich, daß kein Fenster für ihre Eroberungen zu hoch sei. Auch ein hübsches amerikanisches Mädchen, das ich auf der Fahrt nach Garmisch kennengelernt hatte, erleichterte ihr Herz bei mir; sie fürchtete, daß ihr kühner Bauernbursche seinen Heldenmut jetzt an dem Fenster einer anderen beweise.

Dieses zauberhafte Zwischenspiel nahm leider eines Tages ein Ende, und ich kehrte nach Wahnfried zurück. Im Herbst hatte Mutter mir eröffnet, daß sie mich im März mit Wieland konfirmieren lassen wolle. Ich wollte aber nicht konfirmiert werden. Das Dogma der Kirche sagte mir nichts, und ich empfand zuviel Achtung vor der Religion, um diese Zeremonie, die mir als hohle, scheinheilige Geste vorkam, nur Mutter zuliebe über mich ergehen zu lassen. Sie aber war unerbittlich und verlangte von mir, daß ich mit Wieland den Konfirmationsunterricht besuche. Als ich nach Partenkirchen ging, gab mir unser Pastor einen Brief an den Pastor in dem alten Dorf mit, doch ich besuchte seinen Unterricht nur ein- oder zweimal. Die einzige Vorbereitung, die ich traf, war, ein Konfirmationskleid zu zeichnen, das Zum Tobel, Bayreuths elegantester Modesalon, nach meinem Entwurf anfertigte.

Bei meiner Rückkehr nach Wahnfried gab es nun kein Entweichen mehr. Der Pastor weigerte sich, mich zu konfirmieren, weil ich nicht am Unterricht teilgenommen hatte, und der Pastor in Partenkirchen folgte seinem Beispiel. An keinem der beiden Orte hatte ich die Prüfung gemacht. Doch Mutter übte einen Druck aus und überstimmte sowohl mich als auch den Pastor. Am Morgen der Konfirmation, am 18. März - es war ein wichtiger Wahltag, daher erinnere ich mich an das Datum - stand ich mit Wieland und den übrigen der Klasse vor dem Altar, weigerte mich aber, die Antworten zu geben.

Mutter und die anderen Erwachsenen gingen unmittelbar von der Kirche zur Wahlurne, um für Hitler zu stimmen, der zum ersten Mal seine Kandidatur für das Amt des Reichspräsidenten aufgestellt hatte. Die Wogen der Erregung in Deutschland gingen hoch - seit Wochen hatte Mutter Drohbriefe von politischen Gegnern erhalten. Das Antinazi-Blatt in Bayreuth, das erfahren hatte, daß in Wahnfried viel Blumen abgegeben worden waren - zu Wielands und meiner Konfirmation - veröffentlichte, daß diese Blumen für Mutters Hochzeit mit Hitler bestimmt seien. Das war der Anlaß zu den Gerüchten, welche die Oppositionsblätter bei jeder Gelegenheit wiederholten. Einige Jahre lang waren wir darüber abwechselnd belustigt und verärgert.

Die Angelegenheit der Konfirmation hatte in mir eine solche Erbitterung hervorgerufen, daß mir der Gedanke unerträglich war, zu Hause zu bleiben, und ich verlangte, in eine auswärtige Schule geschickt zu werden. Mutter hörte jedoch nicht auf mich, sie war selten zu Hause, und wenn sie einige Tage in Wahnfried verbrachte, war sie mit ihren Angelegenheiten beschäftigt: den Schwierigkeiten, Toscanini zur Rückkehr für die Saison 1933 zu bewegen, die erbitterten Pressekampagnen, die Furtwängler, von Muck aufgehetzt, in den Linksblättern führte und Mutter der Mißwirtschaft in Bayreuth bezichtigten.

Tietjen kam sehr oft und schürte auf seine stille Art alle Animositäten. Durch seine Behauptungen, daß Daniela mit Furtwängler intrigiere, erreichte schließlich die Krise in den Beziehungen zwischen

Mutter und den Tanten ihren Höhepunkt. Unter anderem hatte Tietjen erzählt, daß Daniela, von Furtwänglers Kunst bei dem Gedächtniskonzert hingerissen, zu ihm aufs Podium geeilt sei und ihn geküßt habe.

Der Zusammenstoß erfolgte an einem Sonntag im April nach dem Mittagessen. Mutter war im Begriff, nach Paris zu fliegen, um Toscanini zu besuchen, der noch immer grollte. Nach dem Essen zogen sich Mutter, Daniela und Eva ins Musikzimmer zurück. Wir Kinder durften nicht mitkommen, da es aber ein warmer Frühlingstag war und die Fenster offen standen, hörten wir alles.

Zunächst achteten wir wenig auf das Anschwellen der wütenden Stimmen; wir dachten, es handle sich um eine der üblichen Auseinandersetzungen zwischen Mutter und den Tanten, hörten dann aber Daniela schreien: „Ich habe ihn nicht geküßt! Das ist eine Lüge! Ich habe ihn nicht geküßt!" Wir gingen näher heran und spitzten die Ohren.

„Doch, du hast ihn geküßt!" brüllte Mutter. Beschuldigungen, Vorwürfe, Entgegnungen flogen hin und her. Ausgehend von der Frage dieses sagenhaften Kusses, warfen sich Daniela und Mutter alles ins Gesicht, was sie seit Jahren auf dem Herzen hatten. Nach diesem Tag betrat Daniela Wahnfried nie wieder.

Es war grotesk, daß der Bruch, der irgendwann ja doch erfolgt wäre - er war unvermeidlich -, durch die Frage eines Kusses beschleunigt herbeigeführt worden war. Die arme, empörte, sittenstrenge, einundsiebzigjährige Daniela, von der die Sage ging, daß sie trotz achtundzwanzigjähriger Ehe ungeküßt sei!

Die Frage meines Schulbesuches wurde am Tag

vor unserer Abreise zum Bodensee entschieden. Tietjen war wegen einer geschäftlichen Angelegenheit, die nächsten Festspiele betreffend, aus Berlin gekommen, und offensichtlich hatten er und Mutter noch Zeit gefunden, den Fall Friedelind zu besprechen. Am Abend wurde ich von ihnen ins Wohnzimmer gerufen und erhielt einen Vortrag über meine Vergehen. Trotz der Tatsache, daß ich ja selbst Mutter darum gebeten hatte, in eine auswärtige Schule geschickt zu werden, teilten sie mir mit, als wollten sie mir eine Strafe auferlegen, daß sie sich entschlossen hätten, mich in die strengste Schule Deutschlands zu schicken. Ich hatte inzwischen gelernt, wie ich Tietjen wütend machen konnte. Beiden dankend, sagte ich „Gute Nacht", nahm in der Halle meine Ziehharmonika und ging nach oben, die lustigste Melodie spielend, die mir einfiel.

Am Bodensee hörten wir von der Angelegenheit erst wieder Mitte des Sommers, als Mutter und Albert Knittel eine Reise unternahmen, um sich eine Schule anzusehen, die er und seine Freunde als die geeignetste für mich ausfindig gemacht hatten. Da Knittels Hand im Spiele war, wußte ich, daß bestimmt eine sehr strenge Schule ausgesucht worden war. Knittel gab Mutter stets Ratschläge, wie sie mich behandeln solle und hatte sich eine besonders unangenehme Art angewöhnt, mit Mutter in meiner Gegenwart so über mich zu sprechen, als sei ich Luft. Ich ließ mir natürlich nie anmerken, daß mich das kränkte. Bei ihrer Rückkehr erwähnte Mutter nichts von der Schule, außer wie reizend es aussehe, wenn Mädchen aus Zinntellern essen. Wieland gab mir bald authentische Auskunft über diese spartanische Besserungsanstalt - Einzelheiten, die aus einem Prospekt stammten, den er auf Mutters

Schreibtisch gefunden und heimlich durchgeblättert hatte. Die Zöglinge mußten schwarze Strümpfe und blaue Unterröcke tragen, unter keinen Umständen seidene Unterwäsche. Marineblaue Kleider, Wollwesten, im Winter blaue Wollhosen! Wenn schon, sagte ich mir, dort werde ich auch nicht unglücklicher sein als zu Hause, und ich genoß so sehr wie möglich meine Ferien.

Wir schwammen, wir ruderten, wir machten Autostop, wir fuhren zu einer von Hitlers Versammlungen in Radolfzell am Untersee. Er befand sich mitten im Wahlkampf für die Reichstagswahl, hielt vier oder fünf Reden am Tag, flog von einer Versammlung zur anderen. Es war eines der wenigen Male, daß ich ihn öffentlich sprechen hörte. Wir wurden auf das Podium geführt, wo wir uns bemühten, wach zu bleiben, während ein aristokratischer, aber stark beunruhigter Parteifunktionär sich bemühte, die Zeit auszufüllen, bis des Führers Flugzeug mit zwei und einer halben Stunde Verspätung ankam. Schließlich hörten wir das Dröhnen des Motors. Einige Minuten später eilte Hitler mit hochgerötetem Gesicht zum Podium und begann seine Rede. Er war heiser vom vielen Sprechen, und seine mißtönende Stimme, affektgeladen, fuhr über die Zuhörerschaft wie ein Sturmwind, der den Atem raubt, betäubt und die Menschen erregt zurückläßt. Erst nachdem er den letzten Schluck Wasser aus der Karaffe getrunken und zum Flugzeug zurückgerannt war, rührte sich die Menge.

„Wunderbar!" keuchten die Leute, machten aber keine Bemerkungen über das, was Hitler gesagt hatte. Der Verstand meiner vierzehn Jahre sagte mir, daß die Rede nichts Bemerkenswertes enthalten habe.

Nach vielen Geheimberatungen legten Mutter

und Emma meine Schulausrüstung bereit, die Mutter in Berlin bestellt hatte; ich war nicht befragt worden. Erst als ich in Heiligengrabe - so hieß die Besserungsanstalt - meine Koffer auspackte, sah ich das erste Stück meiner Wintergarderobe und stellte fest, daß ich nicht mehr Friedelind Wagner, sondern Nr. 27 war. Bis zum letzten Augusttag, da „der Tag" sich näherte, wachte ich jede Nacht von einem entsetzlichen Alpdruck auf, war aber zu stolz, mir meine Trostlosigkeit anmerken zu lassen.

Durch Zufall erfuhr ich, daß alle unsere Briefe von der Schulleiterin zensiert würden. Eine meiner Schulkameradinnen schaffte für diese Situation Abhilfe, indem sie ihren Vater, einen Chemiker, konsultierte; er führte uns in sein Laboratorium und braute eine unsichtbare Tinte für mich. Wenn ich diese benutzte, sollte ich das Datum des Briefes unterstreichen. Das war mir ein großer Trost. Der freundliche Chemiker riet mir auch, einiges Geld bereit zu halten für den Fall, daß die Schule zu unerträglich werde. Der Strumpfbandhalter, so dachten wir, sei ein gutes Versteck; ich nähte einen Fünfzigmarkschein ein und ließ ihn wenigstens ein halbes Jahr dort, bis ich mir darüber klar wurde, daß ein Durchbrennen nach England, was ich immer erwog, keinen Zweck habe: ich war minderjährig, und selbst wenn ich zu meinen dortigen Freunden gelangte, wären sie gezwungen, mich zu Mutter zurückzuschicken.

Am letzten Augusttag fuhren Mutter, Tietjen und ich mit dem Wagen nach Norden. Wir übernachteten in Berlin und aßen am nächsten Tag bei Kempinski am Kurfürstendamm zu Mittag, wo Mutter verschiedene Freunde traf und sich damit belustigte, ihnen von der Schule zu erzählen, in die sie mich steckte. Alle waren vergnügt, machten Witze über mich und Heiligengrabe. Ich saß dabei, starrte auf meinen Teller und zwang mich, viel zu essen, um Mutter zu zeigen, wie gleichgültig mir alles sei.

Dann fuhren wir fort in der Richtung nach Hamburg, bogen bald in eine Seitenstraße nach Brandenburg ein und kamen in eine traurig-flache, sandige Gegend mit kleinen Seen und kümmerlichen Kiefern. Wir tranken unterwegs Tee und fuhren dann weiter, bis wir zu den Mauern eines alten Klosters aus roten Backsteinen kamen - Heiligengrabe! Die Frau Äbtissin - sie führte diesen alten Titel, obwohl es eine protestantische Schule war - kam uns zur Begrüßung entgegen. Ich beging sogleich meinen ersten - schweren - Fauxpas, denn ich machte weder einen Knicks noch küßte ich ihr die Hand, schlimmer noch, ich sprach sie normal in der zweiten Person an anstatt mit dem höfischen: „Wollen Frau Äbtissin bitte dieses oder jenes tun?“.

Wir gingen durch lange Korridore, so lang und so eng, daß mich eine Gänsehaut überlief, zum Wohnzimmer der Frau Äbtissin; Mutter sah aus dem Fenster auf den Kreuzgang hinaus und murmelte, daß es sehr romantisch sein müsse, in einem echten Kloster aus dem dreizehnten Jahrhundert leben zu dürfen. Sie betrachtete die plump aussehenden, marineblau gekleideten Schülerinnen, die an langen, grünen Tischen im Klosterhof saßen.

„Sind sie nicht reizend?“ fragte sie.

Ich war verzweifelt, ließ es mir aber nicht anmerken.

Neuntes Kapitel

Königliche Hoheiten und Himbeersaft

Der Speicher war in eine Reihe von Schlafsälen für die jüngsten Mädchen und in winzige Klausen für die älteren abgeteilt. Ich war bevorzugt, weil ich einen Raum mit einer Mitschülerin teilte, die Klassenälteste war und daher manche Privilegien genoß. Wir nannten unsere Zelle „Liliput", denn sie bot gerade Raum für eiserne Bettstellen, zwei primitive Waschständer, eine Kommode und einen winzigen Tisch.

Auch in der Uniformierungsfrage hatte ich Glück; die Kleider gehörten der Anstalt und gingen von einer Schülerin auf die andere über, bis sie buchstäblich auseinanderfielen. Die meisten waren mit Flicken versehen, deren Farben und Stoffe verschieden waren, was bewirken sollte, daß jede Spur von Eitelkeit in uns vernichtet werde. Da ich so groß und stark war, erhielt ich ein neues Kleid, ein kleiner Trost. Über diesen blauen Säcken trugen wir stets, außer bei den Mahlzeiten, schwarze Schürzen. Wurden wir dabei ertappt, daß wir sie auch nur für einen Augenblick ablegten, erhielten wir eine schlechte Note. Wir trugen sie aber gerne, denn wir konnten sie um die Taillen schnüren und uns so etwas Form verleihen. Sonntags zogen wir ganz weite, blaue Röcke an, die mit Gummibändern festgehalten wurden, und darüber häßliche, schwarzweiß gestreifte Blusen, so weit, daß bequem zwei von uns in eine hineinpaßten.

Gleich am ersten Abend erfuhr ich, daß die Schülerinnen und die meisten der Lehrerinnen der preußischen Aristokratie angehörten; ich war eine der wenigen Schülerinnen, in deren Adern nicht die geziemende Menge blauen Blutes floß. Heiligengrabes größter Stolz war zu jener Zeit, daß des Kaisers Enkelin, das Kind von Kronprinz Wilhelm und der Kronprinzessin Cäcilie, die Schule besuchte. Ihnen und den anderen kleinen Prinzessinnen, die ein unsagbar trübes Dasein geführt hatten, eingeschlossen in irgendeinem düsteren Schloß auf dem Lande mit Privatlehrern und königlichen Verwandten, kam die Möglichkeit, mit anderen Mädchen spielen zu dürfen, wie das Paradies vor.

Der Stundenplan von Heiligengrabe richtete sich, wie ich bald entdeckte, so weit wie möglich nach der alten Hofetikette. Die Äbtissin war Erzieherin der Tochter des Kaisers, der Prinzessin Viktoria Luise, und Hofdame während fünfundzwanzig Jahren gewesen, und so leitete sie Heiligengrabe mit der Überzeugung, daß der Hofknicks für die richtige Erziehung von jungen Mädchen die wichtigste Fertigkeit sei. Den ganzen Tag hindurch hofknicksten wir: nach dem Frühstück fünf Minuten vor sieben (ein Stück Schwarzbrot, das mit Malzkaffee hinuntergespült wurde) liefen wir in unsere Zellen oder Schlafsäle und stellten uns in eine Reihe für die Inspektion auf. Die Schlafsaalleiterin erschien, wir hofknicksten, machten vor ihr eine Kehrtwendung, zeigten ihr, daß wir warme Unterhosen trugen und daß unsere Schuhe geputzt waren, liefen dann zu den Betten, leerten unsere Eimer und räumten unsere Zellen auf, bevor um sieben Uhr fünfundvierzig der Unterricht begann. Dann eilten wir in den ersten Stock, durch den Speisesaal, eine Wendeltreppe im „Kaiserturm“ hinunter, dann durch den Kreuzgang, quer durch den Garten, an der Kapelle vom Heiligen Blut vorbei, die hochgotisch war, im Gegensatz zur frühgotischen Klosterkirche, und dann in unser Klassenzimmer. Während der Pause erhielten wir im Kreuzgang belegte Brote und Kakao. Zu Beginn jeden Schuljahres mußte jede Schülerin angeben, wieviel Stück Brot sie essen wolle, und dementsprechend wurde dann ihre Ration für das ganze Jahr festgesetzt. Es gab drei Arten belegter Brote - mit Wurst, mit Butter, mit Speck oder Schmalz, und es fand bald ein lebhafter Tauschhandel zwischen uns statt.

Nach der fünften Stunde kehrten wir in unsere Schlafräume zurück, wechselten unsere Morgengreuel in die Nachmittagsgreuel und begaben uns in den Speisesaal. Eine der älteren Schülerinnen hatte dann Tagesdienst und somit die Ehre, der Frau Äbtissin zu melden, daß das Essen bereit sei. Wenn wir an unseren Plätzen standen, klopfte die Schülerin vom Tagesdienst an die Tür der Äbtissin. Auf die Aufforderung einzutreten, schritt sie bis zum Teppichrand, machte einen tiefen Hofknicks und verkündete: „Frau Äbtissin, es ist angerichtet!“ Daraufhin gab die Frau Äbtissin dem Mädchen ein Paket mit Briefen, die nach dem Essen verteilt wurden, und betrat den Speisesaal, ihre Botin drei Schritte hinter ihr. Die Schülerin, die ihr die Tür offen hielt, hofknickste, wenn sie vorüberging. Dann hofknicksten wir alle bei ihrem Eintritt. Die Äbtissin ging zu ihrem Platz am Kopfende des mittleren Tisches und setzte sich in ihren eindrucksvollen Polstersessel, den Petitpoint-Handarbeit zierte.

Während des Frühstücks und des Abendessens

mußten wir schweigen, doch während des Mittagessens durften wir leise mit unserer Nachbarin sprechen, bis die Äbtissin mit einem Glöckchen Ruhe gebot. Die Tischälteste löffelte die Rationen auf die Zinnteller, und es wurde von uns erwartet, daß wir alles äßen. Es erforderte große Geschicklichkeit, Essen, das besonders widerlich schmeckte, aus dem Weg zu schaffen, ohne ertappt zu werden.

Tagein, tagaus bekamen wir Kartoffeln: mittwochs Kartoffelsuppe und gelben Pudding, samstags Gemüsesuppe und weißen Pudding, sonntags, wenn der Oberförster auf der Jagd erfolgreich gewesen war, wurde uns ein Stückchen Reh serviert, aber nie gab es Eier oder Milch oder Früchte. Mutter ergänzte meine Kost, indem sie in Berlin in einem Geschäft den Auftrag hinterlassen hatte, mir jede Woche zehn Pfund Früchte zu schicken. Das hat mich wahrscheinlich davor bewahrt, eine Hungerkrankheit zu bekommen, und zudem hatte ich dadurch die Möglichkeit, Tauschgeschäfte zu betreiben. Mit den Früchten, die ich übrig behielt, und der Schokolade, die mir ein guter, alter Freund getreulich schickte, gelang es mir, eine meiner Klassengefährtinnen anzustellen, sonntags meine Matratze umzuwenden, meine Bettwäsche zu wechseln und meinen Schrank aufzuräumen. Selbst die Stubenälteste profitierte von meinem Überfluß, und wenn sie mir Vorwürfe über Unordnung in meinem Schrank machte, konnte ich ungestraft sagen: „Was, Ehrengard hat nicht aufgeräumt?"

Aber, um zu den Hofknicksen zurückzukehren - der Tag war angefüllt damit: nach dem Mittagessen bildeten die Zöglinge eine lange Reihe, ihrem Alter entsprechend, und eine nach der anderen machte ihren Hofknicks vor der Äbtissin, die Röcke in voller Weite auseinanderhaltend, so graziös wie möglich in die Knie sinkend; dann trat sie zurück, um der nächsten Platz zu machen. Wenn das jüngste Kind seinen Hofknicks hinter sich hatte, wurden die Briefe verteilt. Frau Äbtissin rief die Namen der Empfänger aus, diese traten vor und machten in dem Augenblick, da ihre Finger die Briefe berührten, den Hofknicks. Wir durften die Briefe nicht eher lesen, bis die Frau Äbtissin und die Lehrerinnen in ihren Salon verschwunden waren, um ihren sehr schlechten Kaffee zu trinken.

Nach dem Essen machten wir unter Aufsicht einer Lehrerin in Zweierreihen einen Spaziergang; danach gab es „Tee", der aus einer Malzbrühe bestand, dazu ein trockenes Brötchen und Schwarzbrot mit Pflaumenmus; die Portionen waren für jede Schülerin verschieden groß, gemäß der Anmeldung zu Beginn des Schuljahres. Dann folgten zwei Stunden, in denen Aufgaben gemacht und gebadet wurde; jede Schülerin durfte einmal in der Woche ein Bad nehmen. Danach kam das Abendessen, mehrere Gebete, mehrere religiöse Lieder; um neun Uhr endete unser Tagewerk - Gott sei Dank, ohne Hofknicks.

Ich hatte einen heftigen Widerwillen gegen das Institut, überraschte aber Mutter durch gute Noten, was gar nicht so schwer war, da es ein Ausgleichssystem gab, durch welches eine gute Note in einem Fach eine schlechte in einem anderen aufhob. Die jungen Lehrerinnen waren meist schlechte Pädagoginnen und unsicher - sie waren leicht aus der Fassung zu bringen -, die älteren jedoch, die „Stiftsdamen", Angehörige der preußischen Aristokratie, waren Persönlichkeiten und hatten eine unbeugsame, lautere Gesinnung. Zwei von ihnen pflegte ich abends zu besuchen, jede hatte ihr eigenes Häuschen und Gärtchen. Sie mochten mich aufrichtig gern und ich sie, obwohl sie es als Verrat ansahen, Napoleon zu bewundern und ich darauf bestand, daß er mit historischer Objektivität beurteilt werden müsse. Natürlich hätte ich wissen sollen, daß es objektive weltanschauliche Ansichten in Preußen nie gibt und nie geben wird.

Obwohl ich darauf brannte, Heiligengrabe für einige Zeit zu verlassen, ging ich in den Weihnachtsferien ungern nach Hause. Als Emma mich sah, schlug sie die Hände über dem Kopf zusammen.

„Was ist denn mit deinen Haaren passiert? Du hast ja kaum mehr welche." Das stimmte. Meine langen, dicken Zöpfe waren dünn und strohig geworden. Das unzureichende Essen hatte auch meine Zähne stark angegriffen, und der Zahnarzt verdarb mir fast die ganzen Ferien, da ich dauernd bei ihm sitzen mußte.

Andererseits war zu Hause alles beim alten - der gleiche Christbaum, die gleichen Kränze, die Geschenke. Wieland spielte eine von Vaters Partituren, wir sangen Lieder, Mutter las das Evangelium vor - alles genau, wie es immer gewesen war, und doch fast unerträglich anders, weil Vater fehlte.

Nach Weihnachten legte sich Lieselotte mit einer Herzattacke zu Bett. Ich ging in ihr Zimmer, das nach ihrem Geschmack mit einigen besonders häßlichen, modernen Möbeln neu eingerichtet worden war, und versuchte, sie aufzumuntern, doch sie schloß die Augen und wandte sich zur Wand.

„Um sie brauchst du dir keine Sorge zu machen", riet Wieland. „Sie wird sehr schnell wieder auf den Beinen sein, sowie Frank aus München anruft."

Ach so, Lieselotte war in Frank verliebt! Ich erinnerte mich, wie aufgeregt sie gewesen war, als Schemm, der Nazi-Gauleiter von Bayreuth, ihn im vorigen Sommer ins Haus gebracht hatte, bevor er auf einer Parteiversammlung sprach. Frank „Zwei“ wurde er in der Partei genannt, um ihn vom anderen Frank, auch einem Anwalt, zu unterscheiden. Später zeichnete sich „Zwei“ als der Schlächter Polens aus.

Die beiden waren damals zum Mittagessen geblieben; da es über ihren Besuch fast Mittagszeit geworden war, fühlte ich mich, da ich Mutter vertrat, verpflichtet, sie zum Bleiben aufzufordern. Wenn Lieselotte ihr Herz an Schemm verloren hätte, hätte ich es noch verstanden, er sah wenigstens gut aus, während Frank gar nichts Anziehendes besaß und zudem verheiratet war und einen Stall voll Kinder hatte.

Lieselotte erholte sich, geheilt durch einen Brief, nicht durch einen Telephonanruf, und bevor ich fortging, war sie wieder fröhlich wie immer. Mutter kam mit mir nach Berlin und erlaubte mir, einen Tag dort zu bleiben, um mir eine Aufführung vom *Fliegenden Holländer* anzusehen, der in Bayreuth seit der Wiedereröffnung der Festspiele noch nicht gegeben worden war. Im Eden-Hotel fanden wir einen Brief von Hitler vor, der Mutter für ihr Weihnachtsgeschenk dankte. Er war sechs Seiten lang, der längste Brief, den ich je von ihm gesehen hatte, mit Bleistift geschrieben, lateinische und deutsche Buchstaben durcheinander.

Die verworrene Handschrift gab den jämmerlichen Gemütszustand des Schreibers wieder und lautete ungefähr folgendermaßen:

„Ich habe alle Hoffnung aufgegeben“, entzifferten wir. „Keiner meiner Träume wird sich je verwirklichen. Nach so vielen bitteren Jahren endloser Kämpfe ist die Enttäuschung um so größer. Bis jetzt hatte ich noch nie den Mut verloren. Es war mir gelungen, alles zu retten und wieder aufzubauen, selbst nach 1923, aber jetzt ist mir keine Hoffnung mehr geblieben. Meine Gegner sind zu mächtig. Sowie ich ganz sicher bin, daß alles verloren ist, wissen Sie, was ich tun werde. Ich war immer dazu entschlossen. Ich kann eine Niederlage nicht ertragen. Ich werde mich an mein Wort halten und mein Leben mit einer Kugel beenden. Diesmal wird es ernst, weil ich einfach keinen Ausweg sehe.“

Mutter schien sich über diesen Brief nicht besonders aufzuregen, und so dachte ich auch nicht mehr an ihn.

Vierzehn Tage später war Hitler „arriviert"! Ich erfuhr es am Nachmittag, als ich vom Schlittschuhlaufen zurückkehrte und die weiblichen Junker erregt schnattern hörte, weil Hugenberg und Seldte, zwei gute Preußen, der deutschnationalen Partei und dem Stahlhelm angehörend, Mitglieder des Kabinetts geworden waren.

Die Äbtissin rief mich in ihr Arbeitszimmer.

„Das ist sicher ein großer Tag für Ihre Mutter, mein Kind. Ich weiß, daß sie eine treue Anhängerin Hitlers ist.“

Ich war so überrascht, daß ich mich vergaß und laut zu denken begann: „Das ist ja alles ganz schön, aber ich bin neugierig, wie aus all diesen Leuten plötzlich Staatsmänner werden sollen. Ein ruiniertes Land aufzubauen ist schwieriger, als in einer Bierkneipe zu brüllen.“

"Man hungert sich immer zur Freiheit durch, mein Kind!“ antwortete die Äbtissin theatralisch.

„Freiheit?" fragte ich. Die Äbtissin schien jetzt vergessen zu haben, daß sie die Leiterin einer Mädchenschule war, sie sprach als Preußin, war die Enkelin des Generals Gneisenau.

„Jawohl, Freiheit! Aber wir können uns die Freiheit nur durch Opfer erkämpfen!"

Ich sagte nichts mehr. Bestimmt würden wir hungern, doch ich konnte nicht verstehen, wieso das Resultat Freiheit sein sollte. Dieser 30. Januar war der Tag meiner geistigen Großjährigkeitserklärung. Von da an begann ich, mir meine eigenen Gedanken zu machen, überhaupt unabhängig zu denken. Zunächst versuchte ich, *Mein Kampf* zu studieren, den man mir zu Weihnachten geschenkt hatte.

Der Winter ging recht angenehm vorüber. Obwohl ich wegen meiner Korpulenz äußerlich nicht glänzen konnte, erhielt ich die besten Rollen in den Theateraufführungen der Schule, da ich eine gute Aussprache und eine tragende Stimme besaß. Ausstattung und Regie wurden natürlich mir anvertraut; es war vergnüglich, in der Staatsoper in Berlin und in Bayreuth Kostüme zu bestellen und meine „Bühnenkolleginnen" mit richtiger Theaterschminke aus einem riesigen Theaterschminktopf zurechtzumachen. Unser Schulchor, den ich später dirigierte, sang des öfteren in der Kirche an Feiertagen oder bei Beerdigungen. Da die Sterbequote der alten Damen des Stiftes sehr hoch war, waren wir für Beerdigungen gut eingeübt. Bei diesen Gelegenheiten durfte ich dann auch in der großen Klosterkirche die Orgel spielen, und an manchen Winternachmittagen schlüpfte ich in die leere Kirche, um durch mein Orgelspiel über meine Depressionen hinwegzukommen.

In diesem Winter hatte Heiligengrabe den Ehrgeiz, elegant zu werden. An Sonn- und Feiertagen glänzten im Speisesaal die Tafeln mit Tischtüchern, Porzellan und Kristall. Durch unseren geheimen Nachrichtendienst erfuhren wir, daß das alte Kloster sich auf eine königliche Invasion vorbereite. Außer der einen Enkelin des Kaisers, die bereits Schülerin bei uns war, wurde noch eine zweite erwartet und dazu zwei mecklenburgische Prinzessinnen. Mit diesen Schülerinnen würden auch erlauchte Besucher kommen.

Als erste kam zu Cäciliens Geburtstag die Kronprinzessin. Beim Mittagessen saß sie im Sessel der Frau Äbtissin und blickte auf uns und die Porzellanteller und die kostbaren Kristallgläser. Die Gläser der großen Schülerinnen waren mit Rotwein gefüllt, unsere mit rosafarbigem Himbeerwasser. Wir nahmen Achtungstellung an, während die Kronprinzessin eine lange und feurige Rede über die Rückkehr ihres Hauses auf seinen rechtmäßigen Thron hielt. Sie sprach, als seien die Hohenzollern noch immer die Herrscher Deutschlands und als befinde sich der Kaiser nur besuchshalber in Holland. Schließlich hob sie ihr Glas und forderte uns auf, mit ihr auf die Rückkehr der Hohenzollern zu trinken. Alle hoben die Gläser mit Himbeerwasser, nur ich nicht. Nicht um alles in der Welt wollte ich darauf trinken. Nach dem Essen hofknicksten wir, diesmal vor der Prinzessin anstatt vor der Äbtissin, übertrieben tief. Als ich an die Reihe kam, lächelte Cäcilie mir freundlich zu, reichte mir die Hand und erkundigte sich nach meiner Mutter, worauf ich ihr die Hand küssen durfte und einen zweiten Hofknicks als Zugabe machen mußte.

Eingeschlossen in Heiligengrabe konnte ich mir nur ein ungenaues und verzerrtes Bild von den Vorgängen in Deutschland machen. Das einzige, was ich wußte, war, daß den Juden Entsetzliches geschehen würde. Als ich Mutter zu Ostern in Berlin traf, fragte ich sie, was mit den Künstlern für die Festspiele im Sommer werden würde. Gewöhnlich wurden die Engagements bereits Anfang November abgeschlossen, so daß dies bereits vor Hitlers Machtübernahme geschehen war.

Mutter erzählte mir, daß sie Hitler im Februar besucht und ihm eine Liste der jüdischen Mitwirkenden, ungefähr vierzig oder fünfzig, vorgelegt und ihm gesagt habe, daß die Kontrakte unterschrieben seien und sie nicht gewillt sei, sie zu brechen. Da wir ein Privatunternehmen seien und es gesetzlich noch nicht verboten sei, Juden zu engagieren, hoffe sie, Hitler werde für ihren Standpunkt Verständnis zeigen.

Zu ihrem Erstaunen zeigte er Verständnis, bestand sogar darauf, daß kein Wechsel eintrete; allerdings fügte er hinzu, daß Kontrakte mit Juden für die Saison 1934 erst dann erneuert werden sollten, wenn Mutter keinen geeigneten Ersatz finde. Das beruhigte mich, denn nach nur wenigen Stunden Aufenthalt in Berlin hatte ich schon von manchem Unglück gehört, das jüdische Freunde von mir betroffen hatte.

Mutter war aufrichtig bemüht, meine Ferien schön zu gestalten. An meinem fünfzehnten Geburtstag gab sie ein kleines Abendessen in unserem Wohnzimmer im Eden-Hotel, aber, wie gewöhnlich, konnte sie sich nicht auf ihre unberechenbare Tochter verlassen. Ich hatte gerade die Lektüre von *Mein Kampf* beendet und brannte darauf, über das Buch zu sprechen. Hitlers soziale und politische Theorien hatten keinen Eindruck auf mich gemacht, aber einige seiner Worte hatten meine Neugierde erregt. Während wir beim Braten waren, platzte ich mit meiner tragenden Stimme heraus: „Kann mir, bitte, jemand erklären, was eigentlich ‚Prostitution' ist?"

Tödliches Schweigen. Alle starrten mich an, hielten die Hände mit Messern und Gabeln in der Luft. Tietjen war der erste, der sich erholte.

„Wie kommst du auf das Wort?"

„Ich habe es in ‚Mein Kampf' gelesen. Ich bin gerade damit fertig geworden."

„Du mußt dich irren. Da steht dieses Wort nicht", versicherte er mir.

„Aber natürlich steht es da!" rief ich, mitleidig über die traurige Unwissenheit der Erwachsenen. Offensichtlich hatte keiner von ihnen das Buch gelesen. „In ‚Mein Kampf' stehen mindestens zehn Seiten über das Wort."

„Du verwechselst das sicher mit etwas anderem", widersprach Tietjen. Nun brachte jeder Worte mit einer ähnlichen Endung vor. Es wurde ein richtiges Spiel, doch ich war nicht befriedigt, sondern lief in mein Zimmer, brachte das Buch und fand nach langem Suchen die Seiten.

„Hier steht es ja, seht nur!"

Nun lachten alle über mich.

„Du scheinst gescheiter zu sein als wir; wir haben das Wort noch nie gehört."

Damit schien für sie das Thema abgetan, nicht aber für mich; ich sah im Lexikon nach und fand das Wort, doch nachdem ich den Abschnitt darüber gelesen hatte, war ich nicht klüger als zuvor. Nach meiner Rückkehr nach Heiligengrabe versuchte ich über ein anderes Wort, das ich in „Mein Kampf" entdeckt hatte, das Wort „Syphilis", mit einer der Lehrerinnen zu sprechen; sie errötete tödlich verlegen und blickte mich mit entsetzlicher Mißbilligung an. „Als ich so alt war wie Sie, habe ich noch nichts von Syphilis gewußt."

„Das ist's ja gerade. Ich habe darüber in ‚Mein Kampf' gelesen und möchte wissen, was daran so schlimm ist. Wenn Sie es mir jetzt nicht erklären, werde ich es vielleicht noch nicht einmal wissen, wenn ich so alt bin wie Sie."

Sie klärte mich aber nicht auf, und auch das Lexikon tat es nicht, obwohl ich den Abschnitt mehrere Male durchlas. Das war das Ende meiner eifrigen Bemühungen, Hitlers Buch zu verstehen.

Zehntes Kapitel

Ferien in Berlin

Während dieser Osterferien wurden Mutter und ich zum Mittagessen in der Reichskanzlei eingeladen. Es war gerade am 1. April, dem Tag des Juden-Boykotts, den alle Welt erwartet hatte, obwohl niemand genau wußte, welche Maßnahmen ergriffen würden. Hitler wohnte damals nicht im Reichskanzlerpalais, sondern in der sogenannten „Neuen Reichskanzlei“, einer riesigen Wohnung, bisher die Dienstwohnung eines Staatssekretärs. Die große Empfangshalle sah wie ein Wohltätigkeitsbazar aus, denn die Tische waren mit Geschenken der weiblichen Bewunderer Hitlers bedeckt: meist gestickten oder gemusterten Stoffen mit Hakenkreuzen in allen nur denkbaren Anordnungen.

Im Salon empfing uns Frau Heß, eine unelegante, plumpe Blondine mit tiefer Stimme, die offensichtlich Puder und Make up verschmähte. Sie erzählte uns, daß sie abwechselnd mit den anderen Frauen der führenden Parteimänner die Hausfrauenpflichten in der Reichskanzlei übernehme und bot uns eine Platte mit Hitlers Lieblings-Pralinés an, die ihm Hamann, ein Berliner Konfiseriegeschäft, in großen Mengen lieferte; zuweilen aß der Führer davon zwei Pfund am Tag.

Nachdem wir das Thema der Vorzüge und Nachteile der verschiedenen Arten von Pralinés erschöpft hatten, trat Hühnlein, der Führer des NSKK, des Nationalsozialistischen Kraftfahrer-Korps, ein.

„Das ist meine älteste Tochter“, stellte Mutter mich vor. „Ich mußte sie in ein Pensionat schicken, weil sie auf ihre Geschwister einen schlechten Einfluß ausübte, sie hat sie völlig verdorben." Mutter gebrauchte die alte Knittel-Technik, in meiner Gegenwart über mich zu sprechen, als sei ich Luft. Innerlich zuckte ich zusammen, doch äußerlich zeigte ich ein breites Lächeln und machte gar keinen niedergedrückten Eindruck. Zu meinem erstaunten Entzücken kam der ungeschlachte Krieger mir zu Hilfe.

„Es ist ein Armutszeugnis, wenn Eltern ihre Kinder in einem Pensionat durch Fremde erziehen lassen, weil sie selbst dazu nicht fähig sind. Das sollte verboten werden. Solche Eltern müssen erst erzogen werden, nicht die Kinder!"

Mutter war sprachlos, ich aber hätte den Mann am liebsten umarmt, obwohl ich mich gleichzeitig über ihn ärgerte, weil er so grob zu Mutter war.

Nach anderthalb Stunden Warten erschien endlich Hitler in einem seiner blauen Dorfschullehreranzüge. Er sah müde aus; die Tränensäcke unter seinen Augen waren noch stärker als gewöhnlich, und seine Lider hatte er nur halboffen, doch er schien wegen des Boykotts in bester Stimmung zu sein.

Wir gingen in den Speisesaal, der riesig war wie alle anderen Räume, die Wände waren mit einem purpurroten Urwald von exotischen Papageien tapeziert. Hitler saß an dem einen Ende der sehr langen Tafel, die mit schwerem, wappengeschmücktem Silbergeschirr beladen war, das wie Erbstücke aus dem kaiserlichen Deutschland aussah. Mutter saß zu Hitlers Rechten, Frau Heß zu seiner Linken und zu deren beiden Seiten Brückner und Schaub, denen andere hohe Parteimitglieder folgten.

Während der Suppe - Nudelsuppe, die Hitler jeden Tag zu Mittag und manchmal auch zu Abend aß - kam Goebbels hereingehinkt und setzte sich neben mich. Er begrüßte mich mit einer deutschen Redensart: „Na, mein Kind, bist du noch immer dick, faul und gefräßig?“, wobei er das dazugehörende „dumm“ ausließ, wahrscheinlich, weil er es noch schmeichelhafter fand als die anderen Bezeichnungen.

„Das müssen Sie selbst feststellen“, antwortete ich ihm, worauf er breit grinste, sehr erfreut über seinen Witz.

Hitlers Gäste tranken deutschen Rotwein, eine Konzession, die er sowohl seiner durstigen Gefährten als auch der deutschen Weinproduktion wegen machte, und ich eine gräßliche Ersatz-Orangeade, wie es sich für meine Jahre gehörte. Hitler begann sich über seine Partei zu beschweren.

„Ich werde eine neue Partei gründen“, erklärte er. „Ich mag die alte nicht mehr.“

Während er seine wenig schmeichelhaften Bemerkungen über die Braunhemden und die Parteigenossen machte, die ihn an die Macht gebracht hatten, bemerkte ich, daß seine Zähne in Ordnung gebracht waren; seine merkwürdigen, kleinen Vorderzähne waren ausgefüllt, und sein ganzer Mund glitzerte von Gold. Die Fingernägel waren aber noch immer zu weit mit Haut bewachsen, und beim Reden kaute er dauernd daran; zuweilen unterbrach er diese Beschäftigung und betrachtete den einen oder anderen kritisch. Schließlich kehrten wir ins Wohnzimmer zum Kaffee zurück. Hitler ging ins nächste Zimmer und sprach dort mit seinem Adjutanten Schaub. Nach einigen Augenblicken schrie er Schaub an, so laut er konnte. Da die Tür offen stand, sah ich, wie er sich mit puterrotem Gesicht und blutunterlaufenen Augen vorbeugte. Er spuckte seine Worte förmlich hervor, warf dem armen Mann die häßlichsten österreichischen Beschimpfungen, die er sich ausdenken konnte, an den Kopf, zischte die Worte mit einem häßlichen, pfeifenden Geräusch durch die Zähne. Instinktiv blickte ich mich nach Deckung um, da ich das Gefühl hatte, er habe alle Beherrschung verloren und könne jeden Augenblick zu schießen anfangen.

Die ganze Zeit stand Schaub Hitler gegenüber, die Blicke auf den häßlich verzerrten, mit Schaum bedeckten Mund geheftet, und rührte sich nicht; er schien wie gelähmt zu sein, schien weder sprechen, noch sich rühren zu können. Ich blickte auf Mutter, um zu sehen, ob auch sie fürchte, daß Hitler wahnsinnig geworden sei, doch sie saß ruhig da, mit niedergeschlagenen Augen, als höre sie nichts.

Nach vielleicht zehn Minuten ging der Sturm ebenso rasch vorüber wie er gekommen war. Hitlers Körper sackte sichtlich zusammen, und keuchend schritt er im Raum auf und ab. Schließlich wagte Frau Heß, ihm zu sagen, daß seine Gäste aufbrächen. Wir gingen alle zusammen fort, Hühnlein mit den anderen, ohne mit ihm das zu besprechen, weswegen sie gekommen waren.

Obgleich Hitler völlig gefaßt zu sein schien, als wir uns von ihm verabschiedeten, drängten wir uns unbehaglich im Fahrstuhl zusammen und waren froh, als die schweren Türen sich hinter uns schlossen und uns von ihm trennten. Noch immer erschüttert, hielt ich mich dicht an Mutter, nachdem wir die anderen verlassen hatten, und war neugierig, ob sie irgendeine Bemerkung über diese außergewöhnliche Szene machen würde.

„Armer Führer", sagte sie betrübt. „Er ist so reizbar, Schaub sollte nichts tun, was ihn aufregt."

Am Abend besuchte ich eine Aufführung der Zauberflöte in der Staatsoper. Die Namen von zwei Juden standen auf dem Programm: Leo Blech dirigierte, und Alexander Kipnis sang den Zarastro. Als ich zur Intendantenloge neben der Bühne ging, spürte ich die Spannung in der Luft; ich war ebenso nervös wie die Künstler und war gespannt, wie sich das Publikum verhalten würde. Mir gegenüber in der kleinen Proszeniumsloge saß Otto Klemperer, ebenfalls mit besorgtem Gesichtsausdruck.

Als die Lichter erloschen und Blech das Pult betrat, brach das Publikum in einen solch spontanen Jubel und Beifall aus, wie ich ihn noch nie bei dem blasierten Publikum der Staatsoper erlebt hatte. Blech mußte sich wieder und wieder verbeugen, bevor er schließlich den Taktstock heben konnte. Dann war das Publikum mäuschenstill, bis Kipnis auftrat. Als er seine große Arie „In diesen heil'gen Hallen, wo Mensch den Menschen liebt" begann, war seine Stimme zunächst unsicher, dann aber faßte er sich und gewann mehr und mehr Wärme und Gefühl. Mozart hatte den Nazis erwidert! Bei dieser Gelegenheit hatte wenigstens einmal eine große Versammlung von Deutschen den Mut, laut und überzeugend ihrer Sympathie für einen Juden Ausdruck zu verleihen.

Am nächsten Tag hörte ich, daß Klemperer Deutschland verlassen habe. Bruno Walter war bereits fort. Im März, nachdem er ein Konzert im Gewandhaus in Leipzig dirigiert hatte, war er vertraglich verpflichtet gewesen, in Berlin zu dirigieren; als er aber zum Konzertsaal kam, fand er die Tür verschlossen. Auf Wunsch der bekannten Konzertagentin, Luise Wolf, und einer Delegation der Philharmoniker, die mit Strauss seit Jahrzehnten in enger Verbindung standen, übernahm dann Richard Strauss honorarlos die Leitung des Konzertes, eine Handlung, die ihn bei vielen Musikern und Musikfreunden nicht beliebter machte.

Die gesamte Familie Busch, Fritz, Adolf und Hermann, war ebenfalls abgereist. Sie waren keine Juden, gingen aber aus Protest gegen die Behandlung ihrer jüdischen Kollegen fort. Fritz war der erste Dirigent, den die Nazis abgesetzt hatten - ihn und seinen Chef, den Intendanten der Dresdener Oper -, weil sie keine unverschämten Parteigenossen an der Oper dulden wollten. Später versuchten die Nazis, Adolf Busch und seine Kammermusiker zurückzugewinnen und sandten einen Unterhändler nach Basel mit verführerischen Angeboten. Busch versicherte dem Boten, daß er mit Freuden an dem Tag zurückkehren werde, da Hitler, Goebbels und Göring öffentlich gehängt würden.

Doch ich will wieder vom Eden-Hotel und meinen Osterferien sprechen. Ungefähr einen Tag nach dem Boykott erhielt Mutter von Toscanini die telegraphische Mitteilung, daß er, angesichts der Behandlung, die seinen jüdischen Kollegen in Deutschland zuteil geworden sei, nicht nach Bayreuth kommen könne. Sie war verzweifelt; ihre blauen Augen, die gewöhnlich so klar waren, verdunkelten sich vor Kummer, und ihr Gesicht war leichenblaß, als sie Hitler anrief und ihm diese katastrophale Nachricht übermittelte. Aus der Unterhaltung, die ich zur Hälfte hörte, konnte ich entnehmen, daß Hitler sich schlecht behandelt fühlte, da er Mutter so großmütig erlaubt habe, ihre jüdischen Künstler zu behalten. Bei weiterer Überlegung muß er sich gesagt haben, was es bedeute, wenn ein so einflußreicher Mann wie Toscanini

Nazi-Deutschland in der Welt anprangerte, denn seine Adjutanten eilten während des ganzen Tages zwischen der Reichskanzlei und dem Hotel hin und her. Schließlich wurde beschlossen, in Hitlers Namen ein Telegramm zu senden, mit der Bitte, Toscanini möge sich die Sache nochmals überlegen. Die Spesen dieses Telegramms, neunundfünfzig Mark, beeindruckten mich sehr; im Vergleich zu meinem Taschengeld schien es mir ein Vermögen zu sein.

Diesem Telegramm sandte Hitler noch einen persönlichen Brief nach, überzeugt, daß der Maestro dem nicht widerstehen könne. Bevor er aufgegeben wurde, brachte ihn Bruckner und las ihn Mutter vor. Unter anderem stand darin: „Bis jetzt sei es ihm (Hitler) nicht vergönnt gewesen, den großen Dirigenten zu hören, aber in diesem Jahr würde er sich besonders glücklich schätzen, in seiner Eigenschaft als Reichskanzler den großen Toscanini in Bayreuth begrüßen zu können."

Als ich das hörte, konnte ich nicht still bleiben.

„Es ist ein Wahnsinn, den Brief abzuschicken", widersprach ich. „Das ist die sicherste Art, Toscanini für immer zu vertreiben. Wenn du wirklich willst, daß er kommt, schick' den Brief nicht ab, denn er kommt um Wagners willen nach Bayreuth, nicht wegen Hitler. Das wird ihn bestimmt wütend machen."

Mutter warf mir einen giftigen Blick zu und brauste auf. Wütend sagte sie mir, ich spreche wie ein Kind, und ich solle die Leitung der Festspiele gefälligst ihr überlassen, bis ich mehr Verstand zeige. Ich biß mir auf die Lippen und lächelte, entgegnete aber nichts, obwohl ich wußte, daß mein Schweigen sie nur noch wütender machen würde. Es erwies sich, daß ich Recht hatte: Toscaninis Antwort traf postwendend ein, und sie war so deutlich, daß Hitler rot sah, wenn je der Name des Maestro erwähnt wurde.

Es sei für ihn unmöglich, in Deutschland zu dirigieren „wegen der vielen schmerzlichen Vorfälle, die meine Gefühle als Mensch und als Künstler verletzt haben", schrieb Toscanini unter anderen bitteren Worten. Hitler befahl sofort eine heftige Schmutzkampagne in der deutschen Presse. Zunächst erwog Toscanini, gegen die Blätter zu klagen, überlegte es sich aber klugerweise und ignorierte die Nazi-Presse.

Tatsächlich war dieser erste Judenboykott harmlos im Vergleich zu den späteren Pogromen. Hitlers Braunhemden und Schwarzhemden waren vor den jüdischen Geschäften aufgestellt worden, um auf die Arier aufzupassen, damit sie dort nicht einkauften. Den Deutschen wurde eingehämmert, sie sollten „bei Deutschen kaufen", womit man sagen wollte, nicht bei Juden.

An diesem Apriltag waren die Leute zu verwirrt, zu bekümmert, um eine feste Haltung einzunehmen, besonders, da geflüstert wurde, daß die Nazis heimlich Kameras bei sich führten und Aufnahmen der prominenten Parteimitglieder machten, die den Boykott zu brechen wagten, Bilder, die später in dem Nürnberger Judenfresser-Blatt „Der Stürmer" erschienen. Parteimitglieder gingen dieser Unannehmlichkeit bald aus dem Weg, indem sie durch parteilose Freunde ihre Einkäufe bei Juden besorgen ließen. In Wahnfried zum Beispiel ließen zwei der Dienstmädchen, die Nazis waren, ihre Einkäufe durch die anderen, parteilosen, besorgen.

Man fragt sich oft, was geschehen wäre, wenn

die Juden selbst sich gewehrt hätten. Es gab, als Hitler zur Macht kam, ungefähr zehntausend große Industrie-Unternehmungen in jüdischer Hand, darunter viele der Schlüsselindustrien, wie der Nahrungsmittel-, Textil- und Schuhindustrie. Ein jüdischer Freund hat mir später gesagt: „Wir hätten sofort, als Hitler zur Macht kam, unsere Fabriken schließen müssen; dann hätte er sich in einer furchtbaren Klemme befunden. Wenn wir alle unsere Arbeiter entlassen und gestreikt hätten, hätte er zu uns kommen und uns bitten müssen, wieder aufzumachen - dann hätten wir die Bedingungen diktiert. Das hätte damals die Lage maßgeblich ändern können, denn kurz nach der Machtübernahme waren die Nazis noch zu schwach, um großen Widerstand zu leisten." Das klang mir einleuchtend - aber hinterher weise zu sein, ist immer einfacher als vorher.

Ich kehrte dann nach Heiligengrabe zurück, das nicht mehr ein von der Welt abgeschlossenes Kloster war. Die Politik war auch dort eingedrungen; der „Bund deutscher Mädels" wurde gegründet, und ich geriet sofort in Schwierigkeiten, weil ich mich weigerte einzutreten. Wäre ich eingetreten, hätte ich das als einen Verrat an Freunden von mir, die zufällig zur falschen Rasse oder Nation oder Partei gehörten, angesehen. Als ich mich weigerte, rief eine der Lehrerinnen im neu entdeckten Eifer für Hitler: „Friedelind ist keine Nationalsozialistin - sie ist eine Verräterin!" War ich eine Verräterin? Ich wußte es nicht, aber es wollte mir nicht in den Kopf hinein, daß man über Nacht alle seine Freunde verleugnen sollte.

Gegen Ende Juni war ich wieder zu Hause und beteiligte mich an den Vorbereitungen der Festspiele, half bei den Einrichtungsproben, paßte bei den Beleuchtungsproben auf, bei denen ein Bühnenarbeiter mit Klavierbegleitung Brünnhilde darstellte, oder bei den Beleuchtungsproben mit den wogenden Wellen. Die Dekoration des *Parzival* drohte allmählich aus dem Leim zu gehen, und Mutter hatte Alred Roller engagiert, der neue Bühnenbilder entwerfen sollte. Sie würden erst in der nächsten Saison fertig sein, und Daniela war schon bei dem Gedanken daran gekränkt und bekümmert. Obwohl sie Wahnfried nach der Kuß-Episode nie mehr betrat, verwaltete sie noch immer die Bestände und hatte ihr Schlachtfeld in das Festspielhaus verlegt. Sie bestand eigensinnig darauf, daß die neue Dekoration eine genaue Wiedergabe der alten sein müsse, was aber wegen der feuerpolizeilichen Vorschriften nicht möglich war.

Warum? protestierte Daniela aufs heftigste. Sie war so empört über die Entweihung von *Parzival*, daß sie sich nun völlig von Mutter lossagte, ihre Stellung als Meisterin der Bestände aufgab und auch das Festspielhaus nie wieder betrat. Jetzt gab es keine Bindung mehr zwischen den beiden Häusern. Die anderen Kinder stellten sich auf Mutters Seite und weigerten sich, die Tanten zu besuchen, aber für mich, obwohl ich Mutters Standpunkt in der Dekorationsfrage billigte, waren sie Vaters Schwestern, und ich liebte sie. Mutter war empört und sagte, ich habe keinen Charakter, doch ich ging weiter zu Eva zum Mittagessen und gelegentlich zum Tee. Jetzt, da Vater tot war, fand ich nur noch in Evas gemütlichem Wohnzimmer den Frieden, der einst in Wahnfried geherrscht hatte. Daniela war glücklich, wenn ich dort war, und sie erzählte mir endlose Geschichten aus den alten

Zeiten, als Cosima noch das Festspielhaus leitete und Vater mit einer Partitur in der Hand umherlief und den Takt zum Einzug des Schwanes schlug.

Tietjen hatte sich nun in Wahnfried eingerichtet und gleich in den ersten Tagen einen Spatz gezähmt, der mit ihm spielte, ihm auf der Schulter saß und am Rand seines Tellers sitzend an seinem Essen pickte. Blieb der Vogel für einen Tag fort, brach ihm fast das Herz. In Berlin, so erzählte er mir, flogen seine Kanarienvögel frei in der Wohnung umher. Einmal hatte er sogar eine Maus gezähmt, die jeden Morgen mit ihren vier Kleinen zum Frühstück erschienen war. Die bezaubernden Tierchen waren aber nach einer Weile verschwunden, und er hatte seinen Portier im Verdacht, sie vergiftet zu haben.

Es fesselte mich, ihm bei der Arbeit zuzusehen. Wagners Ideal war, den Dirigenten, den Regisseur, den Intendanten in einer Person zu vereinen, und in Bayreuth war es auch immer so gewesen; erst hatten Richard Wagner, dann Cosima, dann Vater die gesamte Leitung inne. Nominell war Tietjen nun „Operndirektor" unter Mutter, aber bald bekleidete er ebenfalls alle Funktionen. Obwohl er ein schlechter Dirigent war, war er doch ein ausgezeichneter Musiker mit großem Wissen und ein großartiger Regisseur. Ich konnte viel von ihm lernen und versäumte keine Probe.

Anfang Juni waren Richard Strauss und Familie in das Junggesellenhaus eingezogen, das Mutter als Heim für Wieland, wenn dieser heiratete, hatte ausbauen lassen. Nachdem Toscaninis Weigerung bekannt geworden war, suchte Mutter krampfhaft nach einem Dirigenten und ließ durch Tietjen Richard Strauss telephonisch bitten, wenigstens die

Leitung des Parzifal zu übernehmen. Strauss sagte aus alter Anhänglichkeit an Bayreuth und um die Aufführungen zu retten, zu und verzichtete auf ein Honorar. - Er war in den achtziger Jahren als junger Mann Cosimas Assistent gewesen und hatte sich damals in die Elisabeth im *Tannhäuser* verliebt. Als er sich mit Pauline verlobte, war Cosima die erste, der er es mitteilte.

Mutter wußte, daß Strauss sich im Grunde genommen nie mit Politik befaßte und nur im Interesse der Aufführung seiner Werke eine gleichgültige Haltung gegenüber politischen Wandlungen einnahm. Zur Zeit stand er bei den Nazis hoch in Gunst und war Präsident der Reichsmusikkammer, einer Organisation, in welche jeder Musiker eintreten - und hohe Beiträge zahlen mußte. Hitler wollte das Urheberrecht von dreißig Jahren auf achtzig Jahre nach dem Tod eines Künstlers ausdehnen. Strauss, der seit Jahrzehnten für die Autorenrechte und für die Verlängerung der Schutzfrist eingetreten war, gelang es, diese auf 50 Jahre hinaufzusetzen.

Also, er war jetzt im Gästehaus, ein alter, großer Mann, mit großen Ohren und einem kleinen Schnurrbart; mit ihm waren Pauline gekommen, sein Sohn „Bubi" und Bubis schöne, entzückende - aber nicht arische Frau. Wir alle konnten Bubi gut leiden, der trotz seiner fast zwei Meter betragenden Körpergröße von einer fast kindischen Unentschlossenheit war. Er war das verwöhnte, alles beherrschende „einzige Kind", doch nach der Machtergreifung Hitlers hatte er soviel Charakter gezeigt, sich zu weigern, von seiner Frau zu lassen. Pauline, die früher von der Partie begeistert gewesen war, weil ihre Schwiegertochter aus reichem Haus stammte, erlaubte ihr nun nicht, sich öffentlich sehen zu lassen, bis die Nazis schließlich ihre Sorgen beruhigten, indem sie die Enkelkinder zu Ariern und Bubis Frau zu einer Art Ehrenarierin erklärten.

Pauline hatte zwei Komplexe, beide waren unangenehm: sie hatte einen solchen Abscheu vor Staub, daß ihre Gäste die Schuhe ausziehen und Filzpantoffeln tragen mußten - und sie war unglaublich geizig. Bei ihr zu Hause gab es nur selten Fleisch, wenn Bubi nicht Wildbret von der Jagd heimbrachte. Strauss hatte einen großen Mercedes-Wagen und einen livrierten Chauffeur, aber sowie sie in Wahnfried angekommen waren, verschwand der Wagen in der Garage; Mutter mußte ihm einen von unseren Wagen zur Verfügung stellen - und das Benzin.

Das einzige Geld, das Strauss zu sehen bekam - obwohl seine jährlichen Einnahmen ungefähr eine Million Mark betrugen - war das Geld, das er beim Skatspiel gewann. Er spielte Tag und Nacht, und ich habe selten einen Menschen getroffen, der auch nur einmal ein Spiel gegen ihn gewonnen hat. Bevor die Generalproben stattfanden, gab es eine Krise: Strauss spielte um so hohe Beträge, daß die wenigen Sänger und Orchestermitglieder, die mit ihm spielten, es finanziell nicht mehr tragen konnten. Als nun alle sich weigerten, mit ihm zu spielen, wurde die Lage bedenklich, denn ohne Skat war an Dirigieren nicht zu denken.

Mutter löste das Problem auf ungewöhnliche Weise: sie veranlaßte einige der Musiker, jeden Abend wie gewöhnlich mit Strauss zu spielen - am folgenden Morgen meldeten sie sich dann beim Kassierer des Festspielhauses und erhielten ihre Verluste zurückerstattet.

Eine weitere Schwierigkeit für Mutter war die

Ernährungsfrage. Die Straussens nahmen ihre Mahlzeiten bei uns ein. Richard liebte solide, kräftige bayerische Kost. Da wir nun nicht dauernd bayerische Küche genießen wollten, engagierten wir für ihn eine Spezialköchin, aber selbst dann, so stellten wir fest, stärkte sich Strauss jeden Tag noch mit einem herzhaften Lunch in einer kleinen Kneipe hinter dem Festspielhaus, bevor er sich zu seiner Familie zu Tisch begab.

Herbert Janssen war angekommen, er war unverändert der gutaussehende, vornehme junge Wikinger. Diesen Sommer widmete er seine verehrungsvolle Aufmerksamkeit Erna Carstens, einer großen, flachshaarigen Frau, sehr lebhaft und hübsch, die er später heiratete.

Herbert war so zurückhaltend und so bescheiden, daß, wenn jemand eine seiner Platten auflegte, er unweigerlich sofort das Zimmer verließ. Jetzt, da ich ihn besser kannte, erzählte er mir, wie er zu Beginn seiner Laufbahn ein Probegastspiel in der Staatsoper gegeben hatte, eine fast unerhörte Ehre für einen jungen Sänger. Unter dem Publikum saßen zwei imposant aussehende Herren; es wurde ihm gesagt, der eine sei der Intendant der Dresdner Oper und der andere der von Hannover. Während er sang, bemerkte Janssen, wie ein Mann hinter den Kulissen hin und her ging, ihm aufgeregt zuwinkte und Zeichen machte. Es war sehr störend; er konnte sich nicht vorstellen, was geschehen sein könnte. Nachdem er fertig war, ging Herbert zu dem Fremden und fragte ihn, was er denn wolle. Der Fremdling entpuppte sich als Max v. Schillings, der General-Intendant der Staatsoper, der mit Herbert einen Vertrag abschließen wollte, bevor ein anderer mit ihm spräche.

An Frieda Leider, welche die Brünnhilde und die Kundry sang, erinnerte ich mich von einem früheren Auftreten im Jahre 1928 her; damals hatte sie mich bei einem großen Gartenfest mit Frankfurter Würstchen gefüttert. Die dunkelhaarige, elegante Frieda war immer schön angezogen, immer ernsthaft, ihrer Partie immer so sicher, daß sie nie mit der Partitur zu kämpfen brauchte. Wenn sie in ein Opernhaus kam, wo sie zum ersten Mal sang, suchte sie sofort den Souffleur auf und sagte zu ihm: „Um Gottes willen, soufflieren Sie mir niemals." Sie war eine ausgezeichnete Frau, war belesen, wachsam in geschäftlichen Dingen, interessiert an allem, was vorging, und so diplomatisch, daß jedermann sie gern hatte. Mit ihrem Gatten, Professor Deman, dem ehemaligen Kapellmeister der Berliner Staatsoper, hatte sie eine Wohnung in Donndorf genommen, der kleinen Stadt, in der Wagner gelebt hatte, ehe er Wahnfried baute. Hier, in einem bezaubernden Garten, auf halber Höhe eines Berges, hielt sie für ihre Freunde offenes Haus.

Rudolf Deman war österreichischer Jude, und ich überlegte, ob Frieda sich nicht Sorgen mache, was mit ihm in Deutschland geschehen könne, aber sie sagte mir, es bestehe kein Grund zur Angst. Als Hitler an die Macht kam, habe ihnen Tietjen nach Paris gedrahtet, daß ihr Vertrag sicher und alles in Ordnung sei.

Frieda sprach oft ernsthaft über meine Zukunft mit mir.

„Es ist schlimm, daß ihr Kinder alles habt", pflegte sie zu sagen. „Ihr seid gescheit genug, um einmal Karriere zu machen, doch es wird euch nie gelingen. Ich habe meinen Weg gemacht, weil ich nie wußte, ob ich am nächsten Tag etwas zu essen haben werde."

Obgleich jetzt reich, erfolgreich, offensichtlich eine große Künstlerin, hatte Frieda es im Leben nicht leicht gehabt. Als sie dreizehn Jahre alt war, hatte ihr Vater sich das Leben genommen, und sie blieb ohne einen Pfennig Geld. Sie arbeitete am Tag in einer Bank, lernte nebenbei Sprachen und studierte nachts Gesang. Sie hatte Verständnis für meine Schwierigkeiten zu Hause und versuchte stets, mein Leben leichter zu gestalten, indem sie Mutter oft angenehme Dinge über mich sagte, ihr erzählte, wie höflich ich zu diesem und jenem gewesen sei. Mutter schüttelte dann den Kopf.

„Ich kann nicht begreifen, warum jeder mit Mausi auskommt, nur ich nicht. Zu Hause ist sie ein richtiger Teufel, aber von anderen höre ich immer, wie reizend sie sei."

In den Garderoben, im Restaurant, sogar bei den vergnügtesten Gesellschaften, herrschte jetzt stets ein ungewisser, unsicherer Unterton. Viele der Sänger und Orchestermitglieder hatten jüdische Ehepartner, und niemand wußte, wie lange er in Frieden und Sicherheit leben konnte; man hatte manches über das Schicksal dieses oder jenes Musikers gehört. Furtwängler war tatsächlich für die jüdischen Mitglieder seines Philharmonischen Orchesters eingetreten und hatte es nach einigen Kämpfen durchgesetzt, daß sie nicht entlassen wurden. Selbst Berta Geissmars Stellung war einstweilen gesichert; es gingen sogar Gerüchte, daß Göbbels sie als Sekretärin genommen hätte, wenn sie nicht Jüdin gewesen wäre.

Durch das Unglück meiner Freunde waren meine kritischen Eigenschaften geschärft worden. Während meine Familie Hitler nur als alten Freund ansah, der, jetzt zur Macht gelangt, zu uns allen sehr freundlich war und nie verfehlte, seine Dankbarkeit für Mutters Treue in früheren Tagen, als er noch unbekannt war, zu beweisen, stellte ich fest, daß er zwei Gesichter besaß: der „nette Onkel" hatte nichts mit dem Herrscher Deutschlands, der den Boykott befahl, zu tun. Obwohl wir keinen Anlaß zur Furcht hatten, konnte ich nicht blind sein gegenüber der Flut von Unruhe, Neid, Denunziationen, Furcht vor Repressalien, die über Deutschland hereingebrochen war, und ich schämte mich, sicher und begünstigt zu sein, wenn ich das Elend der anderen sah. Diese kleine, wilde Friedelind trat nicht mehr blindlings aus gegen irgendein Hindernis, das ihr im Wege stand: sie war innerhalb weniger Monate erwachsen geworden und wußte, warum sie sich auflehnte.

Elftes Kapitel

Der Führer besucht Bayreuth

Schon Tage vor der Eröffnung der Festspiele von 1933 trafen SS-Abteilungen in Bayreuth ein. Die Stadt wimmelte von blauen, grünen, schwarzen, weißen und braunen Uniformen. Hitler hatte am anderen Ende des Parkes ein Haus gemietet, in einer Sackgasse, die leicht abgesperrt und bewacht werden konnte, und er kam wie ein siegreicher Cäsar zur ersten Aufführung des Rings. Auf der Straße zum Festspielhaus standen alle fünfzig Meter Polizisten und in der Hauptstraße Schulter an Schulter SS-Männer, die mit ihren Koppeln die Fahrstraße gegen die Volksmenge absperrten.

Gegen Mittag raste ein Wagen mit brüllenden SS-Männern durch die Straße, gefolgt vom Wagen des Führers, und dahinter kam ein Zug von vier oder fünf Wagen, ebenfalls dichtbesetzt mit SS-Männern, viele von ihnen auf den Trittbrettern stehend und wie Ameisen an die Karosserie angeklammert. Vor jeder Straßenecke schossen zwei dieser Wagen voraus und sperrten die Seitenstraße ab, bis der Führer-Wagen vorüber war, dann nahmen sie wieder ihren Platz im Zug ein. Während die Menge „Heil Hitler" brüllte, raste der Wagen mit unglaublicher Geschwindigkeit weiter und fuhr in den Garten von Wahnfried ein; die Adjutanten sprangen heraus. Hitler besuchte uns das erste Mal, seit er „arriviert" war.

Wir erwarteten ihn auf der Treppe vor dem Haupteingang, und nach vielem Heilrufen und Händeschütteln führten wir ihn in die Bibliothek. Er trug eine neue Uniform und schien erleichtert zu sein, die Militärmütze abnehmen zu können, die ihm zu tief in der Stirn gesessen und ihn fast unsichtbar gemacht hatte.

Strahlend vor Befriedigung blickte er sich in der Bibliothek um.

„Hier haben Sie mich vor zehn Jahren zum ersten Mal empfangen“, sagte er zu Mutter. „Damals hatte ich nicht geahnt, daß es noch so lange dauern würde, bis ich an die Macht komme. Wäre der Putsch nicht mißlungen, wäre alles anders; ich stand damals im richtigen Alter, jetzt bin ich zu alt, ich habe zuviel Zeit verloren und muß nun mit doppelter Geschwindigkeit arbeiten.“

Die Familie murmelte höfliche Ermutigungen, doch Hitler brauchte sie nicht. Seine Anwandlung von Selbstbemitleidung war vorüber, er stärkte sich nun, indem er ausführlich von seinen großen Zukunftsplänen sprach, wobei er nicht unterbrochen werden wollte.

„Ich werde zweiundzwanzig Jahre an der Macht bleiben“, prophezeite er. „Dann werde ich mich zurückziehen können, aber erst muß ich mehr Macht in die Hand bekommen, damit ich mich nicht von meinem Kabinett stören lassen muß. Gerade jetzt glauben die Kerle, sie hätten das Recht, sich in Angelegenheiten zu mischen, die sie gar nichts angehen.“

Wir begaben uns zu Tisch. Die Köchin hatte schon seit Tagen trockenes Brot aufgehoben, um Hitlers Lieblingssuppe zubereiten zu können, und hatte sich große Mühe mit dem Hauptgericht gegeben, einer Mischung von Eiern und Gemüse. Hitlers Spezial-Diätkoch war bereits am Morgen eingetroffen und hatte einen Spezialsalat für ihn angerichtet.

„Sowie ich die Macht ganz in Händen habe, werde ich die Klöster aufheben und ihr Eigentum beschlagnahmen“, verkündete er bei der Suppe. „Es ist für einen Mann anormal, das Leben eines Mönches zu führen - es ist nur Feigheit und der Versuch, sich jeder Verantwortung zu entziehen. Im nächsten Krieg werden sich die Mönche und Priester nicht in ihren heiligen Kutten verkriechen können; ich werde sie alle an die Front schicken. Ich werde sicher Verwendung für ihr Geld haben, es ist unglaublich, wie reich diese Schweinehunde sind.“

Vom Reichtum der Klöster sprang dann Hitler zur gotischen Schrift über, von der er damals glaubte, sie sei undeutsch; er wollte sie, als in den Klöstern entstanden, verbieten, obwohl er sie später zur amtlichen deutschen Schrift erhob. Er war besonders wütend auf den Deutschen Sprachverein, der, wie es schien, die Kühnheit gehabt hatte, ihm Abschriften seiner Reden zu schicken, in denen die Fremdwörter durch deutsche Ausdrücke ersetzt waren. Warum, so rief er beleidigt, solle er von einem Ober-Schrauben-Festdreher sprechen, wenn jedes Kind wisse, was er mit Mechaniker meine? Einige Wochen Konzentrationslager würden diesen Herren Gelegenheit geben, die richtige Benennung für diesen Berufszweig zu finden. Über diesen Gesprächen waren wir beim Dessert angelangt - Hitler beendete seine unvermeidliche Nachspeise, gebratene Äpfel -, schluckte eine große, weiße Pille, und wir waren für den Nachmittag bereit. Er fuhr mit seinen drei mit Adjutanten vollgestopften Wagen durch den Park zu seiner Wohnung.

Wir begaben uns zwischen dichten Reihen von SS-Männern zum Festspielhaus, vor dessen Eingang eine Abteilung grüner Schutzpolizei Spalier bildete.

An ihrer Spitze stand, ausgesprochen unmilitärisch aussehend und sich in seiner neuen Polizeiuniform sichtlich unbehaglich fühlend, der alte Polizeichef von Bayreuth, der Mutter vor zehn Jahren Gefängnis angedroht hatte. Er wechselte Blicke mit Mutter, die dafür gesorgt hatte, daß er seinen Posten behalte, und sie lächelte ihm ermutigend zu.

Göbbels kam als erster, und einige Minuten später brauste Hitlers Wagenzug heran; die Polizisten präsentierten die Karabiner. Wie bei der Ankunft in Wahnfried sprangen die SS-Männer aus den noch fahrenden Wagen, um den Führer von allen Seiten zu decken, während Hitler die wenigen Stufen zum Eingang emporstürmte, sich dann umwandte und den Arm hob als Dank für die donnernden Heilrufe. Danach führte Mutter die Prozession nach oben ins Fürstenzimmer, einem Salon, der für König Ludwig gebaut worden war, und es wurde zur Bühne telephoniert, daß die Vorstellung beginnen könne. Sowie Mutters Gäste hinaufgegangen waren, eilte ich in die Garderobe ihres Büros, wo ich aus dem Abendkleid in meinen Overall schlüpfte, um meine Arbeit hinter den Kulissen vorzunehmen.

Während der Pause stürmte Hitler durch ein Spalier von SS-Männern ins Restaurant und unterhielt sich dort an einem großen, wohlbewachten Tisch mit den Gästen. Der Rest des Publikums betrachtete diese Szene mit neugieriger Zurückhaltung. In einem Tag war die formlose Freundlichkeit und Heiterkeit Bayreuths verschwunden.

Es war das erste Mal, daß ich Hitler im Frack sah. Er trug seinen Zylinder nicht mehr wie ein Schornsteinfeger im Genick, fühlte sich aber sichtlich unbehaglich in seiner neuen Eleganz. Mutter und die Familie waren voll des Lobes über sein Aussehen, doch ich bemerkte, daß der Frack schlecht gearbeitet war und daß der eine Aufschlag zwei Fingerbreit höher saß als der andere. Immerhin hatte sich sein Aussehen unzweifelhaft gebessert; seine Nägel waren manikürt und nicht mehr bis zur Haut abgeknabbert.

„Ich wünsche zu Gott, daß der Prince of Wales weiche Hemden zum Frack trüge, dann könnten wir alle diese gräßlichen steifen Kragen loswerden", klagte er. Als Mutter ihm mitleidig vorschlug, er solle seine Uniform anziehen, die weniger heiß sei, blickte er erleichtert und dankbar.

Am folgenden Tag, beim Mittagessen, war Hitler sehr aufgeregt, weil ihm am Nachmittag etwas Unangenehmes bevorstand: seine alten Gönner, die Bechsteins, waren angekommen. Frau Bechstein, die ihn in seinen Anfangszeiten in München unterstützt hatte, war die heftigste Kritikerin seiner Taten nach der Machtübernahme geworden. Seine Adjutanten nannten sie den „Schrecken der Partei". Jetzt hatte sie Hitler ihre Adresse mitgeteilt, und es war Ehrenpflicht für ihren Schützling, sie zu besuchen. Die Aussicht, eine heftige Lektion von dieser gewaltigen Walküre zu erhalten, ging über seine Kraft. Während des Essens versuchte er uns Kinder zu überreden, ihn bei seinem Besuch zu begleiten und Frau Bechsteins Zorn abzulenken, doch der Gedanke, daß Wolf vor ihr zitterte, amüsierte uns so, daß wir uns weigerten, mit ihm zu gehen.

Hitler sandte seinen Adjutanten in die Stadt, um rote Rosen zu besorgen, wartete so lange wie möglich, damit nur wenig Zeit vor der Nachmittagsvorstellung bliebe und fuhr endlich, die Arme mit Rosen beladen, in seinem schwarzen Mercedes weg.

Das große gesellschaftliche Ereignis der Woche

war Hitlers Empfang der Künstler, der in diesem Jahr noch zwanglos vor sich ging. In den folgenden Jahren wurde er offiziell als Führerempfang bezeichnet. Das große Ereignis fand in Wahnfried statt; Mutter sorgte für die Beköstigung und spielte die Gastgeberin. Bei der Anfertigung der Gästeliste tauchte ein Dilemma auf: soll sie die jüdischen Künstler und die Künstler mit jüdischen Ehepartnern einladen? Sie löste das Problem, indem sie alle einlud in der Hoffnung, die jüdischen Ehehälften würden von sich aus nicht kommen. Einige der mutigeren Künstler, darunter Herbert Janssen, verließen an diesem Tag die Stadt und standen bei ihrer Rückkehr auf Hitlers schwarzer Liste - der Führer liebte es nicht, vernachlässigt zu werden.

Der Empfang war auf neun Uhr des Tages, an dem *Rheingold* gespielt wurde, festgesetzt worden, da diese Oper kurz war und bereits um sieben Uhr dreißig endete. Mutter, Göbbels mit Frau und meine Geschwister empfingen die Gäste und stellten sie dem Führer vor. Ich ging mit einer Gruppe von Freunden an den schlangestehenden Besuchern vorbei und verbrachte den Rest des Abends in einem friedlichen Winkel im Garten, betrachtete von dort aus die Gesellschaft und wurde nur gelegentlich von einem Dienstmädchen gestört, das mich in die Küche rief, um eine Schwierigkeit aus der Welt zu schaffen, zum Beispiel die Krankheit eines armen SS-Mannes, der glaubte, nur ein guter französischer Kognak könne ihn von seinen Zahnschmerzen erlösen.

Die Gäste scharten sich um die beiden großen Bufetts - in einem Zimmer gab es die Getränke, im anderen die Speisen - und trugen ihr Essen zu kleinen Tischen in den von Lampions erleuchteten

Garten. Die ehrgeizigen Gäste umdrängten Hitler so dicht wie möglich. Erst saß der Führer unter den Künstlern, da er aber eine normale Unterhaltung höchstens fünf Minuten ertragen konnte, sprang er bald auf und verwandelte die zwanglose Unterhaltung in eine zweistündige Rede über weltanschauliche und künstlerische Probleme.

Die anfangs noch kleine Gruppe Neugieriger zog andere an; sie kamen aus den entferntesten Winkeln des Gartens und umdrängten bald den Führer in solchen Mengen, daß wir kaum noch seine Stirnlocke sehen konnten. Er zog alle Register, fing mit verhältnismäßig leiser Stimme an und steigerte sich dann so, daß seine Stimme schrill und verletzend aus seiner Kehle drang. Am Ende der Rede war die Zuhörerschaft in einem Zustand der Hysterie. Viele von ihnen rannten zu unserer Gruppe mit hochroten Gesichtern, als stünden sie unter dem Einfluß von Rauschmitteln.

„Göttlich! Eine Offenbarung!“ riefen sie, heftig mit den Armen fuchtelnd; doch als wir fragten: „Was hat der Führer denn gesagt?“ konnten sie nicht antworten; sie hatten nicht den Inhalt, sondern nur dem Tonfall gelauscht und hatten sich von ihrem Gefühl hinreißen lassen. Das war es, was Hitler beabsichtigte. Es war interessant zu beobachten, wie leicht er seine tiefe, tönende, natürliche Stimme wieder annahm, nachdem er seine Zuhörerschaft hypnotisiert hatte.

Die Aufführungen in diesem Jahr waren besonders gut. Janssen, Kipnis, die Leider und die Onegin hatten noch nie besser gesungen, und Strauss war ein großer Dirigent, obwohl er mit zunehmendem Alter seine Tempi zu einer verblüffenden Geschwindigkeit steigerte. Er dirigierte den ersten Akt von

Parzival in einer Stunde und fünfunddreißig Minuten, während Toscanini zwei Stunden und zwei Minuten und Muck eine Stunde und vierundfünfzig Minuten brauchten. Einen weiteren Rekord stellte er mit Beethovens Neunter Symphonie beim Gedächtniskonzert für Vater auf: in fünfundvierzig Minuten hatte er sie dirigiert, ohne daß sein Kragen feucht war oder ein Schweißtropfen auf seiner Stirne stand. Wolfi prägte ein Wort, das durch ganz Bayreuth ging: „Strauss' *Parzival* ist wunderbar, klingt wie ein Walzer, und man bleibt wach."

Hitler floß über von Lobreden über die Aufführung des *Rings*. Zu jener Zeit hatte er sich entschlossen, Schirmherr der Künste zu werden; er hatte gerade den Versuch gemacht, ein Gesetz zu erlassen, daß das Aufführungsrecht von *Parzival* nur Bayreuth vorbehalten werde, so wie Wagner es gewünscht hatte, aber die Opposition in seinem Kabinett war zu stark. Nur wenige Menschen, so sagten die Kabinettsmitglieder, könnten die Bayreuther Festspiele besuchen, und wenn das Gesetz durchgehe, würden sich die Leute *Parzival* in Zürich, Prag, Wien oder Paris anhören, in Städten in der Nähe der Reichsgrenzen, wo das deutsche Urheberrecht nicht anwendbar sei. Hitler gab nach, brachte jedoch bald ein anderes Gesetz in Vorschlag, das Bayreuth von allen Steuern befreien sollte - das Festspielhaus war das einzige Privat-Opernhaus in Deutschland und daher bisher das einzige steuerpflichtige. Sein Finanzminister war nicht einverstanden, so daß Bayreuth weiterhin ungeheure Summen für Steuern bezahlen mußte und der Führer den Versuch aufgab, für sich in der Geschichte der Musik ein Piedestal zu errichten.

Es war eine Erleichterung, als sein Besuch vorüber war und wir uns von der Steifheit der offiziellen Etikette erholen konnten. Göbbels blieb jedoch noch länger da, und meine Mutter konnte durch ihn einige der Schwierigkeiten, die Strauss wegen der Libretti seiner Opern hatte, beheben lassen. Die Nazis waren über die Tatsache erbittert, daß alle seine Libretti von Juden verfaßt waren und hatten gerade die Welt-Uraufführung von *Die schweigsame Frau* verboten, weil Stefan Zweig den Text geschrieben hatte. Der Intendant der Dresdner Oper, in der alle Strauss'schen Werke uraufgeführt wurden, unternahm eine Pilgerfahrt nach Bayreuth und flehte Göbbels an, die Uraufführung weiter einstudieren zu dürfen. Schließlich überredete Mutter den Propagandaminister, daß er seine Zustimmung gebe, aber er machte zur Bedingung, daß der Name des Librettisten, wenn er Jude sei, nicht erwähnt werden dürfe. In Zukunft wurde so zum Beispiel auch in allen Schulbüchern bei Heines Loreley, das eines der beliebtesten deutschen Volkslieder war, die Worte „Dichter unbekannt" hinzugefügt.

Ungefähr um diese Zeit erzählte Strauss Mutter ganz naiv von Göbbels Plan, „die Wagners zu entthronen" durch den Bau eines Konkurrenz-Festspielhauses auf dem Hügel direkt hinter uns. Die Pläne des neuen Staatstheaters waren bereits von einem Architekten angefertigt worden, einem Mitglied des Bayreuther Stabes, und Göbbels hatte schon Unterhandlungen mit der Stadt wegen der Erwerbung des Geländes eingeleitet. Strauss, der in diesen Plan verwickelt und davon sehr begeistert war, hatte angenommen, daß Mutter unterrichtet sei. Sie ging direkt zu Hitler und fragte ihn, ob er seine Zustimmung zu dem Projekt gegeben habe; er bekam einen Wutanfall und setzte dem Plan ein Ende.

Mein einziges persönliches Scharmützel mit großen Nazi-Tieren fand eines Abends nach einer Aufführung des *Rheingold* statt. Frieda Leider und ich aßen mit einigen Freunden im Restaurant zu Abend, als Lieselotte zu uns stürzte und mir aufgeregt zuflüsterte, daß Roehm und Schemm auf der anderen Seite im Restaurant säßen, und da kein anderes Familienmitglied anwesend sei, solle ich hinübergehen und mit ihnen Konversation machen. Ich blickte mich um und sah sechs uniformierte Männer vor einer Unzahl von Bierkrügen sitzen.

Nach einer Weile ging ich zu den Nazi-Würdenträgern und begrüßte sie im Namen der Familie. Schemm kannte ich bereits; er war in Bayreuth recht beliebt gewesen, bis er eine Manie für teure Wagen bekam, wofür seine Mitbürger gar nicht gerne zahlten. Roehm war groß und stämmig und hatte ein mit zahllosen Schmissen bedecktes Vollmondgesicht; seine Nase war kaum mehr als ein Knopf, und ein Paar kleiner, stahlblauer Augen starrten aus einem blühenden Gesicht. Die anderen waren unbedeutend - einer von ihnen kaute an einer dicken Zigarre. Die Unterhaltung war recht mühsam; sie wußten nichts über die Aufführung zu sagen, und ich verstand die meisten ihrer Witze nicht. Plötzlich zeigte mir der Dicke mit der Zigarre einen Zettel mit ungefähr einem Dutzend Namen und fragte:

„Können Sie mir sagen, welche davon Juden sind?“

Ich betrachtete die Liste und sah darauf die Namen unserer größten Künstler. Nur mühsam unterdrückte ich die aufsteigende Wut.

„Hier in Bayreuth“, antwortete ich, „haben wir nicht das geringste Interesse an den Großmüttern unserer Künstler; aber wenn Sie es wissen wollen, auf Ihrer Liste sind nur zwei Juden; doch es sind Amerikaner, und so haben Sie sich um sie nicht zu kümmern."

Vielleicht war es eine nutzlose Geste, meine Überzeugung als die Bayreuths, des wirklichen Bayreuth, hinzustellen, doch ich glaubte, dazu berechtigt zu sein. Vater, so sagte ich mir, wäre nie mit einer solchen Intoleranz und solchen Verfolgungen einverstanden gewesen, und ich wünschte immer wieder, daß ich eine Möglichkeit hätte, seiner Ansicht zum Durchbruch zu verhelfen. Aber ich konnte mich leider nur an meine Überzeugung halten und unerschrocken für sie kämpfen.

Einige Jahre später, nachdem ich Deutschland verlassen hatte, fand ich durch Zufall einen Brief meines Vaters, in dem er klar und eindeutig seinem Standpunkt Ausdruck verliehen hatte. Er war an einen jener Herren gerichtet, die von ihm verlangt hatten, er soll nicht nur jüdische Künstler, sondern auch jüdische Besucher vom Festspielhaus ausschließen. Dieser Brief, den er bereits im Jahre 1921 geschrieben hatte, lautete:

Sehr geehrter Herr Püringer!
In Beantwortung Ihres Briefes, den ich bei meiner Rückkehr hier vorgefunden habe, muß ich Ihnen sagen, daß ich ganz und gar nicht Ihrer Ansicht bin. Unter den Juden haben wir sehr viele treue, ehrliche und selbstlose Anhänger, die uns zahlreiche Beweise ihrer Freundschaft gegeben haben. Sie wollen, daß wir all diesen Menschen unsere Türen verschließen, sie nur aus dem Grund, daß sie Juden sind, zurückweisen. Ist das menschlich? Ist das christlich? Ist das deutsch? Nein! Wenn wir uns so

verhalten wollten, müßten wir Deutsche zunächst einmal ganz andere Menschen werden, und unser Gewissen müßte so rein sein wie ein Gebirgsbach. Aber das ist bei uns gar nicht der Fall. Das Leben aller großen Deutschen beweist, daß sie vom deutschen Volk mit Gemeinheit, Gleichgültigkeit, Bosheit und Dummheit behandelt worden sind.

Die Festspiele von 1876-1889 beweisen die Wahrheit dessen, was ich soeben gesagt habe. Um das Defizit zu decken, mußte mein Vater, der damals gerade krank war, nach England reisen und dort Konzerte dirigieren. Es war nicht einmal möglich, die lächerliche Summe von 150 000 Mark zusammenzukratzen. Und dann, als später, Gott sei Dank, Engländer, Franzosen, Amerikaner und andere Freunde nach Bayreuth wallfahrten und halfen, die finanzielle Krise zu überbrücken, hatten die deutschen Bürger nichts Besseres zu tun, als sich zu beklagen, daß die Fremden in Bayreuth bevorzugt behandelt würden.

Jawohl! Warum hatten die deutschen Bürger nicht die Hilfe gewährt? Erst nachdem die Werke meines Vaters in Paris einen jubelnden Erfolg errungen hatten, begannen unsere hochnäsigen Deutschen zu merken, daß Richard Wagner vielleicht doch jemand sei, und daß sie eine Reise nach Bayreuth riskieren könnten, ohne sich zu sehr zu kompromittieren. Und allmählich begannen auch die Deutschen, Bayreuth zu besuchen. Aber ohne die Fremden wären wir schon lange erledigt gewesen. Haben wir Deutsche also das Recht, andere, die bereit sind, Opfer zu bringen und zur Wiedereröffnung der Festspiele beizutragen, auszuschließen? Ich bestreite das mit allem Nachdruck.

Wenn die Juden gewillt sind, uns zu helfen, so ist

das doppelt verdienstlich, weil mein Vater sie in seinen Schriften angegriffen und beleidigt hat. Sie hätten daher allen Grund, Bayreuth zu hassen, und doch verehren viele von ihnen trotz der Angriffe meines Vaters seine Kunst mit echter Begeisterung. Sie müßten die Namen von früheren jüdischen Anhängern gut kennen. Wer hat zu jener Zeit eine Pressekampagne zugunsten meines Vaters geführt? Georg Davidsohn und Dohm. Sie müssen auch von Taussig und Heinrich Proges gehört haben. Josef Rubinstein machte die Klavierauszüge des ‚Parsifal', und Levi dirigierte die erste Aufführung des ‚Parsifal'. Und wenn unter hunderttausend Juden nur ein einziger wäre, der mit ganzem Herzen und aus ganzer Seele meines Vaters Kunst verehrte, würde ich mich schämen, ihm den Rücken zuzukehren, nur weil er ein Jude ist.

Auf unserem Festspielhügel wollen wir positive Arbeit leisten, keine negative. Ob ein Mensch Chinese, Neger, Amerikaner, Indianer oder Jude ist, das ist uns völlig gleichgültig. Aber wir könnten von den Juden lernen, zusammenzuhalten und einander zu helfen. Mit Neid und Bewunderung sehe ich, wie die Juden ihren Künstlern beistehen, wie sie den Weg für sie ebnen. Wenn ich Jude wäre, würden meine Opern in allen Theatern aufgeführt werden. Wie die Dinge aber nun liegen, müssen wir warten, bis wir tot sind.

Nein, mein lieber Herr Püringer, wir müssen uns selbst die Schuld an den hoffnungslosen Zuständen in unserem Vaterland zuschreiben, denn wir haben keinen Nationalstolz und lassen unsere eigenen Leute in der Tinte sitzen. Sollen wir nun zu all unseren übrigen schlechten Eigenschaften auch noch Intoleranz hinzufügen und Menschen, die guten

Willens sind, zurückweisen? Wollen Sie wirklich leugnen, daß es unter den Juden Menschen gibt, deren Begeisterung für Bayreuth echt ist? Es sind Menschen, die ich nicht beleidigen will und darf. Ich bin in der Lage, Ihnen zu beweisen, daß Sie Unrecht haben und kann Ihnen sogar die Namen vieler angeben. Bei der Auswahl unserer Künstler haben wir die Rassenfrage nie in Betracht gezogen. Wir haben uns nur von der Stimme, dem Talent und der Erscheinung bei der Besetzung einer Rolle leiten lassen, und das ist ein Prinzip, das wir auch in Zukunft befolgen werden.

Ich hoffe, daß Sie mich verstehen werden. Bayreuth soll eine wahrhafte Stütze des Friedens sein.

Mit vorzüglicher Hochachtung
Ihr ergebener
(gez.) Siegfried Wagner.

Zwölftes Kapitel

Unbehaglicher Sommer

Wieder Heiligengrabe, wieder die gestreiften, sträflingsgleichen Blusen, wieder die weißen und gelben Puddings und die alten Stiftsdamen, die in ihren Klosterklausen und ihren kleinen Gärtchen vergangenem Ruhm nachhingen! Von Liliput zum Eden-Hotel, von schläfrigen, frommen Liedern zur Staatsoper - ich hatte die Ferien doppelt genossen durch ihren glänzenden Gegensatz zu meinem klösterlichen Dasein. Der Winter ging vorüber, der Schnee schmolz, die Apfelbäume im Klostergarten blühten, es war der Frühling 1934, für mich Zeit, nach Wahnfried zurückzukehren und bei den Vorbereitungen der neuen Festspiel-Saison mitzuhelfen.

Kaum war ich in Bayreuth eingetroffen, als ganz Deutschland durch das Nazi-Blutbad erschüttert wurde. Niemand wußte, was er sagen, was er denken sollte, die Leute wagten nur miteinander zu flüstern, Gerüchte wucherten. In Wahnfried ersuchte Mutter jeden, dieses Thema vor Hitler, der zur Eröffnung der Festspiele erwartet wurde, nicht zu berühren.

„Armer Führer“, sagte sie. „Was für ein schrecklicher Schlag muß es für ihn gewesen sein, als er herausfand, daß er von seinen besten Freunden verraten wird.“

Als Hitler eintraf, war die Atmosphäre gespannt, es gelang ihm aber schon am ersten Tage, sie zu klären, indem er mit kühlem Abstand von der „Säuberung“ sprach. Da wir bemerkten, daß er nichts dagegen hatte, darüber zu sprechen, gaben wir unsere taktvolle Zurückhaltung auf und fragten ihn aus.

Hitler schwor, es seien nur siebenundsiebzig Menschen hingerichtet worden. Es sei unvermeidlich gewesen, daß verschiedene versehentlich erschossen wurden, wie zum Beispiel ein gewisser Willi Schmidt in München; die SS habe es etwas eilig gehabt, den ersten Willi Schmidt, der ihr über den Weg lief, zu verhaften und ihn ohne gerichtliche Verhandlung zu erschießen, und man müsse bedenken, wie viele Willi Schmidts es in München gebe. Er habe der Witwe und den Kindern eine staatliche Pension ausgesetzt.

So lautete Hitlers Version, doch im Festspielhaus war jeder über das Blutbad entsetzt.

„Stellt euch vor, der Führer hat Roehm früh am Morgen persönlich festgenommen und ihn dabei mit einem Mann im Bett gefunden." Ich brachte eine fröhliche Note in die düstere Stimmung, als ich mit der Weisheit meiner sechzehn Jahre bemerkte: „Aber wie peinlich wäre es erst gewesen, wenn er ihn mit einer Frau gefunden hätte."

Einige Monate später erzählte Hitler Mutter dann die „wahre" Geschichte des Blutbades. Sie benutzte ständig ihren Einfluß, um Leute aus Konzentrationslagern zu befreien, doch im Fall des jungen Du Moulin Eckhart, dem Sohn des alten Grafen, eines Freundes von Cosima, ohne Erfolg. Der junge Mann befand sich seit dem Blutbad in Dachau, und sein verzweifelter Vater konnte nicht einmal den Grund dafür erfahren.

„Bitten Sie nicht für diesen Burschen", unterbrach Hitler Mutter. „Er ist der schlimmste von allen." Er rief ihr ins Gedächtnis, daß er schon lange den Verdachte hegte, daß im Braunen Haus ein Verräter sitze, denn seit über einem Jahr wurden auch die geheimsten Einzelheiten seiner Besprechungen innerhalb von vierundzwanzig Stunden in einer Pariser Zeitung veröffentlicht. Er hatte alle Türen bewachen, alle Schreibtische durchsuchen lassen, denn der Verräter mußte im Haus sein. Unterdessen hatte er erfahren, daß es einem Redaktionsmitglied der sozialdemokratischen „Münchener Neuen Presse" gelungen sei, Roehms Liebesbriefe, die er aus Bolivien an einen jungen Mann in Deutschland geschrieben hatte und die später als die „bolivianischen Briefe" bekannt wurden, zu kaufen. Aus Angst vor der Drohung der Zeitung, diese Briefe zu veröffentlichen, befahl Roehm dem jungen Du Moulin Eckhart, einem seiner Adjutanten, sie um jeden Preis zu beschaffen. Der Preis war aber, Berichte über die Geheimsichten im Braunen Haus zu liefern, was Eckhart dann mit vollem Wissen und der Genehmigung Roehms getan hatte.

„Eckhart sollte mit den anderen erschossen werden", sagte Hitler. „Aber er hat Glück gehabt. Er hat sich in den Wäldern bei Wiesbaden versteckt, bis ich befohlen hatte, die Erschießungen einzustellen. Darum ist er in Dachau und wird dort bleiben."

Eine von Hitlers Lieblingsbemerkungen war: „Ich hoffe, Sie sind sich darüber im klaren, daß im nächsten Krieg die erste Bombe auf das Festspielhaus und die zweite auf Wahnfried fallen wird. Ihr liegt nur fünf Minuten im Luftweg von der tschechischen Grenze entfernt." Alles in allem war diese Festspiel-Saison nicht allzu glücklich zu nennen.

Während der Aufführung von *Rheingold* erhielt Hitler die Nachricht von der Ermordung Dollfuß'. Wir bemerkten in unserer Loge, daß etwas Ungewöhnliches geschehen sein mußte, denn abwechselnd liefen Schaub und Brückner zwischen Hitlers Loge und dem Vorraum der unseren, wo sich ein Telephon befand, hin und her; der eine nahm am Apparat die Nachricht entgegen, und der andere eilte zu Hitler und flüsterte sie ihm ins Ohr. Nach der Vorstellung war der Führer höchst erregt, und diese Erregung steigerte sich noch, als er uns die entsetzliche Nachricht mitteilte. Es war ekelhaft, ihn dabei zu beobachten.

Obwohl er kaum den entzückten Ausdruck aus seinem Gesicht bannen konnte, bestellte Hitler wie gewöhnlich umständlich das Abendessen im Restaurant.

„Ich muß eine Stunde hier aushalten und mich sehen lassen", erklärte er, „sonst könnten die Leute glauben, ich hätte etwas mit der Sache zu tun." Als wüßten sie nichts von der schnell verbreiteten Nachricht, saßen Hitler und seine ganze Gesellschaft im Restaurant und aßen Leberknödel.

Mit Frieda Leider und einer Gruppe von Freunden ging ich in ein anderes Restaurant in der Stadt, wo wir keine Nazigrößen, hämisch über ihrem Bier und Selterswasser glotzend, sehen mußten. Doch anderen hysterischen Leuten, die die Ermordung des mutigen, kleinen Mannes feierten, der es gewagt hatte, sich dem Führer zu widersetzen, konnten wir nicht entgehen. Inmitten einer lärmenden Gruppe unterhielten sich Joseph v. Manowarda, einer unserer Bassisten, und seine Frau mit ihren Kollegen, Franz Völker und Gattin; sie brüllten begeistert in ihrem österreichischen Dialekt, daß Österreich nun endlich nazistisch werden würde.

„Der Führer hat mir versprochen, mich sofort im Flugzeug nach Wien zu schicken", brüllte Manowarda dauernd. „Ihr werdet es erleben - mit einem

Sonderflugzeug!“ Doch niemand schien das zu interessieren.

Einige Tage später erklärte sich Hitler auf Bitten von Nickel hin bereit, Frau v. Manowarda während einer Pause im Fürstenzimmer zu empfangen. Sie trat mit hochrotem Gesicht ein, machte bereits in ziemlich hysterischem Zustand zweimal einen Hofknicks und war, als Hitler ihr dann die Hand küßte, so überwältigt, daß sie von einigen Adjutanten aus dem Zimmer getragen werden mußte. Wir wußten nicht, ob wir lachen oder wegschauen sollten.

Frau v. Manowarda war dick, hellblond gefärbt, in mittleren Jahren, alles andere als eine Mata Hari, wir hörten aber später, daß sie eine der tätigsten nazistischen Geheimagentinnen geworden sei, die Hitlers österreichische Feinde ausspionierte. Herbert Janssen und ich trafen sie zufällig zwei Jahre später; ein riesiges, goldenes Hakenkreuz, das mitten auf dem Rücken ihrer rechten Hand prangte, machte uns neugierig; das Hakenkreuz war durch Kettchen an einem Armband und an Ringen an ihrem Daumen und dem kleinen Finger befestigt. Bevor ich es mir genauer betrachten konnte, fragte Janssen, was das zu bedeuten habe.

„Oh, es bedeckt die Stelle, die der Führer geküßt hat!“ gurrte die dicke Dame.

„Wie schade, daß er Sie nicht auf den Mund geküßt hat“, erwiderte der sonst so zurückhaltende, wohlerzogene Janssen.

Diese Manowarda-Komödie war nichts Ungewöhnliches; es hat mich immer wieder in Erstaunen versetzt, zu sehen, wie Leute zu Narren wurden, wenn sie in Hitlers Nähe kamen. Es wollte mir nicht in den Kopf, wieso Männer und Frauen, die sonst völlig normal zu sein schienen, in seiner Gegenwart offensichtlich den Verstand verloren, puterrot im Gesicht wurden, ihre Tassen fallen ließen und in hysterische Wein- oder Lachkrämpfe ausbrachen. Eines der merkwürdigsten Phänomene war, wie die Stimmen dieser Menschen durch den Führer verändert wurden. Oft hoben sie, wenn sie mit ihm sprachen, ihre Stimme ganz unbewußt um mindestens eine Oktave. Das konnte ich nicht verstehen und beging manchmal den Fehler, Bemerkungen darüber zu machen:

„Ist es nicht ekelhaft, wie sich der oder die So und So benehmen?“ Doch die Antwort, die ich erhielt, war stets nur eine Variation des Themas: „Lerne erst dich selbst zu benehmen, ehe du andere kritisierst.“

Der Führerempfang in dieser Saison war kleiner, offizieller und unangenehmer als in der vorigen. Dieses Mal lud Mutter nur das Ensemble ein, in der Hoffnung, peinliche Situationen zu vermeiden, doch diese Regelung brachte viel Unzufriedenheit mit sich.

Die unruhige Stimmung wurde noch dadurch erhöht, daß Hindenburg in der ersten Woche der Festspiele todkrank wurde und Hitler von Bayreuth an sein Sterbebett eilte. Am Tag des Begräbnisses waren alle Theater und Vergnügungsstätten im Reich geschlossen. Infolgedessen mußte das Programm der Festspiele geändert werden: gewöhnlich wurde Das *Rheingold* montags, *Die Walküre* dienstags und *Siegfried* mittwochs aufgeführt, dann wurde ein Ruhetag eingelegt und die Woche mit der *Götterdämmerung* beendet. Da Hindenburgs Beerdigung am Dienstag stattfand, wurden im Festspielhaus an Stelle der Aufführung der *Walküre*, für die die Dekoration bereits aufgebaut war, von der

Bühne aus die Beerdigungsfeierlichkeiten durch Rundfunk übertragen. Die Opern wurden nun so verschoben, daß Lorenz und die Leider drei schwere Rollen ohne einen Ruhetag hintereinander singen mußten. Sie taten es der besonderen Umstände wegen, schworen aber, es nie wieder zu tun.

Hitler wollte, daß Furtwängler bei den Beerdigungsfeierlichkeiten die Trauermusik dirigiere, doch niemand konnte den Dirigenten finden, nicht einmal die Gestapo. Später ging das Gerücht, er habe einige „romantische" Ferientage auf einem polnischen Gut verbracht, ohne seine Adresse zu hinterlassen.

Nach der Beerdigung folgten für das Festspielhaus zwei weniger gespannte Wochen. Den ganzen Tag verbrachte ich im Theater, auch wenn es dort nichts zu tun gab; interessant war es stets und auf jeden Fall angenehmer als in der kritischen Atmosphäre von Wahnfried. Es war fesselnd, Strauss, der wieder das Gästehaus bewohnte, beim Dirigieren zu beobachten. Seine Offenheit war zuweilen erstaunlich; so konnte er zum Beispiel bei der Aufführung seiner Werke bemerken: „Das gefällt mir, das ist mir wirklich geglückt", oder „Daraus mache ich mir nichts - das hab' ich nicht gut gemacht." Eines Tages sagte er zu mir mit verblüffender Aufrichtigkeit: „Die Leute behaupten, ich sei ein Plagiator. Natürlich entlehne ich von anderen Komponisten. Warum sollte ich nicht? Es ist so viel hübsche Musik gemacht worden, warum sollte ich sie nicht wieder benutzen?"

Die ganze Zeit über war in Wahnfried ein Betrieb wie in einem Hotel. Gäste kamen, gingen, ständig hatten wir zu allen Mahlzeiten Besuch. Emma war energisch und grimmig. Wenn drei Mädchen das

Servieren des Abendessens nicht bewältigen konnten, band sie sich eine weiße Schürze um, setzte sich ein Häubchen auf und half, bei Tisch zu bedienen. Während der Festspiele verdoppelte Mutter die Dienerschaft und ließ sie in Schichten arbeiten; diejenigen, die Abenddienst hatten, durften lange schlafen, wer Tagesdienst hatte, durfte am nächsten Tag die Vorstellung besuchen.

Glücklicherweise hatte Mutter nicht viel Zeit, mich zu „erziehen", aber die Spannung zwischen uns bestand weiter. Sie hatte die Erfahrung gemacht, daß der Siedepunkt ihres Temperaments wesentlich tiefer lag als der meinige und daß sie bei einer Auseinandersetzung gewöhnlich den kürzeren zog, weil sie ihre Ruhe verlor und ich die meine wahrte; sie vermied daher Zusammenstöße. Wenn sie mir etwas Unangenehmes mitteilen wollte, gab sie Lieselotte den Auftrag, daß es mir ausgerichtet werde, oder sie schrieb mir einen Zettel und legte ihn neben meinen Teller auf den Frühstückstisch. Ich kann heute noch das üble Gefühl im Magen spüren, das der Anblick dieser Zettel mir verursachte: ich wußte zunächst nie, was ich verbrochen hatte oder wie die Strafe sein würde.

Der friedliche Hafen für mich war immer noch Evas Salon, wo die Tanten stets mit Mitgefühl und Zuneigung lauschten, wenn ich ihnen von meinen Sorgen sprach. In diesem Herbst hatte Daniela ein Angebot aus Wien bekommen, Vorträge über Wagner zu halten; im Kontrakt hatte sie ausgemacht, daß die Vorträge zu der Zeit stattfänden, da Toscanini ein Konzert dirigierte und daß sie im selben Hotel wie er wohne. Toscanini war ihr Abgott. Sie erzählte mir, daß er, als sie ihn fragte, warum er ein Angebot angenommen habe, ein jüdisches Konzert in Palästina zu dirigieren, geantwortet hatte. „Per l'umanità!"

Danielas Stimme zitterte, als sie seine Worte wiederholte, und ihr Gesicht war vor Bewunderung gerötet.

Es war hart, nach diesem Sommer, den ich mit Frieda Leider, Janssen, Erna Carsten, Onegin und all den anderen verbracht hatte, nach all den fröhlichen Gesellschaften und Ausflügen, der lebendigen Unterhaltung in Bayreuth nach Heiligengrabe zurückzugehen - es war wie die Rückversetzung von einer Universität in einen Kindergarten.

Die Angelegenheiten des Klosters standen nicht zum Besten, und die Äbtissin verbarg unter ihrer ruhigen Außenseite manche Sorge. Durch die königlichen Besuche, die sie so beglückt hatten und für die sie das Porzellan, das Kristall und den Himbeersaft angeschafft hatte, war die Schule bei den Nazis in schlechten Ruf geraten, und der Besuch des Kronprinzen in diesem Herbst galt als endgültiger Beweis, daß Heiligengrabe reaktionär und monarchistisch sei.

Der Kronprinz kam eines Sonntagmorgens an, gerade bevor wir zur Kirche gehen sollten. Ich war oben im „Mauseloch", einer winzigen Zelle, die ich dieses Jahr für mich allein hatte, als Cäcilchen in der Tür erschien und sagte: „Papa möchte dich sprechen."

„Ja, wo ist er denn?" fragte ich.

„Weißt du denn nicht?" erwiderte sie errötend - sie wurde immer rot. „Alle sind doch unten." In dem Augenblick hörten wir laute Hurrarufe, ich mußte lachen, weil nun, obwohl ich ganz unschuldig war, alle glauben würden, ich sei absichtlich nicht gekommen, um den Knicks vor den Königlichen Hoheiten zu vermeiden.

Der Kronprinz, den ich gerade vor einigen

Wochen in Wahnfried kennengelernt hatte, erkannte mich zunächst nicht in meiner albernen Schultracht, dann aber lächelte er mir zu. Später sagte die Äbtissin zu mir: „Ich war überrascht, Friedelind, daß Sie vor Seiner Kaiserlichen Hoheit den Knicks gemacht haben." Ich sagte ihr, daß das doch das Wenigste sei, was ich für das viele Geld tun könne, das Mutter für meine Erziehung ausgebe.

Nicht lange danach ließ mich die Äbtissin eines Morgens in ihr Arbeitszimmer kommen. Ihre Hände zitterten, und sie war so erregt, daß sie vergaß, meinen Hofknicks mit kritischem Auge zu überwachen. Sie zeigte mir einen amtlichen Befehl, die Schule sofort zu schließen und bat mich, in der Hoffnung, Mutters Einfluß könne die Schule retten, sie anzurufen. Ich war gerne dazu bereit, wußte aber, daß es ein Zufall wäre, wenn ich Mutter zu Hause erreichte, denn sicher würde sie in ihrem Wagen auf irgendeiner Landstraße umherfahren oder in der Eisenbahn oder im Flugzeug sitzen. Den ganzen Morgen telephonierte ich und erfuhr schließlich, wo ich sie am Abend erreichen konnte. Die anderen Mädchen waren ungehalten.

„Wenn Friedelind Lust hat, mit ihrer Mutter zu telephonieren, nimmt sie sich einfach den Morgen frei", stichelten sie, „und die Lehrerinnen sagen ihr nicht ein Wort." Ich wahrte aber das Geheimnis und erreichte endlich am Abend Mutter, die versprach zu tun, was sie könne. Sie bearbeitete den Kultusminister und den Gauleiter von Brandenburg, sagte, daß die Schule zu Unrecht, wahrscheinlich von hundertfünfzigprozentigen Nazis denunziert worden sei und daß sie doch bestimmt ihre Tochter nicht dort erziehen ließe, wenn sie auch nur den leisesten Zweifel am Geiste des Institutes hegte.

Schließlich schlossen die Nazis einen Kompromiß: sie entfernten die alten Stiftsdamen als Lehrerinnen und übertrugen die Schulleitung einem „technischen Direktor“, der sowohl ein Pastor wie ein Super-Nazi war. Er war so unverschämt zur Äbtissin, daß wir ihn aus ganzem Herzen verabscheuten und ihm nicht behilflich waren, die Ordnung wieder herzustellen. Während drei Monaten, da die Nazis nach Ersatzlehrkräften suchten, hatten wir keinen Geschichts-, keinen Literatur- und keinen Mathematikunterricht. Endlich traf eine Ersatzlehrerin ein, doch sie vermehrte nur den Wirrwarr, da sie sich sofort ein Bein brach.

Als die Äbtissin die Nachricht erhielt, daß Heiligengrabe wieder amtliche Gunst genieße, glaubte sie sich verpflichtet, die Schülerinnen der oberen Klassen über die Schwierigkeiten aufzuklären, die die Schule durchgemacht hatte; sie versammelte uns in ihrem Arbeitszimmer und erzählte, was Mutter getan hatte. Ohne Namen zu nennen, schloß sie: „Wir verdanken unser weiteres Bestehen ganz und gar der Güte und der großmütigen Hilfe einer bedeutenden Persönlichkeit, sie hat Heiligengrabe gerettet.“

Natürlich errieten alle, daß die Äbtissin von Mutter sprach. Von da an fanden meine Mitschülerinnen, ich solle aus der Tatsache, daß ich das Heft in der Hand habe, Vorteile ziehen. Wenn ich gerne einen Wochenendbesuch machen wollte, sagten sie: „Du brauchst doch nur Hitler zu erwähnen, und schon kannst du so lange bleiben, wie du willst.“ Da ich aber aus meiner günstigen Lage keine Vorteile ziehen wollte, blieb ich das einzige der vier Wagnerkinder, das nie einen Entschuldigungszettel vorwies, der folgendermaßen lautete: „Auf ausdrücklichen Wunsch des Führers ist mein Sohn - oder meine Tochter - für die Zeit ... zu beurlauben."

Weihnachten belustigte ich Mutter sehr durch meine Erzählung der Schwierigkeiten des Herrn Pastor unter den Stiftsdamen, und sie erzählte auch Hitler davon, als er zur Beerdigung des schönen Hans Schemm nach Bayreuth kam. Dieser Todesfall schien Wolf besonders empfindlich gemacht zu haben in bezug auf seine Gesundheit, seine eigene und die seiner Mitmenschen. Denn als er sah, wie Mutter beim Mittagessen eine Pille nahm, fragte er besorgt: „Nehmen Sie sie auf ärztliches Rezept?"

„Natürlich", antwortete Mutter überrascht.

„Dann ist es gut", meinte Hitler, „und ich hoffe, daß Sie nie eine Medizin nehmen, die Sie nicht kennen und für die Sie kein ärztliches Rezept haben." Er erzählte, daß er fast sein Ende gefunden habe, weil er Pillen genommen hatte, die ihm nicht verschrieben worden waren. Eines Tages hatte beim Mittagessen sein alter Freund Müller einige Pillen genommen und sie auch Hitler als besonders gut für die Gallenblase empfohlen. Auf Hitler machte seines Freundes Begeisterung einen so tiefen Eindruck, daß er die Pillen mindestens ein Jahr lang schluckte, bis er auf einmal heftige Anfälle mit Stichen bekam. Nach einer Versammlung in Hamburg gaben ihn die Ärzte als hoffnungslos auf.

„In der Nacht zwang man mich, meinen Nachfolger zu ernennen und mein Testament zu machen. Ich war tatsächlich ein Todeskandidat, und niemand konnte die Ursache meines Leidens ausfindig machen, bis eines Tages mein Arzt mich in der Reichskanzlei diese Pillen einnehmen sah. Er ließ sie analysieren, und es stellte sich heraus, daß sie ausschließlich Äthylalkohol enthielten! Also ich, ein

Abstinenzler, hatte mich mit dem schlimmsten aller Alkohole dauernd vergiftet!“ Hitler zuckte resigniert mit den Achseln. „Ich muß noch immer strenge Diät halten, um das Gift aus meinem Körper zu bekommen.“

Noch an seine schlimme Erfahrung denkend, wandte er die Aufmerksamkeit seinem Liebling Nickel zu, die das Alter erreicht hatte, da man anfängt, sich um seine Figur zu sorgen und imstande ist, dafür eine Hungerkur durchzumachen. Alle versuchten mit Schmeicheleien, sie zum Essen zu überreden, doch ohne Erfolg. Sie trug die BdM-Uniform und sah bezaubernd darin aus, mit ihrer straffen, jungen Gestalt, das frische Gesicht von goldgelben Locken umrahmt. Als keine liebevollen Ermahnungen sie bewegen konnten, Pfannkuchen zu essen, versuchte Hitler in seiner Eigenschaft als oberster Führer der deutschen Jugend sein Glück:

„Hör' mal, mein liebes Kind, du trägst die Uniform des Bundes deutscher Mädels und hast geschworen, mir bis zum Tod zu gehorchen. Und doch sage ich dir jetzt: ‚Iß Pfannkuchen‘, und du antwortest: ‚Nein‘.“

Verena wandte sich ihm mit ihrem unwiderstehlichsten Lächeln zu - aß aber keinen Pfannkuchen.

Dreizehntes Kapitel

Goldene Blätter und Nudelsuppe

Während ich nach Heiligengrabe zurückging, besuchte Nickel unsere Mutter, die in Jena schwer krank in Professor Veils Klinik lag, und kam dann nach Berlin, wo ich sie zu einem Wochenende traf. Sie war sehr enttäuscht, daß Mutter nicht auch kommen konnte, denn sie dachte an die eleganten Modeschöpfungen, die in den Berliner Geschäften zu finden sind. Ihre Methode, ihre Träume zu verwirklichen, war unfehlbar: zunächst erkundete sie die Geschäfte, und nachdem sie das, was sie sich wünschte, entdeckt hatte, war sie ein oder zwei Tage lang zu Mutter besonders liebevoll. Dann machte sie den Vorschlag, Mutter etwas Schönes, das sie in einem Schaufenster gesehen habe, zu zeigen. Mutter ging mit ihr; die Kleider, die Nickel sich ausgesucht hatte, wurden vorgeführt, und Mutter kaufte sie - kaufte alles -, entzückt, wie reizend Nickel aussah; Nickel sah auch reizend aus - mit vierzehn Jahren war sie eine schlanke, bezaubernde, kleine Kokette, hatte Verehrer, junge und alte, die sie mit Süßigkeiten und Blumen überschütteten. Wir wohnten in der Wohnung, die Mutter gemietet hatte; die Portiersfrau sorgte für uns. Wir zogen das einem Aufenthalt im Hotel vor. Ich nahm meine Aufgabe als Anstandsdame ernst und versuchte, ein Auge auf Nickel zu haben.

Nickel war höchst erregt, weil von Hitler eine

Einladung zum Mittagessen am Sonntag eingetroffen war. Nickel ließ ihn stets wissen, wo sie sich befand und konnte so viele Besorgungen in Hitlers oder Görings Wagen ausführen. Für den Sonntag drängten wir soviel Verabredungen zusammen, wie man an einem Tag absolvieren kann: Probe in der Oper am Morgen, Mittagessen bei Frieda Leider in ihrer entzückenden Wohnung, eine Abendgesellschaft nach der Oper.

Alle Welt sprach über das gleiche Thema: die musikalische Wüste, die Deutschland geworden war. Seitdem so große Künstler wie Kreisler, Menuhin, Rachmaninow, Heifetz, Schnabel, Horowitz, Serkin und Hubermann - um nur einige zu nennen - sich entweder geweigert hatten, im Dritten Reich zu spielen oder nicht willkommen waren, gab es niemanden mehr von internationalem Ruf außer Walter Gieseking, der nur noch selten öffentlich spielte, und Elli Ney. Backhaus war zur Zeit Hitlers Lieblingspianist, doch es gingen Gerüchte um, daß die Beziehungen zwischen ihnen nicht die besten seien.

„Habt ihr von dem Schabernack gehört, den Erich Kleiber der Gestapo gespielt hat?“ fragten unsere Freunde, „und wißt ihr, was mit Furtwängler los ist?“ Nickel war begeistert über die Geschichte von Kleibers Abschied von der Staatsoper: Einige Wochen nach Weihnachten hatte er zum letzten Mal dirigiert, eine Sonderaufführung von *Tannhäuser*. Da Kleiber erfahren hatte, daß die Gestapo am Morgen der Aufführung das Opernhaus von unten bis oben nach verborgenen Waffen durchsuchen würde, schloß er seinen Wecker in eine der Schreibtischschubladen ein. Die Gestapo hörte das Ticken und hielt sich in respektvoller Entfernung von der vermeintlichen Zeitbombe. Schließlich brachten sie die Apparatur zur Entladung von Bomben herbei, befahlen einem Schwarzhemd niederen Grades, dessen Leben nicht so kostbar war, den Schreibtisch aufzubrechen, zum großen Vergnügen der Mitglieder der Oper, die vom Gang aus diese Szene beobachten. Kleiber verließ einige Tage nach dem Vorfall Deutschland.

Furtwängler, der gleichzeitig seine Stellung in der Staatsoper verloren hatte - „auf eigenen Wunsch“, wurde amtlich bekanntgegeben - verdankte seine Kaltstellung hauptsächlich Tietjens Machenschaften. Seine Schwierigkeiten mit den Nazis begannen mit der Schaffung des Göringschen Preußischen Staatsrates, einer Körperschaft von Intellektuellen, die den Titel eines Staatsrates erhielten, ein Gehalt von sechstausend Mark im Jahr, eine riesige Pergamentrolle mit rotem Siegel versehen, eine rote Schärpe und freie Fahrt erster Klasse auf allen deutschen Bahnen. Diese Ehre sollte für schwere Gehaltsbeschneidungen entschädigen. Zu der Zeit verdiente Furtwängler nur fünfundzwanzigtausend Mark als Erster Kapellmeister des Berliner Philharmonischen Orchesters und vierundzwanzigtausend Mark als Operndirektor der Staatsoper.

Es war ihm gelungen, über die Entlassung von Berta Geissmar hinwegzukommen - sie befand sich irgendwo in der Provinz und konnte Deutschland nicht verlassen, weil die Nazis ihr den Pass abgenommen hatten; unter beständigen Kämpfen hatte er aber durchgesetzt, seine jüdischen Musiker in der Philharmonie zu behalten; doch den ersten Schritt zu seinem Sturz verdankte er Görings neuem Titel: Herr Staatsrat.

Tietjen machte nämlich ohne sein Wissen am

Schwarzen Brett in der Staatsoper bekannt, daß Herr Dr. Furtwängler in Zukunft von allen Mitgliedern des Hauses mit „Herr Staatsrat“ angeredet zu werden wünsche. Sofort wurde der arme Furtwängler im Opernhaus nur noch übertrieben respektvoll mit „Herr Staatsrat“ angesprochen, was eine nicht gerade angenehme Atmosphäre schuf. Tietjen begünstigte die Streitigkeiten und flößte Göring Mißtrauen gegen Furtwängler ein, besonders weil dieser noch weiterhin die Werke seines Freundes Hindemith, der schon lange Deutschland verlassen hatte, aufführte. Die amtliche Bekanntgabe von Furtwänglers „Verzicht“ auf alle offiziellen Posten war zwar durch den Fall Hindemith ausgelöst worden, tatsächlich hatte er aber die Posten verloren, weil seine Feinde zu mächtig waren, vor allem Tietjen.

Zu uns war Tietjen diesmal besonders reizend, stellte uns sofort Karten für die Oper zur Verfügung und erwies uns alle möglichen Aufmerksamkeiten, weil er sich, wie ich vermutete, Hitlers Unwillen zugezogen hatte und daher Mutters Schutz brauchte. Sie sagte ständig zum Führer, daß Tietjen ein großer Künstler sei und daß sie Bayreuth ohne ihn nicht leiten könne. Sie ging sogar so weit, in einem Prozeß eines von ihm entlassenen Sängers zu seinen Gunsten auszusagen. Er wurde oft verklagt und gewann stets auf die eine oder andere Weise seine Prozesse.

Tietjen zeigte mir mit großem Stolz seine Büros im Verwaltungsgebäude der Staatstheater und in der einige Block entfernt liegenden Staatsoper. In seinem Büro in der Oberwallstraße wies er auf einen kleinen Knopf unter seinem Schreibtisch, von dem aus er ein Diktaphon im Büro seiner Sekretärin einschalten und jedes Wort seiner Besucher aufnehmen konnte. Die Platten, so erzählte er mir, wurden mit dem Datum und der Stunde der stattgefundenen Unterhaltung und dem Namen der betreffenden Person versehen und in einem Archiv aufbewahrt, so daß sie jederzeit zur Hand waren. Ein anderer interessanter Apparat, der Tietjen viel Spaß machte, war eine Mikrophonanlage, vermittels derer er nicht nur den Proben folgen, sondern auch das leiseste Flüstern hinter den Kulissen oder auf der Bühne und in jedem Winkel seines Reiches hören konnte. Er schaltete das Mikrophon ein und ließ mich die Probe anhören, die gerade im Staatstheater abgehalten wurde.

Eines Tages, so erzählte er mir vergnügt, habe er während einer Probe das Mikrophon eingeschaltet und eine Bemerkung des berühmten Baritons Rudolf Bockelmann gehört, die ihm viel Kopfzerbrechen verursacht hatte; Böckelmann war 1933 ein wütender Nazi und Amtsleiter der Nazi-Organisation der Opernmitglieder geworden. Er wurde gerade von einem seiner Kollegen gefragt, warum er eigentlich Nazi geworden sei.

„Warum nicht?" antwortete Böckelmann. „Man muß doch mit den Wölfen heulen." Die Platte dieses Gespräches wurde natürlich sorgsam im Archiv aufgehoben, da sie eines Tages für den Herrn Generalintendanten sehr nützlich sein könnte.

Offiziell wurde Tietjen nie Parteigenosse, leistete aber Göring viele Dienste. Er brüstete sich damit, daß er der einzige hohe Staatsbeamte in Deutschland sei, der nicht den Nazi-Eid geleistet habe, eine Tatsache, durch die er seine Haut zu retten hoffte, falls er das Nazi-Regime überlebte.

Hitler war kürzlich in die Reichskanzlei übergesiedelt, die nach seinen Entwürfen umgebaut worden war, und wir waren sehr neugierig auf seine Leistung als Innenarchitekt. Beim Eingang wurden wir von zahllosen SS-Männern empfangen, großen Burschen, die mit den Absätzen klappten, Heil riefen und uns in die riesige Empfangshalle führten. Ich betrachtete mir den Marmorboden und die in Glaskästen an der Wand aufgestellten Schiffsmodelle. Wir wurden Brückner und Kannenberg übergeben, die uns durch einen hellgrünen Salon, der einzige Raum, in dem geraucht werden durfte, in Hitlers Empfangszimmer führten.

Neugierig sah ich mich in diesem riesigen, schönen Raum mit seinen französischen Fenstern, die auf einen Garten gingen, um. Er hatte zwei verschieden hohe Fußböden; im höheren Teil, zu dem zwei Stufen führten, stand der Konferenztisch, der oft, von berühmten Staatsmännern umringt, photographiert wurde. Kostbare Tapeten bedeckten die ganze Wand. Als wir noch den Raum bewunderten, kam Hitler herein. Er machte uns besonders auf den dicken Teppich aufmerksam, der, wie er uns erzählte, vom Völkerbund für das neue Palais bestellt worden war - er hatte ihn übernommen, als der Völkerbund knapp an Geld war und ihn nicht bezahlen konnte.

Unterdessen meldete Kannenberg, daß Hitlers Frühstück bereit sei; wir gingen mit dem Führer durch den grünen Salon und durch einen düsteren Raum mit riesigem Kamin und einem Wappen darüber, das wie ein Überbleibsel aus der Bismarckschen Zeit aussah, in den Speisesaal und von dort in einen freundlichen Wintergarten, der an zwei Wänden französische Fenster hatte; Treibhauspflanzen, die bis zur Decke reichten, überschatteten rotlackierte Möbel. Hier sahen wir Hitler zu, wie er

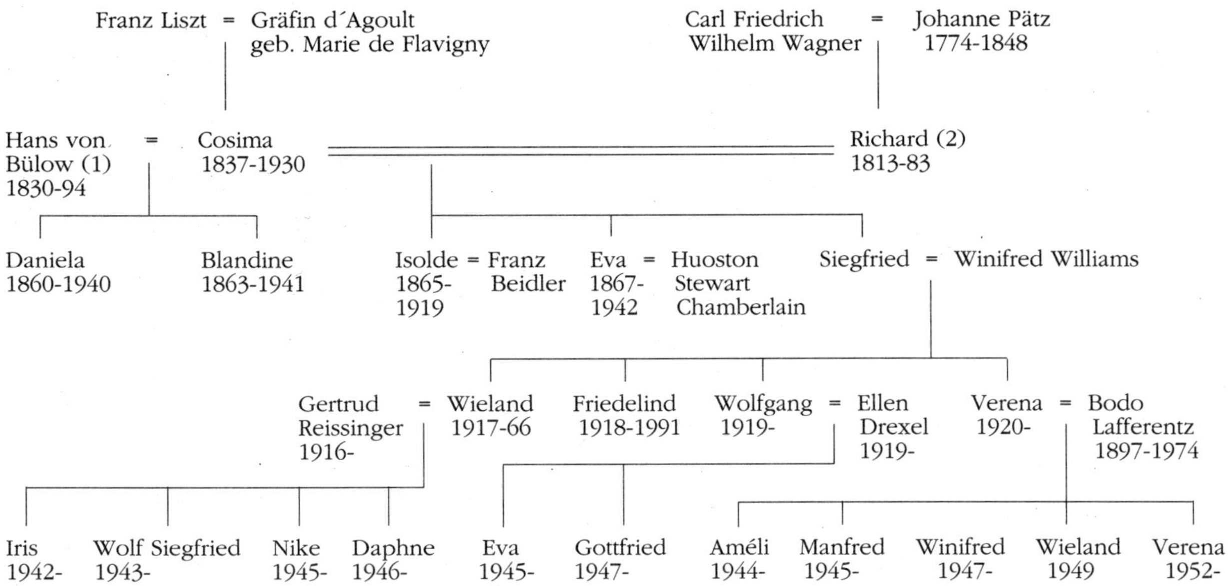
Franz Liszt = Gräfin d´Agoult
geb. Marie de Flavigny
Carl Friedrich Wilhelm Wagner = Johanne Pätz 1774-1848
Hans von Bülow (1) 1830-94 = Cosima 1837-1930
Richard (2) 1813-83
Daniela 1860-1940
Blandine 1863-1941
Isolde 1865-1919 = Franz Beidler
Eva 1867-1942 = Huoston Stewart Chamberlain
Siegfried = Winifred Williams
Gertrud Reissinger 1916- = Wieland 1917-66
Friedelind 1918-1991
Wolfgang 1919- = Ellen Drexel 1919-
Verena 1920- = Bodo Lafferentz 1897-1974
Iris 1942-
Wolf Siegfried 1943-
Nike 1945-
Daphne 1946-
Eva 1945-
Gottfried 1947-
Améli 1944-
Manfred 1945-
Winifred 1947-
Wieland 1949
Verena 1952-

Cosima und Richard Wagner, 1872

Richard Wagner mit seinem Sohn Siegfried, 1880

Das von Wagner für die Aufführungen seiner Musikdramen entworfene Festspielhaus

Wahnfried, das Haus der Familie Wagner in Bayreuth

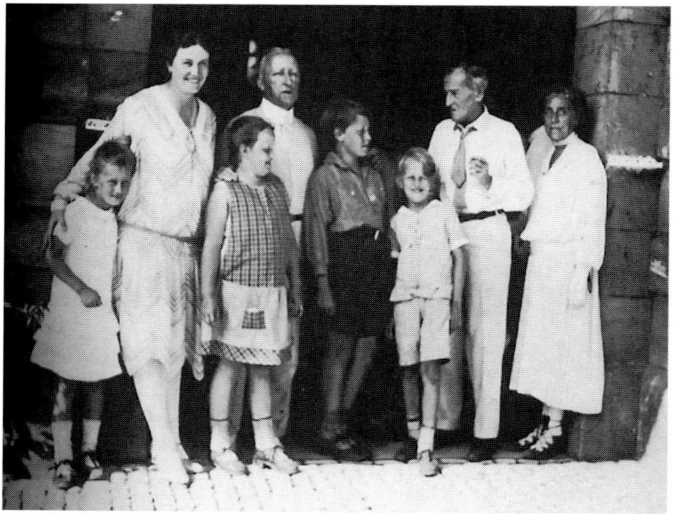

Winifred und Siegfried Wagner mit ihren Kindern
Verena, Friedelind, Wieland und Wolfgang,
sowie Karl Muck und Daniela Thode

Winifred Wagner

Adolf Hitler

Er sah recht gewöhnlich aus in seinen kurzen bayrischen Lederhosen, den dicken Wollsocken, einem rotblau karierten Hemd und einer kurzen, blauen Jacke, die um seinen Körper schlotterte; ...

Hitler (hatte) sein bayrisches Kostüm mit ... dem berühmten Trenchcoat vertauscht,... Handschuhe trug er nie, hielt aber stets eine Hundepeitsche in der Hand.

Es war das erste Mal, daß ich Hitler im Frack sah. Er trug seinen Zylinder nicht mehr wie ein Schornsteinfeger im Genick, fühlte sich aber sichtlich unbehaglich in seiner neuen Eleganz. Mutter und die Familie waren voll des Lobes über sein Aussehen, …

Eine von Hitlers Lieblingsbemerkungen war: "Ich hoffe, Sie sind sich darüber im klaren, daß im nächsten Krieg die erste Bombe auf das Festspielhaus und die zweite auf Wahnfried fallen wird. Ihr liegt nur fünf Minuten im Luftweg von der tschechischen Grenze entfernt."

Nickerl und *Mausi* Wagner mit Onkel *Wolf*

Wieland und Wolfgang Wagner mit Adolf Hitler

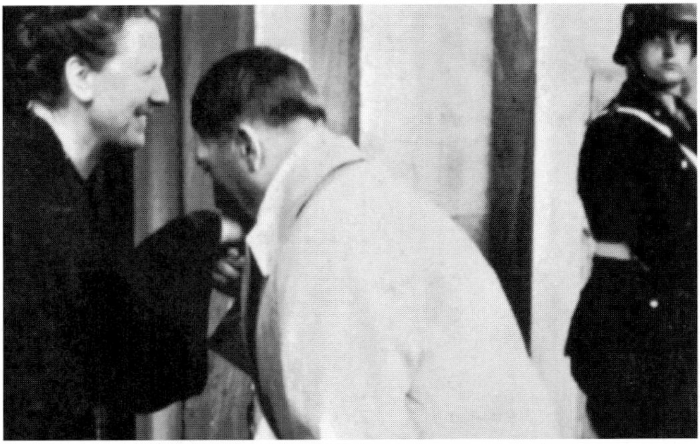

Kaum war ich in Bayreuth eingetroffen, als ganz Deutschland durch das Nazi-Blutbad erschüttert wurde. ..., die Leute wagten nur miteinander zu flüstern, Gerüchte wucherten. In Wahnfried ersuchte Mutter jeden, dieses Thema vor Hitler, ... nicht zu berühren.
"Armer Führer", sagte sie. "Was für ein schrecklicher Schlag muß es für ihn gewesen sein, als er herausfand, daß er von seinen besten Freunden verraten wird."

Toscanini und Friedelind Wagner auf dem Flugplatz in Buenos Aires, 1941

1954 in Bayreuth, Friedelind mit ihrem Bruder Wieland Wagner nach ihrer Rückkehr aus den USA.

Friedelind Wagner gründet mit Wielands Unterstützung die "Bayreuther-Festspiel-Meisterklassen" für Musikstudenten aus aller Welt.

Friedelind Wagner mit Begum Aga Khan bei den Bayreuther Festspielen 1956

Friedelind Wagner, 1963

Nach Wielands Tod entzieht Wolfgang Wagner seiner Schwester die Meisterklassen. In Kooperation mit Winifred verweigert er Friedelind ihren Platz in der Familienloge und untersagt ihr schriftlich "das Betreten der Weihestätte".

Friedelind Wagner, 1975

Friedelind besorgt die Uraufführung der Oper "Der Friedensengel" von Siegfried Wagner in der Londoner "Queen´s Hall". Nur Winifred erscheint in London.

Friedelind Wagner, 1977

Friedelind Wagner stirbt 1991 mit 73 Jahren im westfälischen Herdecke.

sein Frühstück, bestehend aus einem Glas Milch und zwei Scheiben trockenen Brotes, einnahm. Kannenberg brachte für uns eine Platte verführerisch aussehender Sandwiches, doch Hitler, der mein Interesse bemerkte, riet, mir den Appetit nicht zu verderben, da das Mittagessen gleich bereit sei.

Wir kehrten in den Speisesaal zurück und nahmen inmitten von ungefähr zwanzig Personen an der Tafel Platz, Nickel wie stets zwischen Hitler und seinem Arzt. Während wir auf die unvermeidliche Nudelsuppe warteten, schaute ich mich im Saal um, betrachtete die roten Ledersessel, die roten Teppiche und die crèmefarbenen Wände; die eine Seite des Raumes bestand aus großen französischen Fenstern. Über dem riesigen Bufett hing ein Ölgemälde, das Bacchusfest von Moritz v. Schwind, und in der Mitte der beiden Seitenwände standen in halbkreisförmigen Nischen Goldbronze-Statuen von Eva und Adam. Göbbels erklärte mir, daß die Statuen abends indirekt beleuchtet würden, was sehr effektvoll wirke.

Nach dem Mittagessen, das recht langweilig verlief - die Unterhaltung drehte sich hauptsächlich um Nickel und ihre Hungerkur - fragte uns Wolf, ob wir uns das ganze Gebäude ansehen wollten. „Natürlich", antworteten wir wie aus einem Mund.

Zunächst führte er uns in die Küche - riesige Herde, lange Tische, immense Spülsteine, eine Anzahl elektrischer Apparate, alles neu, glänzend und hochmodern. Vielleicht ein Dutzend Köche beiderlei Geschlechtes, alle in den gleichen crèmefarbenen Schürzen, reckten die Arme und schrien „Heil". Hitler strahlte vor Stolz, hob seinen Arm aber nur vom Ellenbogen an - das Ausstrecken des ganzen Armes behielt er sich für offizielle Anlässe vor.

Wir folgten Hitler durch ein bequemes Billardzimmer, dann durch eine Halle für seine Wache in den Operationsraum, der mit einer vollkommen modernen Operationseinrichtung versehen war.

„Das war meine Idee", erzählte er uns stolz. „Jederzeit können die Mitglieder meines Stabes sofort operiert werden, ohne die Reichskanzlei verlassen zu müssen."

Wir kehrten zum Vorzimmer des enormen Empfangsraumes zurück. Der Führer erklärte uns, daß das Vorzimmer bei Konzerten als Garderobe für die Mitwirkenden diene. Einstweilen werde der obere Teil des Empfangsraumes als Bühne benutzt, er wolle jedoch einen Saal neben dem Wintergarten bauen, der eine richtige Bühne enthalte und in dem er Bankette für mindestens dreihundert Menschen veranstalten könne.

Dann öffnete er eine andere Tür und zeigte uns zwei Kino-Vorführungsapparaturen und ein Archiv, das Hunderte von Filmen aus allen Ländern enthielt. Schnell ging er mit uns wieder in den großen Raum und drückte dort auf einen Knopf; die Tapete wich von beiden Wänden zurück, machte auf der einen Seite eine Filmleinwand frei und auf der anderen Seite die Luken für die Projektionsapparate.

„Ich lasse mir am Abend gerne Filme vorführen", erzählte uns Wolf, „besonders französische. Die zeigen das Leben der Kleinbürger viel besser als die Filme der anderen Länder. Es tut mir fast leid, daß ich sie nicht dem Publikum zeigen kann."

Hitler blickte sich mit selbstgefälligem Ausdruck um.

„Nickerl, du wirst es nicht für möglich halten; aber dieser Raum bestand vorher aus einigen Büros, vier kleine Löcher. Zweitausend Wagenladungen an

Dreck und Stuck mußten aus dem Gebäude geschafft werden, ehe man frei atmen konnte. Als ich die Löcher sah, hatte ich mich geweigert einzuziehen, aber schließlich sagte ich mir, man könne doch etwas daraus machen. Eines Tages, als ich die Arbeit besichtigte, kamen einige dieser alten Weiber aus dem Auswärtigen Amt hinzu. Du hättest deren Gejammer hören sollen! Eure Mutter beschwert sich über eure alten Tanten. Mein Gott, auch ich habe meine alten Tanten, und zwar in nächster Nähe im Auswärtigen Amt."

Im oberen Stockwerk gingen wir durch Hitlers Bibliothek, einem dunkelgetäfelten Raum; auf drei Seiten standen Bücherschränke mit Glastüren, die mit grünen Vorhängen bedeckt waren, weil dem Führer der Unterschied in Größe und Farbe der Bände unsympathisch war. Daneben lag Hitlers Schlafzimmer, das eher dem einer Gouvernante glich als dem eines Diktators: eine weiße eiserne Bettstelle, ein Tisch, ein Nachttisch und ein einfacher Holzstuhl, alles weiß angestrichen - weiter nichts. Der einzige Schmuck im Zimmer war ein Ölgemälde der Mutter des Führers, nach einer alten Photographie angefertigt.

Wir blickten aus dem Fenster in den Garten. Das Badezimmer und das Ankleidezimmer bekamen wir nicht zu sehen, da gerade Hitlers Kammerdiener, ein kränklicher, wie eine Spitzmaus aussehender Mann, aus dem Ankleidezimmer mit einem Anzug auf dem Arm auftauchte und sichtlich erstaunt war, zwei weibliche Wesen im Allerheiligsten seines Herrn zu erblicken. Doch wir konnten in einen der bei unserem Eintritt offenstehenden Kleiderschränke hineinsehen. Nickel und ich wechselten vielsagende Blicke. Es war wie in einem Disney-Film; in langer

Reihe hingen auf Bügeln braune Hemden, eines neben dem anderen, mindestens fünfunddreißig bis vierzig, jedes mit der Hakenkreuzbinde am linken Ärmel. Wir machten feierliche Gesichter, so wie Hitler es tat, wenn er das Bild seiner Mutter betrachtete.

Allmählich wurde Nickel, die Schuhe mit sehr hohen Absätzen trug, müde, und auch ich hätte nichts dagegen gehabt, auf einem schönen, weichen Sofa zu sitzen, doch Wolf war frisch wie ein Frühlingsmorgen und unterhielt sich sehr gut. Er schleppte uns weiter durch Schaubs Büro und sein eigenes, in welchem Lenbachs Porträt des „Eisernen Kanzlers" über dem Schreibtisch hing; dann sollten wir die Sammlung der tausend und abertausend Pergamentrollen bewundern, seine Ehrenbürger-Urkunden von allen möglichen Städten und Städtchen.

„Sehr bald werde ich Bürger von jedem Dorf im Reich sein", sagte Wolf. „Einige dieser Urkunden sind wunderschön, wirkliche Kunstwerke, ich muß sie euch gelegentlich zeigen." Wir lächelten etwas verlegen und hofften, daß sich diese Gelegenheit nie bieten werde.

Im Sitzungssaal des Kabinetts deutete Hitler auf eine mindestens fünf Meter lange, auf Hochglanz polierte Tafel, die aus einem Stück Holz bestand. Er schien eine Manie für solche Tische zu haben, die meisten waren von seinem Lieblingsarchitekten Troost entworfen. Vierundzwanzig Sessel waren mit schwarz-weiß-roten Hoheitsabzeichen in Petit-Point-Stickerei versehen. Dieses Abzeichen war von Hitler selbst entworfen worden; er hatte Wieland die Originalzeichnung des Adlers gegeben, der zwischen seinen Klauen ein rundes Schild hielt, das das Hakenkreuz trug. An jedem Platz lag ein Löscher in rotem Leder mit dem Adler und mit dem Namen des Kabinettmitgliedes auf einem goldenen Blatt; daneben standen Tintenfässer, eines für blaue und eines für rote Tinte, und Bleistifte, vorschriftsmäßig lang gespitzt. Gobelins mit Szenen aus den nordischen Heldensagen bedeckten die Wände, und über allem hing ein Kronleuchter, der wie ein Erbstück von Bismarck aussah.

Dann wurden wir wieder Treppen hinaufgeführt, in die Zimmer der Adjutanten und in die Gastzimmer, die nicht gerade schön waren.

„Wenn ihr nach Berlin kommt, und es ist niemand in eurer Wohnung, der sich um euch kümmern kann, seid ihr hier stets willkommen. Ihr wißt, daß ich mich sehr über euren Besuch freuen würde, und ich bin sicher, daß Mutter nichts dagegen hätte, wenn ich mich etwas um euch kümmerte."

Wir dankten Hitler hastig und flüsterten uns dann zu, daß wir hofften, nie in diese Verlegenheit zu kommen. Nickel sagte: „Lieber würde ich sterben, als in einem dieser gräßlichen Gastzimmer eingepfercht zu sein."

Ich mußte immer wieder an Hitlers Gesichtsausdruck denken, als er über die alten Leute vom Auswärtigen Amt gesprochen hatte: Seine Nasenflügel blähten sich, wie ich es schon oft an ihm bemerkt hatte, wenn er wütend oder erregt war, zum Beispiel an jenem Abend, da er Dollfuß' Ermordung erfuhr.

„Hast du je bemerkt", fragte ich Nickel, „daß Wolfs Nasenflügel so breit sind, daß sie manchmal bis zu seinen Mundwinkeln reichen?"

Vierzehntes Kapitel

Opernball

Nach meinem Abschlußexamen in Heiligengrabe holte mich Mutter dort ab und brachte mich nach Berlin, wo sie zur Feier meines siebzehnten Geburtstages einen kleinen Empfang gab. Diese Ferien waren vergnügt, aber kurz; vierzehn Tage später steckte Mutter mich in eine Schule in Groß-Sachsenheim bei Stuttgart, die Knittel ausgewählt hatte. Es war eine landwirtschaftliche Haushaltungsschule, eine große Musterfarm mit einer Molkerei, Eseln, Schweinen, Hühnern, elektrischen Brutmaschinen, Feldern, Gärten. Das ganze Institut mit seinen Lehrern, dem Verwalter und fünfundvierzig Schülern hatte nur drei Dienstmädchen; so mußten wir die Haushaltungsarbeiten verrichten, die Schweine füttern, die Hühner versorgen, Mais enthülsen, Kartoffeln ausgraben. Ferner erhielten wir theoretischen Unterricht in Hühnerzucht, Landwirtschaft, Haushalt, Staats- und Wirtschaftskunde und in praktischer Säuglingspflege; für unseren Kindergartenunterricht und zum Erlernen des Windelnwaschens standen uns die Säuglinge des Dorfes zur Verfügung.

Warum Mutter mich in eine solche Schule schickte, konnte ich mir nicht erklären; ich hatte nie die geringste Neigung gezeigt, Bäuerin oder Hausfrau zu werden. Mutter hatte allerdings stets gesagt, sie wolle mit vierzig Jahren Großmutter sein; das war ja ganz nett, und es betonte ihre Jugend, doch wenn sie erwartete, diese Hoffnung durch mich zu verwirklichen, so würde sie enttäuscht werden. Ich war entschlossen, nichts zu unternehmen, um meine Heiratsaussichten zu verbessern.

Ihre Art, von einem Extrem ins andere zu fallen, war körperlich und geistig schwer zu ertragen. Zuerst hatte sie uns unbekümmert, ohne jede Einschränkung erzogen, hatte sich gerühmt, modern und großzügig zu sein, und dann, als sie sah, daß wir wie Wilde aufwuchsen, hatte sie zu eiserner Strenge Zuflucht genommen. Nachdem ich zweieinhalb Jahre in einer Schule für Prinzessinnen hatte verbringen müssen, wo die Kost so karg war, daß man blutarm wurde und die einzige Leibesübung in einem kurzen Nachmittagsspaziergang bestand, wurde ich plötzlich zu schwerster körperlicher Arbeit gezwungen. Es war daher nicht verwunderlich, daß meine Gesundheit diesen Anforderungen nicht gewachsen war und ich die meiste Zeit das Bett hüten mußte.

Doch der Sommer nahte, und die langen Ferien am Bodensee begannen. Tietjen war auch dort, wie gewöhnlich übersprudelnd von Neuigkeiten! Furtwängler, der, seitdem die Nazis ihm den Paß abgenommen hatten, praktisch ein Gefangener war, habe sich „zum Komponieren" zurückgezogen; es wurde viel über einen Schnitzer der Gestapo gelacht, die in der Nähe der Schweizer Grenze im Zug einen Mann verhaftet hatte, den sie für Furtwängler gehalten und der sich als ein unschuldiger und empörter Pfarrer in Zivil entpuppte. Obwohl die Beziehungen zwischen Tietjen und Knittel alles andere als freundschaftlich waren, tauschten die beiden Klatsch aus, und der Finanzverwalter zeigte Tietjen eine Verfügung des Propaganda-Ministeriums, die den Zeitungen bis auf weiteres verbot, den Namen Furtwängler zu erwähnen.

Auch Strauss war, wie es schien, in Schwierigkeiten geraten. Die Gestapo hatte bei der Überwachung seines Briefwechsels mit Stefan Zweig Sätze gefunden wie folgende: „Ich spiele hier den Präsidenten der Reichsmusikkammer", und „ob das Juden, Chinesen, Hottentotten oder Nazis sind, wer kümmert sich darum? Das einzig Wichtige ist der Kassenerfolg." Diese Korrespondenz kostete ihn nicht nur sein Amt als Präsident der Reichsmusikkammer, sondern bis auf weiteres auch seine Kassenerfolge in Deutschland, denn die Nazis verboten für über ein Jahr seine Opern. So war er nach Bayern gegangen und lebte in äußerster Zurückgezogenheit in seinem Heim in Garmisch.

Als die Tage an der Sonne vorüber waren, kehrte ich in die Schule zurück, doch die kleinen Schweine von Groß-Sachsenheim erhielten von mir in diesem Herbst recht wenig Pflege. Nachdem ich mich in einem Sanatorium von der Kartoffelernte erholt hatte, kam ich Weihnachten nach Hause.

Ein oder zwei Tage nach dem Fest saßen wir im kleinen Salon beisammen und verfaßten Dankbriefe. Ich war dabei als gewandte Briefschreiberin sehr gefragt, eine Fähigkeit, die meine Geschwister während der übrigen 364 Tage des Jahres höhnisch als eine Art geistiger Verwirrung ansahen. Doch an diesem Tag nahm mich Nickel, gerade als meine Brüder meine Dienste nicht in Anspruch nahmen, beiseite, um mit mir über ihre Korrespondenz zu flüstern.

„Ich muß Wolf sprechen, bevor Mutter mich in diese neue Schule in Dresden steckt. Sag' mir doch", bat sie mich mit ihrem verführerischen Lächeln, „wie kann ich ihm das diplomatisch beibringen?"

„Warum diplomatisch? Wenn du ihn sprechen

willst, so schreib' ihm das doch klar und deutlich, damit er dich gar nicht mißverstehen kann." Und so schrieben wir dann ihren Brief. Mutter sammelte all diese „Danke schön", ohne sie zu lesen und beförderte sie.

Als drei Tage vor Neujahr während des Mittagessens das Telephon läutete und Mutter dann ins Eßzimmer zurückkam und uns aufgeregt mitteilte, daß der Führer uns noch für den gleichen Abend zum Essen nach München eingeladen habe, blickten wir unschuldig wie neugeborene Lämmer drein. „Wir haben nur noch zwanzig Minuten bis zum letzten Zug", stöhnte Mutter. „Und Brückner hat nicht gesagt, was geplant ist."

Ohne eine Sekunde zu verlieren, stürmten wir nach oben, um zu packen.

„Vielleicht gehen wir in die Oper", meinte Nickel hoffnungsvoll. „Auf jeden Fall nehmen wir Abendkleider mit."

Wieland und Wolfi waren bereits in München, und so machte sich Brückner auf den Weg, die Jungens zu suchen. Als wir um sieben Uhr dort ankamen, wurden wir von einem riesigen SS-Mann in einem der großen, schwarzen Wagen des Führers in rasender Fahrt zu seiner Wohnung in der Prinzregentenstraße gebracht.

„Um Himmels willen, Nickerl", rief Hitler (mit seinem österreichischen Akzent verhunzte er den Namen immer durch Hinzufügung eines harten „r"), als wir uns in der Bibliothek gesetzt hatten, „du bist ja dünner denn je. Willst du dich eigentlich zu Tode hungern?" Er lag unmanierlich auf dem Sofa ausgestreckt, zog sie an ihren Zöpfen, während er uns warnend die Geschichte von Lilian Harvey erzählte, dem Abgott unter den deutschen Filmstars, die in

Hollywood gezwungen worden war, abzunehmen und die nun ihr früheres Gewicht nicht wiedergewinnen konnte, obwohl sie das Bett hütete und sechs richtige Mahlzeiten am Tag einnahm. Das von ihr ehemals so begeisterte Publikum wollte nichts mehr von ihr wissen, und die Regierung habe dadurch ein Vermögen verloren.

„Wirklich, Nickerl", ermahnte Wolf, „kein Mensch liebt spindeldürre Mädchen."

Bald wurde gemeldet, daß angerichtet sei.

„Wir müssen uns beeilen", sagte Hitler. „Wir haben nur noch eine Stunde bis zur Abfahrt des Zuges."

Nickel warf mir frohlockende Blicke zu - Berlin, Museen, Oper! Wie froh waren wir, daß wir unsere schönsten Kleider eingepackt hatten.

Im blauen Eßzimmer wanderten meine Blicke zum großen Spiegel über dem Kamin, in dem sich die Bronzebüste eines jungen Mädchens spiegelte. Das Mädchen war, so wußte ich, des Führers Nichte, Geli Raubal, die vor vier Jahren plötzlich unter geheimnisvollen Umständen in der Wohnung ihres Onkels gestorben war. Hitler hatte Mutter erzählt, daß Geli von einer Wahrsagerin der Tod durch eine Kugel prophezeit worden sei, so daß sie eine entsetzliche Angst vor Gewehren und Revolvern hatte. Trotzdem hatte sie stets, da sie so oft allein in der Wohnung war, eine Pistole bei sich. Hitler war an dem Abend ihres Todes nach Erlangen gefahren, und er stellte das Unglück so dar, daß beim Versuch, die Waffe zu entsichern, diese von selbst losgegangen sei und sie tödlich getroffen habe. Die Wahrheit würde natürlich nie jemand erfahren, aber wir Kinder hatten alle möglichen Gerüchte und Erzählungen von Eingeweihten vernommen. Die

Zeitungen machten damals sogar Andeutungen, daß Hitler sie in einem Anfall von Eifersucht erschossen habe.

Ich hatte mir Geli immer als ein schönes Geschöpf vorgestellt, doch dieser Mädchenkopf in Bronze hatte eine niedrige Stirn, breite Backenknochen, eine dicke Stupsnase und einen viel zu großen Mund. Ich fragte mich, wie sie Hitler so gefesselt haben konnte, daß er ihrem Gedächtnis zuliebe Fleisch, Alkohol und Tabak entsagt hatte. Die ersten Jahre nach ihrem Tod weigerte er sich, Weihnachten zu feiern und fuhr am Fest den ganzen Tag ziellos auf der Landstraße umher. Erst 1934 hatte er seine „alten Kämpfer" zur Weihnachtsfeier in München wieder um sich versammelt.

Da die Unterhaltung, die, während wir hastig unsere Hors d'oeuvre aßen, sich noch immer um Nickel und ihre Figur drehte, was mich nicht so sehr interessierte - Hitler löffelte zu meiner Überraschung aus einer Pfunddose Kaviar, wovon er uns nichts anbot - betrachtete ich die Spitzwegs, sechs Stück, drei auf jeder Seite des Kamins. Daß der Führer, der sonst Überdimensionen in Architektur und Bildhauerei liebte, seine Agenten herumjagte, um Spitzwegs zu jedem Preis kaufen zu lassen, war eines seiner Geheimnisse; jedenfalls war Spitzweg, der die Kleinbürger mit solch zärtlicher Ironie gemalt hatte, sein Abgott.

Während des Essens kamen immer wieder Adjutanten ins Zimmer geeilt, um zu melden, wieviel Zeit noch bis zur Abfahrt des Zuges sei. Nach einem eiligen Dessert wurden wir zwei SS-Männern übergeben, die uns in rasender Fahrt zum Bahnhof brachten und uns in den Wagen Nr. 1 des funkelnagelneuen, aus vier Wagen bestehenden Salonzuges setzten. Wir betrachteten gerade unser Abteil, als wir aus der Ferne ein dröhnendes Geräusch vernahmen, das sich näherte und immer lauter wurde - es war die Menge, die dem Führer zujubelte.

Nachdem Hitler, von seinen Adjutanten umringt, den üblichen Sturm auf den schon anfahrenden Zug gemacht hatte, kam Brückner und führte uns in den Salonwagen, einen großen Raum mit einem Grammophon in der Ecke, auf dem eine Silbervase mit recht traurig aussehenden Blumen stand. Der Zug fuhr in kriechendem Tempo; Hitler erklärte uns, daß er es nicht gerne habe, in den Kurven umhergeworfen zu werden. Die Reichsbahnverwaltung hatte einen Fahrplan ausgearbeitet, nach dem sein Sonderzug zu vier bestimmten Zeiten am Tag zwischen Berlin und München verkehren konnte, ohne besonderen Avis.

Mehrere Male machten wir Halt, konnten aber nichts erkennen, weil die Fenster dicht verhängt waren.

„Darf ich die Jalousie hochziehen, um festzustellen, wo wir sind?“ fragte ich.

Hitler sprang zum Fenster.

„Nein, das tue ich. Erst müssen die Lichter ausgedreht werden, damit man mich nicht von außen sehen kann.“ Er drehte das Licht aus, zog die Jalousie hoch, und wir drückten unsere Nasen am Fenster platt, konnten aber nichts erkennen als den verlassenen Bahnsteig eines kleinen bayerischen Nestes.

Am Morgen, als wir in schleichendem Tempo in den Anhalter Bahnhof einfuhren, machten Hitler und seine Adjutanten einen halsbrecherischen Spurt zu der langen Reihe von Wagen, die vor dem Bahnhof schon angesprungen dastanden. Wir begaben uns in würdigerer Weise zu den Wagen, die uns zur Reichskanzlei brachten, wo wir mit Hitler im Speisesaal an einem kleinen Tisch unter der Statue von Eva aßen; für uns gab es Spiegeleier mit Speck und Gänseschmalz und für den Führer sein übliches Glas Milch mit zwei Scheiben trockenen Brotes. Mittagessen in der Reichskanzlei, am nächsten Tag Silvesteressen; wann sollten Nickel und ich Zeit für unsere Freunde finden? Das Mittagessen wurde durch Göring belebt, der von seinem Gut in der Schorfheide gekommen war. Nickel und ich konnten unsere Blicke nicht von diesem Fleischkoloss wenden, der in braunen Knickerbockern, einem seidenen Hemd, einer braunen, ärmellosen Wildlederjacke und malerisch herunterhängenden Socken steckte, die zu unserem größten Vergnügen seine dicken Unterhosen hervorkommen ließen.

Bevor wir diesen wundervollen Anblick genügend hatten genießen können, zeigte uns Hitler die neueste Errungenschaft der Reichskanzlei, den riesigen Speisesaal mit der Bühne darin, von dem er Nickel und mir bei unserem Februar-Besuch erzählt hatte. Wir betraten den Riesensaal, der mit Arbeitern, Lärm und Staub angefüllt war, und konnten zunächst nur zwei Reihen von dicken, bräunlichen Säulen erkennen, die den Saal in drei Abteilungen teilten. Die Säulen seien aus thüringischem Marmor, erklärte uns der Führer; jemand hatte ihm einen Briefbeschwerer aus diesem Marmor geschenkt, der ihm so gut gefallen hatte, daß er einen alten Steinbruch, in welchem infolge Bankrotts die Arbeiten eingestellt worden waren, wieder in Betrieb hatte setzen lassen.

Mir entschlüpfte es, daß ich diesen Marmor häßlich finde, doch Hitler erklärte mir, daß der ganze

Raum in der Art der Säulen abgetönt werde. Als ich ein halbes Jahr später die himmelblaue Mosaikdecke, von goldenen Hakenkreuzen umrahmt, die hellgelben Wände, die braunen Polstersessel mit Petit-Point-Stickerei aus dunkelrot, grün und beige, sah, mußte ich zugeben, daß er recht hatte. An den runden Tischen konnten die Gäste in tiefen Sesseln versinken und ein ganzes Konzert hindurch bequem schlafen.

Der Führer lud uns vor dem Silversteressen zu einer Aufführung der *Regimentstochter* ein; Mutter sagte aber, daß wir Karten für den *Bettelstudent* in der Staatsoper hätten und erst später zu ihm stoßen würden. Warum Hitler diese Operette zum x-ten Male sehen wollte, weiß ich nicht, doch paßte das zu seinem Geschmack, denn *Die lustige Witwe* war seine Lieblingsoperette. Vor Hindenburgs Tod besuchte er oft Aufführungen in der Staatsoper und im Staatstheater in Berlin - in der Staatsoper hatte er eine kleine Loge neben der des Präsidenten und konnte fast ungesehen hinein- und hinausschlüpfen - als er aber Reichskanzler wurde und gezwungen war, als Staatsoberhaupt in der früheren königlichen Hofloge zu sitzen, besuchte er die Oper nicht mehr. Vielleicht spiegelte das auch die Änderung des öffentlichen Geschmackes wider. Nach einem Jahr des Puritanismus verfielen die Nazis ins andere Extrem: in den späteren Jahren war Nacktkultur auf der Bühne und in den Nachtlokalen etwas so Alltägliches, daß ein Ballettmädchen, das sich weigerte, das mitzumachen, bald stellenlos wurde.

Als wir gegen elf Uhr die Reichskanzlei erreichten, waren die anderen noch nicht aus dem Theater zurück, doch bald kam Hitler sehr animiert und vergnügt von der Aufführung der *Regimentstochter*.

Wir setzten uns zum Essen, und um Mitternacht, die durch einen Schlag auf einen riesigen Gong angekündigt wurde, machten wir die Runde um die Tafel und wünschten einander mit Champagner ein glückliches neues Jahr; nur Hitler stieß mit Selterswasser an. Dann gingen er und Brückner auf den Platz vor der Reichskanzlei, um die jubelnde Menge zu begrüßen, und der Führer kehrte mit einem Arm voll Blumen zurück, die ihm von kleinen Mädchen überreicht worden waren.

Allmählich machten sich die Adjutanten und die sonstigen Satelliten zu vergnüglicheren Unterhaltungen aus dem Staub. Der Diener brachte gefüllte Pfannkuchen und Kaffee - für Hitler Pfefferminztee - und wir unterhielten uns schläfrig, froh über jeden Telephonanruf oder sonstige Unterbrechungen. Einer meiner Brüder fragte, um uns vor dem Einschlafen zu bewahren, wie die anderen Räume aussähen; nun unternahmen wir, es mußte schon ungefähr drei Uhr sein, eine Besichtigung. In seinem Amtszimmer stellte sich der Führer hinter den Schreibtisch und zeigte uns, wie er seine Minister und die Diplomaten empfange.

„Ich muß immer laut lachen, wenn Herr X kommt“, sagte er. „Ich werde euch vormachen, wie das aussieht.“ Er ging zur Türe und trat stolpernd ein, machte eine rechtwinklige Verbeugung, klemmte mit der linken Hand ein imaginäres Monokel ins linke Auge und hob den rechten Arm.

„Heil, Heil!“ rief er in hohem Falsett mit stark englischem Akzent. Dann erzählte er uns vom Neujahrsempfang des diplomatischen Korps.

„Haben Sie nicht manchmal das Gefühl, in der Klemme zu sitzen?“ fragte Mutter, die noch über die gute Nachahmung des englischen Diplomaten lachte.

„Was sagen Sie zum Beispiel zum russischen Botschafter?"

„Oh, das ist einfach. Ich starre ihn so an." Hitler verschränkte die Arme und kniff die Augen zusammen. „Wenn der alte Jude dann puterrot wird, frage ich ihn höchst freundlich, ob ihm das Klima von Berlin bekomme und ob er trotz des Baus der neuen Untergrundbahn nachts schlafen könne."

Schließlich wurde es halb sechs, Schlafenszeit für den Führer. Da wir keine Einladung für den nächsten Tag erhalten hatten, wußten wir, daß nun unser befohlener Besuch beendet sei. Doch meine Ferientage in Berlin waren noch nicht zu Ende; am nächsten Tag fuhr die Familie nach Bayreuth zurück, ich aber durfte für den Rest meiner Ferien in Berlin bleiben. Nickel drehte und wand sich und schmeichelte, mußte jedoch ihre schönen Kleider einpacken und mit den anderen nach Wahnfried zurückfahren.

Den Höhepunkt meiner Ferien bildete Görings jährlicher Opernball, der wegen seines tollen Aufwandes das Tagesgespräch bildete. Schon drei Tage vorher wurde die Staatsoper wegen der Vorbereitungen geschlossen und blieb nachher auch noch drei Tage geschlossen, damit eine Tanzfläche über dem Parkett und eine riesige Treppe zu den Rängen gebaut und wieder abgerissen werden konnte. Der Eintritt kostete fünfzig Mark, was aber bei weitem nicht das durch den Ausfall von sechs Vorstellungen entstandene Defizit deckte.

Tietjen lud mich in seine kleine Loge ein, die zwischen der von Göring und der des diplomatischen Korps lag. Es war ein blendender Anblick: die Säulen, die Logen, der Platz für das Orchester auf der Bühne waren mit gelbweißer Seide von ganz besonderer Qualität umkleidet; der Reichsmarschall hatte die Seide in Schlesien herstellen lassen. In jeder Ecke sprudelten kleine Springbrunnen, riesige Vasen standen umher, angefüllt mit roten Rosen, die von Holland mit dem Flugzeug gebracht worden waren.

Eine erlesene Gesellschaft war versammelt: in den Logen uns gegenüber saß die „Crème" des alten Deutschland, König Ferdinand von Bulgarien, der Kronprinz und seine Brüder in den alten Uniformen der Monarchie - neben uns der Reichsmarschall in seiner blaßblauen Uniform der Luftwaffe.

Die Darbietungen waren ebenso erlesen. Das gesamte Ballett der Oper tanzte in traditionellem Weiß vor dem organgefarbenen Hintergrund, und die Solisten der Oper sangen einen Chor aus dem *Zigeunerbaron.* In den Bankettsälen unten fand eine riesige Tombola mit Autos, elektrischen Waschmaschinen, Kisten mit Champagner statt - Preise, welche die Kaufleute auf Görings Wunsch hatten stiften müssen. Champagner floß in Strömen wie Wasser, und auf dem Tanzparkett wartete eine große Zahl junger, gutaussehender Fliegeroffiziere auf Tanzpartnerinnen.

Von Tietjen und den Künstlern, die in seine Loge kamen, hörte ich stückweise Berichte über die neuesten Zusammenstöße im Göring-Göbbelschen Krieg. Göring beherrschte die preußischen Staatstheater, zu denen in Berlin die Staatsoper, das Staatliche Schauspielhaus und die Kroll-Oper gehörten, sowie die früheren Hofopern von Hannover, Kassel und einigen anderen Städten, die enormen Gewinn abwarfen. Die Aufführungen in der Staatsoper, im Schauspielhaus und im Schiller-Theater waren so beliebt, daß es fast unmöglich war, Plätze zu erhalten. Allerdings entblößte Göring die anderen Opernhäuser zugunsten seiner Staatsoper aller Kräfte und hatte bald so viele erstklassige Koloratursängerinnen, Tenöre und Bassisten zur Verfügung, daß es schwierig war, sie alle zu beschäftigen, aber er führte unvergleichliche Opern in Berlin auf. Sogar der Mangel an Dirigenten wurde durch das hervorragende Ensemble und durch ausgezeichnete Ausstattung und Regie überwunden.

Göbbels andererseits hatte als Herr der Reichskulturkammer alle übrigen Theater unter sich - vor allem betrachtete er das Deutsche Opernhaus in Charlottenburg als seine Domäne - und betrieb sie mit Defizit. Er gab phantastische Summen für die Aufführungen aus - allein die Ausstattung der *Lustigen Witwe* soll zweihundertfünfzigtausend Mark gekostet haben. Um dieses Defizit zu decken, nahm er den Rundfunk finanziell so sehr in Anspruch, daß dieser das Symphonie-Orchester und die ausgezeichneten Künstler, die dort vor dem Hitler-Regime verpflichtet waren, nicht mehr halten konnte.

Doch in der Schlacht um Hitlers Gunst gewann Göbbels. Nach den zwei ersten Saisons wurde der Führer der Staatsoper untreu und wurde ein eifriger Liebhaber des Deutschen Opernhauses, das seine geliebte *Regimentstochter*, *Madame Butterfly* und *Die lustige Witwe* auf den Spielplan gesetzt hatte, sowie billige und kitschig ausgestattete Revuen. Die Stadt hallte noch immer von Görings Wutgeheul wider, das er ausgestoßen hatte, als Hitler eine Aufführung der *Aïda* in der Staatsoper zu Ehren einer jugoslawischen Mission abgesagt und statt dessen die Delegation in Göbbels Opernhaus zum Besuch einer geschmacklosen Revue, *Der Tanz um die Welt*, geführt hatte.

Beide Veranstalter knallten mit den Peitschen, doch Göring zog die auf höherem Niveau stehenden Künstler heran. Meine Freunde sprachen noch immer über das Ausscheiden von Lotte Lehmann. Obwohl sie nie Mitglied der Staatsoper gewesen war, hatte sie dort jedes Jahr Gastspiele gegeben. Einige Tage vor ihrem geplanten Auftreten in Berlin veranstaltete sie gerade einen Liederabend in Dresden, als ein SS-Mann in den Saal marschiert kam, den Arm reckte und sie mitten in einem Lied unterbrach. Nachdem er laut „Heil Hitler!" gebrüllt hatte, rief er ihr zu, daß Göring am Telephon sei. Doch Göring war nicht selbst am Apparat, sondern nur ein Adjutant, der ihr den Befehl erteilte, zum Minister zu kommen.

Nach ihrer Ankunft in Berlin ging sie, von Tietjen begleitet, in Görings Palast. Nachdem sie endlos gewartet hatten, kam Göring im Reitdress hereingestürmt und rief ihr zu, daß er gleich zurückkomme. Es dauerte aber noch eine halbe Stunde, bis er endlich verschwitzt und rot erschien; er schwenkte seine Reitpeitsche und stellte die Lehmann vor die Alternative, entweder nur noch in Deutschland aufzutreten oder Deutschland nicht mehr betreten zu dürfen. Sie erwiderte, ihre Wahl sei bereits getroffen. Sie betrat Deutschland nie wieder.

Trotz der Überfülle an Darstellern schlüpften Göring die berühmten Dirigenten durch die Finger. Über seine Schwierigkeiten mit den Dirigenten klagend, sagte er: „Wenn ich doch nur Furtwängler, Kleiber und Krass zur gleichen Zeit an die Staatsoper kriegen könnte, dann könnten wir wirklich etwas zustandebringen, aber der eine kommt nur, wenn die anderen gehen. Es ist entsetzlich."

Wir stimmten ihm zu, daß er in einer schlimmen

Lage sei. Kleiber hatte Deutschland verlassen, Furtwängler war in Ungnade, und Krauss machte sich so unbeliebt, daß er bald die Treppe „hinaufgeschmissen" wurde, doch erst nach langen Kämpfen mit Tietjen. Der tückische Tietjen hatte den Dirigenten schließlich in einen Krach verwickelt und ihm gesagt, daß er bei der und der Gelegenheit die und die Äußerung getan habe. Krauss bezeichnete Tietjen als Lügner, wurde aber bleich, als er seine eigene Stimme aus dem Apparat vernahm und stürmte aus dem Büro. Nur zu gerne war er dann nach München gegangen, das zu diesem Zweck zum Kunstzentrum Deutschlands erklärt worden war. Seine neue Stellung als Generalmusikdirektor wurde als die höchste im Reich bezeichnet.

Wenn man sich Göring in seiner schreierischen Aufmachung betrachtete, konnte man sich kaum vorstellen, daß er einer der Haupturheber all des Übels war, das Deutschland befallen hatte.

Fünfzehntes Kapitel

Liebeswerben um England

Im März 1936 nahm ich wieder Urlaub von den Hühnern und Windeln, diesmal, um Mutter in Darmstadt zu einer Kindstaufe bei Freunden zu treffen. Als ich aus dem Zug stieg, krächzte aus den Lautsprechern Hitlers Stimme, Menschenmassen wogten auf und nieder, durch die Straßen marschierten Truppenkolonnen - Hitler hatte das Rheinland besetzt.

Während ich dastand, auf die unangenehme Stimme, vermischt mit dem Dröhnen der marschierenden Schritte, lauschte, mußte ich an eine Unterhaltung auf einem Ausflug in eine kleine Stadt an der tschechischen Grenze denken.

„Hier ist die einzige Gegend Deutschlands, wo jeder Mann Uniform, Waffen und Munition zu Hause bereit hat", erzählte einer der Mitfahrenden. „Wenn die Tschechen angreifen, können wir sie vierundzwanzig Stunden lang aufhalten, bis die Verstärkungen eingetroffen sind."

Als ich fragte, warum in aller Welt die Tschechen angreifen sollten, blickte er mich mitleidig an.

„Aber du kannst doch nicht so dumm sein. Die Russen haben eine ganze Armee in der Tschechoslowakei stehen, und das Land wimmelt von französischen Offizieren, die die tschechische Armee ausbilden. Wir können nicht bis zur Grenze heranfahren, denn die letzten Kilometer sind Festungsgebiet. Man merkt es nicht, doch fast hinter jedem Baum steht ein Flak-Geschütz."

Dann fiel mir eine Bemerkung Hitlers über die Reichsautostraßen ein.

„Es war nicht leicht, meine Generäle dazu zu bringen, die neue Reichsautobahn über Bayreuth führen zu lassen“, hatte er erzählt. „Sie waren sehr dagegen, aber ich bestand darauf. Ich kann gut verstehen, warum sie keine Hauptlinie hier vorbeigehen lassen wollten, doch es gelang mir wenigstens, eine Abzweigung zu kriegen.“

Krieg! Natürlich war schon immer davon gesprochen worden. Meine Gedanken wirbelten im Kopf umher. Ich war entsetzt, ich konnte mir nicht recht vorstellen, was ein Krieg bedeute; eines aber war mir klar, dieser Marsch nach dem Rheinland konnte zum Krieg führen.

Bald nach meiner Rückkehr aus der Schule wurde ich durch Wieland und seine Klassenkameraden, die gerade das Abitur gemacht hatten und ihren Arbeitsdienst antraten, an jenen Tag erinnert. Es war im Sommer 1936; Wieland war erst neunzehn Jahre alt und recht schwach, dabei sollte er Pickel und Schaufel handhaben. Am ersten Sonntag, da Besuche erlaubt waren, fuhren Mutter, Wolfi und ich nach Dresden, holten Nickel in ihrer Schule ab und gingen zu dem Lager, das in der Nähe der Stadt lag. Wieland war kaum wiederzuerkennen in einem schmutzigen Hemd und einer Uniform, die aussah, als schlafe er ständig darin, was auch der Fall war. Der Dreck war ihm höchst unangenehm, aber er erklärte Mutter, daß er nichts dagegen tun könne. Die Burschen durften nur alle zehn Tage das Hemd wechseln, und da sie schwere Straßenbauarbeiten verrichten und Tag und Nacht dasselbe Hemd tragen mußten, waren sie nie sauber.

Der Hauptraum des Lagers, das in einem alten,

verlassenen Fabrikgebäude eingerichtet war, diente als Schlafsaal, der von einer Reihe kleiner, viereckiger, vergitterter Fenster umgeben war mit zerbrochenen Scheiben, durch die es dauernd zog. Der Waschraum, in dem sich zweihundertfünfzig Jungens innerhalb von zwei Minuten waschen sollten, hatte sage und schreibe ein Leitungsrohr. An jeder der drei Wände stand ein riesiger Wassertrog mit je einem Hahn; wurden alle drei zu gleicher Zeit benutzt, floß überhaupt kein Wasser.

Mutter fragte Wieland besorgt, was er den ganzen Tag mache. Er schnitt eine Grimasse. Nach acht Stunden schwerer Arbeit auf der Straße vertauschten die Jungens ihre Spaten mit Gewehren und mußten noch lange exerzieren, damit sie an der Parade beim Parteitag in Nürnberg gute Figur machten.

Noch nie hatte ich so viele enttäuschte junge Menschen gesehen; sie schimpften über das Essen, das „nicht einmal für Schweine gut genug war", über ihre Vorgesetzten, über alles. Ich blickte auf Mutter, neugierig, was sie dabei empfinde, daß ihr Liebling diese Entbehrungen für den Führer auf sich nehmen mußte. Ihre Augen waren dunkel vor Mitgefühl; sie wollte wissen, was sie tun oder schicken könne, um Wieland das Leben erträglicher zu gestalten. Nach dem Besuch begann sie sofort eine erfolglose Kampagne gegen den Arbeitsdienst zu führen. Es half nichts. Die meisten der Klagen wurden von den Jungens nicht aufrechterhalten, weil sie Angst hatten - es war nichts Ungewöhnliches, daß jeder zweite, der sich beschwerte, erschossen wurde. Selbstmord war in den Arbeitslagern an der Tagesordnung.

Schließlich bekam Wieland Blasen an den Füßen und brach bei der Arbeit zusammen. Zu Pfingsten erhielt er Urlaub und kam zu uns an den Bodensee, wo ihn unser Arzt sofort ins Krankenhaus steckte. Am ganzen Körper waren Furunkel ausgebrochen. Mutter beschwerte sich empört bei Hierl, dem Führer des Arbeitsdienstes, über dieses Lager, und Wieland wurde bald, wahrscheinlich infolge der Beschwerde, in ein anderes Lager versetzt, wo die Verhältnisse etwas besser waren. Erst während der Festspiele wurde er dann auf Befehl Hitlers beurlaubt.

Die Proben in diesem Sommer waren besonders interessant, da wir Wielands Dekoration für den *Parzival* benutzten und darauf brannten, daß alles ohne Hindernis gehe. Wieland hatte sich bereits einen Namen als Bühnenbildner gemacht und schon verschiedene Ausstattungen, die er für Vaters Opern entworfen hatte, verkauft. Es wäre schlimm für ihn gewesen, mit seinen geschundenen Füßen in einem Arbeitslager zu stecken, während ich allein die Freude an der Wirkung seiner Ausstattung hätte haben sollen.

Die Aufführungen verliefen glatt, aber wir konnten keinen Augenblick vergessen, daß die Kunst im Dienst des Dritten Reiches stand. Tietjen hing dauernd am Telephon und besprach sich mit Göring oder rief in Covent Garden an, als Verbindungsmann zwischen Göring und den in London wirkenden prominenten deutschen Musikern, die deutsche Kultur und Propaganda in der Außenwelt verbreiten sollten. In seiner Freizeit organisierte er den neuen „kulturellen Austausch", durch den ganze Operntruppen in Länder geschickt wurden, in denen man vom Nazi-Regime nicht sehr begeistert war.

Seit Hitler „Kunstkenner" geworden war, wurden seine Ideen von der alten Garde in Bayreuth mit einer Mischung von Sorge und Belustigung betrachtet.

„Ihr werdet sehen“, weissagten sie, „wenn er *Parzival* besucht, wird er die Zaubermädchen nackt sehen wollen. Ihr werdet Glück haben, wenn er nicht das ganze Festspielhaus umbauen will.“

Seitdem Hitler das Nürnberger Opernhaus hatte umbauen lassen, hatte er größenwahnsinnige Ideen über Opernhäuser entwickelt; er träumte von überdimensionalen Theatergebäuden mit überdimensionalen Bühnen und überdimensionalen Zuschauerräumen für zehntausend Menschen..

„Kleine Bühnen sind ein Unsinn“, erklärte er. „Sie behindern die Darstellung und beschränken die Ausstattung.“

Er versuchte, mittlere Städte zu zwingen, neue Opernhäuser mit riesigen Bühnen zu bauen und war wütend, wenn ihm die Stadtväter erklärten, daß ein Opernhaus für zehntausend Zuschauer auch ein riesiges Orchester und einen Chor von hundert bis hundertfünfzig Mitgliedern erfordere. Wie sollte eine kleinere Stadt solch eine Riesenausgabe aufbringen? Sie könnten nicht einmal genügend Karten, selbst nicht zu volkstümlichen Preisen, verkaufen.

„Das ist Unsinn“, erklärte Hitler hartnäckig und weigerte sich, Opernhausprojekten Staatszuschüsse zu gewähren, wenn sie nicht seinen größenwahnsinnigen Ideen entsprachen. Nürnberg war aber die einzige Stadt, die ihr Opernhaus umbaute.

Glücklicherweise schien Hitler das Festspielhaus als geheiligt zu betrachten.

„Aber ihr werdet sehen“, prophezeite der Stab, „er wird eine Menge phantastischer Ideen über die Ausstattung entwickeln.“

Sepp Dietrich, der Chef von Hitlers Leibstandarte, war zu Beginn der Proben mit seiner Spezialwache angekommen und organisierte die besonderen Vorsichtsmaßnahmen zum Schutze des Führers. Bayreuth wurde als verbotenes Gebiet für den Flugverkehr erklärt, und Flak-Batterien wurden auf allen Hügeln, die die Stadt umgeben, errichtet. Jeder Weg, der in die Stadt führte, war von Polizeiposten besetzt, welche die Wagen anhielten und die Insassen ausfragten. Alle Mitglieder des Festspielhauses hatten Zettel mit der Aufschrift „Freie Durchfahrt" an ihren Windschutzscheiben angeklebt. Die Polizisten, die durch ihre Ferngläser schon auf weite Entfernung die Inschriften erkannten, ließen uns ungehindert durchfahren, und so konnten wir manche Unterlassungssünde begehen. Ich vergaß stets, meinen Führerschein mitzunehmen, damals ein schweres Vergehen, doch die Beamten sahen nur das „Freie Durchfahrt" und winkten mir weiterzufahren. In diesem Jahr wohnte Hitler im umgebauten Junggesellenhaus neben Wahnfried, und das ganze Haus befand sich in einem Zustand ständiger Spannung. Bereits einige Tage vor seiner Ankunft wimmelte es dort von Polizisten und Geheimdetektiven. Der Milchmann, die Metzger- und Krämerboten, alle Kaufleute, die Zutritt zu Wahnfried hatten, wurden mit numerierten Ausweisen mit Bildern versehen. Auch wir mußten ständig Ausweise bei uns tragen und sie jedesmal vorzeigen, wenn wir unser eigenes Haus betraten. Und unsere Gäste durften nur unter der Eskorte von zwei schwerbewaffneten SS-Männern eintreten.

Am Eröffnungstag war ein ganzer Dienerschaftsstab aus Berlin eingetroffen, der das Junggesellenhaus übernahm; unter jedem Fenster patrouillierten SS-Männer. Ganz plötzlich, ohne Aufsehen zu erregen, war Hitler vom Flughafen eingetroffen und hatte sein Quartier aufgeschlagen. Es war merkwürdig, in einem unserer Häuser von ihm zum Essen eingeladen und von einem Diener aus der Reichskanzlei in Mutters Arbeitszimmer geführt zu werden.

Wenn man einen Herrscher bewirtet, besonders einen mit den Gewohnheiten des Führers, ist man nicht auf Rosen gebettet. Die ganze Zeiteinteilung von Wahnfried mußte sich Hitlers Lieblingsgewohnheit, die Nacht über wach zu bleiben und den halben Tag zu schlafen, anpassen. Am Morgen durfte niemand seine Stimme über ein Flüstern erheben, bis die Läden in des Führers Schlafzimmer hochgezogen wurden zum Zeichen, daß er wach sei. Wir durften nicht einmal ein Automobil anfahren; die Gärtner mußten unsere vier Wagen aus der Garage und die Anfahrtstraße hinunter bis zur Straße schieben. Als große Konzession wurde uns gestattet, unsere Hunde zu behalten, allerdings nur unter der Bedingung, daß sie bis Mittag im Haus zu bleiben hatten. Ich liebte es besonders, morgens im Garten mit meinem englischen Schäferhund Toby spazieren zu gehen; rief ich ihn, sprangen sofort ein Dutzend SS-Männer hinter den Büschen hervor und legten den Finger an den Mund.

Während Hitler den Eindruck zu erwecken suchte, daß er während dieser Woche in Bayreuth alles andere um der Musik willen vergesse, ließ er in Wirklichkeit selten einen Augenblick ungenutzt. Bevor er seine Loge aufsuchte, um von vier bis elf Uhr öffentlich Richard Wagner zu ehren, hatte er bereits einige voll ausgefüllte Stunden mit seinen Botschaftern, Ministern und Generälen verbracht, die im Flugzeug angekommen und vor Beginn der Aufführung wieder fortgeschickt worden waren.

Von Nickels Schlafzimmer aus konnten wir die Herren stundenlang mit Hitler umhergehen und sprechen sehen - das heißt, Hitler sprach, und die anderen warteten auf die Gelegenheit, ein Wörtchen einfügen zu können. Zuweilen fuchtelte der Führer mit den Armen und stampfte auf, doch Toby, der ihm nicht von der Seite wich, zwang ihn zur Zurückhaltung - jedesmal, wenn der Führer gestikulierte, glaubte Toby, es sei eine Aufforderung, an seinem Freund hochzuspringen, und Hitlers weiße Jacke wurde ruiniert.

Für Nickel und mich war das Interessanteste an seinem Besuch die Ankunft von Unity Mitford, über die wir schon so viel gehört hatten. Mutter hatte sie vor einem Jahr bereits in München mit Sir Oswald Mosley, den Hitler als Faschisten schätzte, kennengelernt. Mutter gab zu, daß das Mädchen sie ein wenig enttäuscht habe. Sie fand es zu naiv für die Stellung der Frau von Hitler und zweifelte, ob eine solche Ehe die Beziehungen zwischen dem Dritten Reich und England bessern könne.

Ich fragte mich, was Hitler wohl mit einer Frau anfange, war aber neugierig auf Unity, die während der Eröffnungsvorstellung mit ihrer Schwester Diana ankam.

Mutter fragte den Führer, ob sie Unity zum Mittagessen einladen solle; er war entzückt. „Das würde mich sehr freuen“, versicherte er. „Sie wissen ja, daß Unity kaum eine Mark im Monat zum Leben hat. Ihre Eltern schicken ihr kein Geld mehr, um sie zu zwingen, nach England zurückzukehren. Sie ist schon ein- oder zweimal zurückgegangen, läuft aber jedesmal wieder davon.“

Unity war ein hübsches Mädchen und sah mit ihrem aschblonden Haar und den grauen Augen wie ein Bild von Botticelli aus; wenn sie aber lächelte, zeigte sie die schlechtesten Zähne, die ich je gesehen habe. Sie sprach fließend Deutsch mit breitem, bayerischem Akzent und bestritt die Unterhaltung, indem sie hauptsächlich ihre Familie und alles Englische lächerlich machte. Ihre Schwester Diana, die geschiedene Lady Guiness, war auf eine kühle, blauäugige, englische Art wirklich schön. Die tiefausgeschnittenen Kleider der Damen und ihre rotbemalten Lippen riefen in des Führers Umgebung Aufsehen hervor.

Der Gedanke, daß Unity eine heilige Mission durchführe und eine deutsch-englische Verständigung zustandebringen könne, entbehrte jeder Grundlage - ganz im Gegenteil versuchte das Mädchen, Hitler gegen England einzunehmen, indem es ihm die Idee einzuflößen versuchte, die meisten Engländer seien Dummköpfe. Bei Hitlers Trabanten war Unity höchst unbeliebt, vielleicht, weil sie eifersüchtig waren oder, noch wahrscheinlicher, sie ermüdend fanden. Sie nannten Unity „Mitfahrt", da sie Hitler überallhin folgte und zu allen Versammlungen und nach München und nach Obersalzberg in seinem Sonderzug reiste. In Berlin wurde Frau Göbbels zu ihrer Anstandsdame bestimmt. Die beiden kamen stets zu spät zu den Mahlzeiten, während die hohen Würdenträger warteten und knurrten.

Trotz Unitys Hetzereien gegen ihr Vaterland warb Hitler eifrig um England.

„Deutschland und England müssen Freunde sein", pflegte er zu sagen. „Die beiden Völker gehören zur selben Rasse. Es ist unnatürlich, daß England und Frankreich befreundet sind, das ist sowohl rassisch wie historisch unvereinbar. Die germanischen Völker müssen zusammenhalten."

Als der Führer vor einem Jahr England gegenüber eine großzügige Geste gemacht hatte, indem er Sir John Simon, damals Minister des Auswärtigen, und Anthony Eden, Lordsiegelbewahrer, nach Berlin zur Besprechung des Marineabkommens eingeladen hatte, hatte er auch Mutter zu dem Bankett aufgefordert und sie neben Sir John Simon gesetzt, um ihn mit der Tatsache zu beeindrucken, daß die englisch geborene Schwiegertochter Richard Wagners mit Hitler sympathisierte. Als sie nach Wahnfried zurückkam, hatten wir sie mit Fragen bestürmt.

Sir John, so erklärte Mutter, habe dauernd bewundernde Bemerkungen über Hitlers Hände und Augen gemacht. Mr. Eden jedoch habe durch seine Hornbrille völlig teilnahmslos vor sich hingeblickt. Manchmal habe er die Brille abgenommen, auf den Tisch gelegt und sie nur wieder aufgesetzt, wenn eine der Damen seine Aufmerksamkeit erregt habe. Hitler trank seinen Gästen schweigend zu; als größtes Kompliment, das er je einem Gast erwiesen hatte, trank er sogar Champagner statt Selterswasser, allerdings schnitt er bei jedem Schluck eine Grimasse.

Das Essen wurde von SS-Männern in schwarzen Hosen und weißen Leinenjacken serviert. Auf ein Zeichen von Kannenberg stürmten diese übergroßen, blondhaarigen Prätorianer in geschlossener Formation hervor und schwenkten ihre Schüsseln, als wollten sie die Tafel im Sturm erobern.

Nachdem die offiziellen Besucher gegangen waren, hatte Hitler einen kleinen Kreis von Freunden zurückbehalten, bei denen er über seinen diplomatischen Erfolg jubelte, sich auf die Knie schlug und wie ein Schuljunge in die Hände klatschte.

„Ich bin so glücklich, ich muß mich gehen lassen!“ rief er. „Alles klappt wunderbar. Fabelhafte Burschen, diese Engländer! Selbst wenn sie lügen, tun sie das großzügig, nicht so wie diese vernigger-ten Franzosen.“

Den Rest des Abends erzählte er Witze über Göbbels und Göring, die sie mit lautem Gelächter anhörten.

„Kennt ihr den Unterschied zwischen Göbbels und Göring?“ fragte er, und als niemand sein Rätsel lösen konnte, antwortete er selbst: „Göbbels ist die Summe von Unsinn, die ein Mann in einer Stunde sagen kann, und Göring ist die Summe von Blech, die sich ein Mann an seine Brust hängen kann.“

Als Hitler nach Bayreuth kam, war er noch immer voll von Plänen, wie er England gewinnen wolle. Er beabsichtigte, einen diplomatischen Sturm auf Sir Thomas Beecham, der mit dem neuen König sehr befreundet war, zu unternehmen. Da Beecham zu den Festspielen kommen sollte, wurde er eingeladen, die Führerloge zu benutzen. Die Tage vergingen... Hitler wartete... Boten wurden gesandt... Beecham erschien nicht. Dann sah Hitler eine Aufführung von *Lohengrin*, und dabei kam ihm eine phantastische Idee, die er uns allerdings erst nach seiner Abreise wissen ließ.

Unterdessen besuchten er, Göbbels und Göring die Aufführungen, aßen zusammen im Restaurant und sprachen über Kunst oder besser gesagt, die beiden lauschten auf Hitlers Tiraden. Der Führer äußerte einige Ideen über die Ausstattung, die bei Tietjen Grauen erregten. So hatte Hitler verlangt, daß im zweiten Akt von *Tristan* am Himmel ein Mond und unzählige Sterne leuchten sollten. Tietjen entsprach seinem Wunsch, ließ aber so dicht Bäume aufstellen, daß kein Stückchen des Himmels gesehen werden konnte.

Sowohl Hitler wie Göbbels ergingen sich in Ergüssen, wieviel schöner *Parzival* sein würde, wenn die Zaubermädchen völlig nackt aufträten, und wieviel schöner der Venusberg im *Tannhäuser*, wenn der Nazismus erst eine Überrasse gezüchtet habe, aus der ein nacktes Ballett zusammengestellt werden könnte. Richard Wagner, dessen waren sie sicher, wäre begeistert gewesen.

Eine von Hitlers Ideen war aber jedenfalls so gut, daß ich sie einmal auf einer Miniaturbühne ausprobierte. Er glaubte, daß es sehr eindrucksvoll wäre, die drei Nornen in der *Götterdämmerung* auf die Spitze einer halben Erdkugel zu setzen und sie dort über das Ende der Welt singen zu lassen.

Bei diesen endlosen Unterhaltungen war meistens Verena zugegen, die nicht in die Schule zurück wollte und immer besorgter wurde, ob Hitler sein Versprechen, Mutter um Verlängerung ihrer Ferien zu bitten, einhalten werde. Die Tage gingen vorüber und nichts erfolgte. Eines Nachmittags zog sie mich in eine Ecke des Musiksaals und flüsterte düster: „Wolf geht nun bald fort und hat wegen meiner Ferien anscheinend noch kein Wort zu Mama gesagt. Ich traue mich nicht, ihn daran zu erinnern... Was soll ich nur machen?"

„Wenn du wirklich die Schule schwänzen willst, werde ich es schaukeln“, versprach ich ihr.

Hitler und Göring hatten sich nach dem Mittagessen in den fliederfarbenen Salon zu einer Besprechung zurückgezogen. Ich entschloß mich, diese für die Weltgeschichte womöglich wichtige Besprechung für einen Augenblick zu unterbrechen. Ich öffnete vorsichtig die Tür und machte mich durch ein Hüsteln bemerkbar. Der Führer und Göring sahen scharf hoch und unterbrachen ihre Unterhaltung.

„Was gibt es, Mausi?" fragte Hitler.

„Etwas sehr Wichtiges", versicherte ich. „Sie haben Nickel versprochen, daß sie für den Rest der Festspiele nicht in die Schule zu gehen brauche."

„Stimmt, das habe ich versprochen", bestätigte er lächelnd, und Göring grinste mir vergnügt zu.

„Haben Sie mit Mama gesprochen?"
Hitler gestand, daß er es vergessen habe, versprach aber, es sofort zu tun.

„Es wird schwierig sein", warnte ich ihn. „Sie müssen sehr überzeugend sprechen, als seien Sie wirklich daran interessiert."

„Ich denke, das werde ich schon schaffen." Hitler brach in lautes Lachen aus, und als ich mich zurückzog, wackelte der riesige Bauch des Feldmarschalls wie Pudding. In der Bibliothek nickte ich Verena zu, zum Zeichen, daß alles in Ordnung sei.

Nachdem Hitler und Göring endlich in die Bibliothek zurückgekehrt waren und die Gäste sich verabschiedet hatten, gingen wir alle in den Musiksaal.

„Was geschieht mit Nickerl?" fragte Hitler Mutter. „Haben Sie der Schulleiterin geschrieben, daß sie nicht vor Ende August zurück sein wird?"

Mutter verneinte. Mit weitausholender Geste verfiel Hitler in seine lauttönende Volksrednerstimme und begann zu donnern:

„Ein für allemal möchte ich hiermit klarstellen, daß es für jedes Mitglied der Familie Wagner heilige Pflicht ist, während der Festspiele in Bayreuth zugegen zu sein. Es kommt also überhaupt nicht in Frage, daß Nickerl in die Schule zurückgeht. Die

Wichtigkeit des Schulbesuchs steht in gar keinem Verhältnis zur Erfüllung dieser allerhöchsten Pflicht."

Gut zwanzig Minuten lang erging sich Hitler über dieses Thema, redete sich in Wut, stand mitten im Zimmer, fuchtelte mit beiden Armen wild umher und spuckte seine Worte förmlich heraus. Meine Angehörigen standen mit zitternden Knien da, wagten nicht, sich zu rühren oder ein Wort zu sagen. Im ersten Augenblick war auch ich verblüfft, so überzeugend brachte Hitler seinen Unsinn hervor. Dann fiel mir ein, daß ich ihn ja gedrängt hatte, es in überzeugendem Ton zu sagen - das tat er überdimensional, er zog alle Register der Rhetorik. Ich lachte laut auf. Sichtlich bereitete es ihm großes Vergnügen, Himmel und Hölle anzurufen, während seine Zuhörerschaft weicher und weicher wurde.

Plötzlich hielt er inne und sagte mit normaler Stimme zu meiner Mutter: „Also seien Sie vernünftig, geben Sie dem Kind die Ferien!"

Mutter schluckte einige Male, und schließlich gelang es ihr mit einer Stimme, eine Terz über ihrem natürlichen Ton, zu sagen: „Natürlich, wenn Sie das so auffassen, gewiß."

Ich rief ihm laut „Bravo!" zu, doch niemand achtete auf mich, bis der Führer sich ins Junggesellenhaus zurückzog. Dann fielen alle über mich her, hätten mich am liebsten in Stücke zerrissen, weil ich gewagt hatte, dem Führer ins Gesicht zu lachen, als er so erregt gewesen war. Ich blieb ruhig, denn es wäre unmöglich gewesen, sie davon zu überzeugen, daß er Theater gespielt hatte. Jedenfalls bekam Nickel ihre Ferien.

Noch bevor der erste Zyklus des *Rings* beendet war, hatte mich die unerfreuliche Atmosphäre in Wahnfried, wo jedermann dem Führer Reverenz erwies, so bedrückt, daß ich wenigstens für einige Stunden fort wollte, hinaus aus Bayreuth; als daher eines Morgens Hitlers Flugzeug nach Berlin flog, um einige Gäste zur Aufführung von *Rheingold* abzuholen, flog ich mit, ohne Mutter um Erlaubnis zu fragen. Sie würde wütend sein, aber der Flug lohnte ein Donnerwetter.

Niemand war in dem großen Flugzeug außer den beiden Piloten, einem Funker und noch einem Besatzungsmitglied, doch auf dem Rückflug war ein halbes Dutzend Gäste drin. Einer von ihnen zeigte mir, wie man die kleinen, roten Deckel der Röhren für frische Luftzufuhr öffnet. Die Luft war so kühl und erfrischend, daß ich eine der Röhren in den Mund steckte.

„Tun Sie das nicht, Ihnen wird schlecht werden", warnte mich der Mann, doch ich konnte mir nicht vorstellen, daß frische Luft einem schaden könne. Er hatte aber recht; am Abend hatte ich meine Stimme verloren und konnte nur noch krächzen. Mutter raste. Ich mochte ihren Arzt nicht und weigerte mich, zu inhalieren, so daß ich, noch bevor die Festspiele vorüber waren, mit einem schweren Stirnhöhlenkatarrh herumlief.

Inzwischen hatte Hitler, der mit seiner Leibstandarte, seiner Gestapo und seinen heulenden Sirenen abgezogen war, erfahren, daß Sir Thomas Beecham zur zweiten Aufführungsreihe des *Rings* gekommen sei. Sofort rief er Mutter an und setzte ihr einen wunderbaren Plan auseinander.

„Ich habe es jetzt", sagte er. „*Lohengrin* muß als Krönungsgeschenk für Eduard in London aufgeführt werden." Mutter war völlig verblüfft, ebenso Tietjen und alle übrigen Mitglieder des Festspielhauses.

„Aber das ist unmöglich", widersprach Mutter

dem Führer. „Covent Garden ist viel zu klein, man müßte das Dach abnehmen, um die Dekorationen hineinzubekommen. Außerdem würde die Dekoration, die ja nicht für den Versand geeignet ist, bei der Ankunft in London völlig ruiniert sein. Und wie stellen Sie sich das mit dem Ensemble vor, das aus fünfzig verschiedenen Städten geholt und nur für die Zeit der Festspiele verpflichtet ist? Die Kosten würden astronomische Ziffern erreichen!"

Hitler schob alle Einwände beiseite. Tag und Nacht telephonierte er, bis niemand im Festspielhaus mehr etwas von *Lohengrin* hören konnte. Die Dekoration könne in London hergestellt werden, bestand er, damit sie auf die Bühne von Covent Garden passe. Er würde befehlen, daß die Chor- und Orchestermitglieder sowie die Sänger für die Zeit der Aufführung aller übrigen kontraktlichen Verpflichtungen enthoben würden, und um die Kosten sollten wir uns keine Sorgen machen; wir sollten nur anfangen, das Budget aufzustellen und dabei doppelte Gagen für das künstlerische wie für das technische Personal einkalkulieren.

Mutter machte sich an die Arbeit und schätzte, daß sich die Kosten auf ein bis zwei Millionen Mark belaufen würden. Geduldig hörte sie auf Hitlers telephonische Anregungen und versuchte, sie auszuführen, doch mit dem Herzen war sie ebensowenig dabei wie die anderen Mitglieder des Festspielhauses. Zum Glück kam dem Führer, bevor unsere Vorbereitungen zu weit gediehen waren, der Gedanke, daß es sich gehöre, bei König Eduard anzufragen, ob ihm das Geschenk auch genehm sei. Seine Majestät war gebührend dankbar, ließ aber mitteilen, „er hoffe, man erwarte nicht von ihm, daß er der Aufführung beiwohne, da ihn Opern zu Tode langweilten."

Nicht im mindesten durch Eduards Mangel an musikalischem Verständnis entmutigt, fuhr Hitler fort, Sir Thomas Beecham, der im Herbst mit der Londoner Philharmonie eine Tournee durch Deutschland machte, zu verfolgen. Sir Thomas konnte in Berlin Hitler nicht entgehen; wir hörten bald, daß der Führer bei der gewährten Audienz nicht gut abgeschnitten habe. An Gäste gewöhnt, die ihn zunächst mit schmetterndem Heil begrüßen und dann schweigend auf den Beginn seines Monologes warteten, war Hitler völlig überwältigt von dem dynamischen Engländer, der die Unterhaltung an sich riß, sogar den armen, keuchenden Dolmetscher zu höchsten Anstrengungen anspornte. Sir Thomas' Eindruck von dem Interview kleidete er später in einen lakonischen Satz: „Jetzt verstehe ich, was mit Deutschland los ist!"

Die Nazis starrten mit weitaufgerissenen Mündern den Dirigenten an, als sei er ein seltenes Tier aus dem Zoologischen Garten, strömten aber in Massen herbei, um ihm einen großartigen Empfang zu bereiten. Sein erstes Konzert wurde von allen hohen und höchsten Würdenträgern, mit Hitler an der Spitze, besucht und von allen deutschen Sendestationen übertragen. Nach dem ersten Stück, das schwungvoll gespielt wurde, setzte herzlicher Applaus ein. Plötzlich übertönten einige englische Worte das Klatschen - die Stimme war nicht zu verkennen, es war Sir Thomas:

„Dem Kerl scheint's zu gefallen."

Jeder in Deutschland, der Englisch verstand, fand das einen wunderbaren Witz. Sir Thomas, so wurde mir später gesagt, hatte nicht gewußt, daß das Mikrophon eingeschaltet war und hatte die Bemerkung beiläufig zu seinem ersten Geiger gemacht.

Noch bevor er Deutschland verließ, war er zu einer sagenhaften Gestalt geworden.

Hitlers Liebeswerben um England durch Vermittlung von Beecham war nicht vorangekommen, und nach der Abdankung von Eduard, den er im nächsten Sommer zu einem inoffiziellen Besuch von Bayreuth hatte veranlassen wollen, war sein Traum verflogen. Später in diesem Jahr fragte ich den Führer beim Tee, was er dem neuen König und der Königin als Krönungsgeschenk schicken werde.

„Nichts", sagte er ärgerlich. „Ich werde eine offizielle Mission schicken und sonst nichts. Die interessieren mich nicht."

Sechzehntes Kapitel

Hinter den Kulissen

Als der Schatten der Führer-Invasion vom Festspielhaus gewichen war, gaben wir hörbare Seufzer der Erleichterung von uns und ruhten uns über das Wochenende aus mit der Vorfreude auf einen glänzenden zweiten Zyklus des *Rings*. Tietjen schlenderte im Garten umher und spielte mit seinem zahmen Spatzen, ohne Furcht, daß SS-Männer hinter jedem Busch hervorsprängen; Frieda gab ein Abendessen in ihrer Wohnung in der Nähe des Festspielhügels - alle Welt schien sichtlich aufzuatmen.

Trotz Mutters Wut über meinen heimlichen Flug, die länger als gewöhnlich anhielt, war auch ich in bester Stimmung, weil Tietjen mich als Assistentin angestellt und mir richtige Arbeit zugewiesen hatte; ich mußte die Auftritte und die Abgänge überwachen, folgte ihm mit einem Notizbuch, notierte seine Anweisungen und sorgte für deren Ausführung. Ich war achtzehn Jahre alt und nahm meine Pflichten ernst wie der Bischof.

Ich bemühte mich, alles zu lernen, was er mir beibringen konnte, denn ich hielt ihn für einen ausgezeichneten Regisseur und bedauerte, daß er ein Opfer der übertriebenen Ausstattungsmethoden der Reinhardt-Schule war. Er war erst zufrieden, wenn er mindestens achthundert Menschen und ein Dutzend Pferde auf der Bühne hatte. Als ich Vergleiche zwischen seiner und Vaters Art aufstellte, gelangte ich zur Überzeugung, daß viele seiner Einstudierungen zu ausgeklügelt seien und eine Abweichung vom Geiste der Werke bedeuteten.

Die Proben gingen glatt vonstatten. Bereits lange vor der Ankunft der Sänger war der Spielplan so festgelegt, daß kein Darsteller zwei Tage hintereinander auftreten mußte. Jeden Tag wurde die Liste der Korrepetitoren und die Zeiten für die Einstudierung der Partien sowohl am Schwarzen Brett als auch an den Türen der Garderoben angeschlagen.

Während die Techniker, die Elektriker, die Bühnenmeister und die Beleuchter mit dem Klavier eine Einrichtungsprobe hatten, probte das Orchester unten im Restaurant mit einem Dirigenten am Pult und mit den Musikern in ihrer richtigen Sitzeinteilung. Der Probenplan sah ungefähr so aus:

Rheingold

Montag	9.00 - 11.00	Blasinstrumente
	11.00 - 13.00	Streichinstrumente
	10.00	Einrichtungsprobe m. Klav.
	15.50 - 17.50	volles Orchester
	17.30 - 20.00	Einrichtungsprobe m. Klav.
Dienstag	9.00 - 11.00	volles Orchester
	11.00 - 13.00	Einrichtungsprobe m. Klav.
	15.00 - 19.00	Einrichtungsprobe m. Klav.
Mittwoch	10.00 - 11.00	Einrichtungsprobe m. Orch.
	16.00 - 19.00	volles Orchester

Während diese Proben in einem Teil des Theaters stattfanden, übte im anderen Teil Rüdel mit dem Chor, und im oberen Stockwerk des Neubaus probten die Zaubermädchen oder die Walküren. Überall liefen die Korrepetitoren umher, soufflierten, probten, gaben mit der Partitur in der Hand den Sängern den Takt an, riefen ihnen die Stichworte zu, gaben Lichtsignale. In der Zwischenzeit wurden die Spezialinstrumente, die die Partitur verlangte, gespielt, die Ambosse im *Rheingold*, der Donner und das Harmonium im *Lohengrin*. Gewöhnlich waren über ein Dutzend Korrepetitoren vorhanden; die bedeutendsten Musiker der vergangenen sechzig Jahre, Humperdinck, Strauss, Mottl, Knoch, Seidl, Weingartner und auch Vater hatten ihre Lehrzeit als Korrepetitoren im Festspielhaus absolviert.

Dieses Leben und Treiben war für mich wie das tägliche Brot, ganz gleich, ob ich in die Chorgarderoben eilte, wo zuweilen fünfzig Näherinnen mit Kronen und Speeren und Blumen umherliefen, oder ob ich den Kulissenschiebern Befehle überbrachte, immer wurde ich von der elektrischen Spannung mitgerissen, die jeder Aufführung vorangeht und anhält, bis der letzte Vorhang fällt. Selbst das Tempo des Herunterlassens des Vorhangs ist festgelegt; nach den beiden ersten Akten von *Tannhäuser* schließen sich die schweren, schönen Falten rasch und scharf von den Proszeniumslogen aus, nach allen Akten von *Parzival* langsam, fast widerstrebend.

Bei den Aufführungen von *Rheingold* und *Götterdämmerung* drängte die Zeit besonders, beide Opern waren ein Alpdrücken für den Regisseur und das technische Personal. *Rheingold* erfordert drei völlige Szenenwechsel auf offener Bühne, der erste Akt der *Götterdämmerung* ebenfalls drei! Im *Rheingold* kommen die Rheintöchter und Alberich auf dem großen Aufzug herunter, während die riesigen Felsen Walhalls hereingerollt werden. Die Kulissen für die Zwerghöhle, das Nibelungenheim, kommen aus dem Bühnenhimmel und werden am Schluß wieder hochgezogen, um die Felsen zu enthüllen. Die Möglichkeiten, sich zu irren, sind unbeschränkt. *Götterdämmerung* ist besonders nervenaufreibend.

Einmal war während der Aufführung dieses Jahres vergessen worden, die Leiter an den Walküren-Felsen zu stellen, auf dem Brünnhilde steht und Siegfried nachstarrt. Als Frieda Leider sich umwandte, um hinunterzusteigen, bevor die Kulissenschieber anfingen, den Felsen wegzurollen, sah sie sich in der Falle. Sie winkte den Männern zu, die Kulisse wegzurollen und machte eine ziemlich gefährliche Fahrt nach hinten, während Deman zwischen den Kulissen hervorsprang und schreiend neben ihr herlief, auf die Dummheit des leichtsinnigen Burschen schimpfend, der versuchte, ihr das Genick zu brechen.

Die Bühne nach dem letzten Akt zu überschreiten, bevor alle Kulissen entfernt sind, ist ein waghalsiges Unternehmen. Die Säulen und die Wände der Halle brechen ja wirklich zusammen, die Versenkungen stehen offen; Tietjen hatte einen blendenden Einfall und warf Scheinwerferlicht auf wallende Decken, wodurch der Rhein über die Ruinen flutend dargestellt wurde.

Ein Spielkamerad aus meiner Kindheit, der sich nichts aus Opern machte, erzählte mir Jahre später, daß sein Vater ihm in seinen Flegeljahren einmal eine Karte für die *Götterdämmerung* geschenkt hatte. Der Junge gab sie für die erste Hälfte der Vorstellung seinem Bruder, der ein Opernnarr war, entschloß sich aber, den letzten Akt selbst anzusehen. Als er dann sah, wie Brünnhilde ihr weißes Pferd über die Bühne führte, fiel ihm ein, im Lokalblatt gelesen zu haben, daß das Pferd kürzlich die Primadonna getreten habe. Als die Halle zusammenzukrachen begann, sprang er entsetzt von seinem Sitz auf, wurde aber von seinem Nachbarn wieder zurückgezogen, der ihm zuflüsterte, daß alles in

Ordnung sei. Doch das Entsetzen über die Zerstörung der Gibichungen-Halle steckte ihm so in den Knochen, daß er nie wieder eine Oper besuchen wollte.

Außer meiner Arbeit hinter der Bühne wurde ich von Mutter ständig gedrängt, mich auch um ihre Gäste zu kümmern. In den Pausen riß ich meinen Overall herunter, schlüpfte in ein Abendkleid und unterhielt die Gäste, die sie mir zuwies. Vor der Aufführung der *Walküre* mußte ich auf Mutters Wunsch Sir Thomas in der ersten Pause in unserer Loge empfangen, ihn zum Tee bitten, dazu laden, wen ich sollte, und ihn am Anfang der zweiten Pause zu ihr bringen. „Ich habe keine Zeit, stör' mich also nicht mit ihm - kümmere dich in den Pausen um ihn." Obwohl sie es mir nicht gesagt hatte, erwartete sie von mir, daß ich Beecham den Nazismus in rosigstem Licht darstelle. Und ich sagte mir, daß es besser sei, wenn ich mich mit ihm unterhalte, als die Nazis, die nur über Politik sprechen.

Es stellte sich aber heraus, daß ich mir keine Sorge hätte zu machen brauchen, denn Sir Thomas war keineswegs in Stimmung für politische Ergüsse.

„Ah", rief er, von mir zu Verena blickend, „auf der einen Seite sehe ich Jung-Wagner in einem champagnerfarbenen Kleid und auf der anderen Jung-Liszt in weißen Spitzen."

Sir Thomas hatte eine reizende kleine Jagdhütte gemietet, wo er Furtwängler und andere seiner Freunde empfing und begann, Sänger für die bevorstehenden Krönungsfeierlichkeiten in London zu engagieren. Berta Geissmar, die jetzt Sir Thomas' Sekretärin war, waltete als Hausfrau, Ratgeberin und Dolmetscherin; es war recht belustigend, zu beobachten, wie manche Menschen, die noch vor einem Jahr einen weiten Bogen um sie gemacht hatten, sich nun wieder um sie drängten. Da ich sie und Beecham oft zum Tee und zum Abendessen ins Festspielhaus eingeladen hatte, machte es sich Sir Thomas zur Gewohnheit, mich zum Mittagessen zu bitten. So war ich viel mit ihm und auch mit Furtwängler zusammen, der mir mehr und mehr gefiel, während Mutters Abneigung gegen ihn zunahm.

Furtwängler dirigierte dieses Jahr wieder in Bayreuth, trotz der Tatsache, daß er und Tietjen weiterhin einander dunkler Intrigen bezichtigten. Furtwängler war es gelungen, halbwegs wieder in Gnade aufgenommen zu werden. Dieses Jahr war seine neue Symphonie aufgeführt worden; es war aber in der Nazi-Presse ein solches Kesseltreiben dagegen inszeniert worden, daß man nie wieder etwas von ihr hörte. Trotzdem waren ihm alle großen Orchester in Deutschland angeboten worden; er lehnte aber alle Angebote ab, stellte sich sogar den Bitten Görings gegenüber taub, zur Staatsoper zurückzukehren. Wenn er die Philharmonie dirigieren wollte, verpflichtete er das Orchester privatim zu einem Preis von zwölftausend Mark pro Konzert; er erzielte dann meistens einen Gewinn von zwölftausend Mark, so daß er mit zwei Konzerten soviel verdiente wie in einem Jahr, wenn er die höchsttönenden Ämter bekleidete.

Für ohnmachtsüchtige Damen war er noch genau so unwiderstehlich wie je, doch im Festspielhaus wurde ihnen nicht viel Gelegenheit geboten, seinen Anblick zu genießen, da die Dirigentenmuschel ihn unsichtbar machte. Es war merkwürdig, daß er seine berühmten turnerischen Übungen am Pult nicht vollführte, wenn er sich außer Sicht des Publikums befand. Die Orchestermitglieder pflegten zu sagen, daß es in Berlin fast unmöglich sei, ihm zu folgen, weil er „die Vierundsechzigstel schlug". Nickel neckte ihn in ihrer arglosen Art und bezauberte ihn so, daß sie ihm die unmöglichsten Dinge sagen konnte. Er forderte sie immer auf, im Orchester zu sitzen, wenn er dirigierte, aber es gelang ihr, zu vermeiden, seine Muse zu werden.

In diesem Jahr hatte zum erstenmal der Antisemitismus in der einst freundschaftlichen Atmosphäre von Bayreuth einen unglücklichen Wechsel hervorgerufen. Anstatt daß sich die Künstler in den Pausen oder nach den Aufführungen zu einer sorglosen, zwanglosen Familie vereinten, begannen sie kleine Cliquen zu bilden und diejenigen, die nicht zu der ihren gehörten, mißtrauisch zu betrachten. Jedermann wußte, wer hoch in Nazigunst stand, wer schwankte und eine gefährliche Bekanntschaft sein konnte, niemand aber wußte, wer ein Spitzel war, und so betrachteten alle alles mit Vorsicht und Mißtrauen.

Tatsächliche Gewaltakte hatten wir wenig in Bayreuth erlebt, nicht einmal Boykotte, und wäre nicht die entsetzliche Atmosphäre der Ungewißheit und des Mißtrauens gewesen, hätten uns die Dinge, die sich in Deutschland ereigneten, völlig unbehelligt gelassen. In Bayreuth kannten wir niemanden, der persönlich Schaden erlitten hatte; keiner unserer Freunde wurde verfolgt oder war in einem Konzentrationslager. In dieser freundlichen, kleinen Stadt waren die vorhitlerischen Beamten von den Nazis übernommen, und der Magistrat war nicht verändert worden. Niemand verfolgte seinen Nachbarn. Die jüdischen Ärzte, Kaufleute und Rechtsanwälte verloren zunächst nicht viele Patienten, Kunden oder Klienten; erst später geschah das, als ein eifriger Gauleiter, der eingesetzt worden war, sich beschwerte, daß die dortigen Beamten die Juden schützten. Auch dann noch wurden sie von ihren alten Freunden heimlich unterstützt - es gab keine Hetzereien.

Mutters eigene Haltung war ebenso rätselhaft inkonsequent wie die anderer Nazis, die ich kannte. Sie war für einen vagen theoretischen Antisemitismus und stimmte den Plänen des Führers zu, Sir Oswald Mosley zu benutzen, um die britischen Volksmassen gegen die „jüdische Drohung" aufzubringen, doch in ihrem Privatleben dachte sie nie an so etwas; sie kaufte in jüdischen Geschäften wie gewöhnlich, ging offen zu ihrer jüdischen Schneiderin zur Anprobe und machte gerne Witze über lokale Parteigrößen. Wie viele eifrige Anhänger Hitlers glaubte sie blindlings an ihn, lachte aber über die Parteiorganisation. Für sie war alles Gute am Nationalsozialismus Hitlers Idee, alles Schlechte waren Fehler der Partei, die ohne Wissen des Führers begangen wurden.

Für sich fühlte sich Mutter erhaben über das Gesetz, sie kümmerte sich um keine der Beschränkungen und ging ihren üblichen Weg, ohne sich im geringsten stören zu lassen. Für die Winterhilfe, die Sportstiftungen, die vielen Sammlungen steuerte sie bei, wie es von ihr, gemäß ihrem Einkommen, erwartet wurde, obwohl sie Hitler schon oft hatte prahlen hören, daß er das Geld für die Aufrüstung verwende; doch konnte sie nie widerstehen, auf die Formulare, die sie ausfüllen mußte, um zu beweisen, daß sie reine Arierin und würdig der Ehre sei, Beiträge leisten zu dürfen, witzige Bemerkungen zu schreiben.

Was diese Sammlungen anbelangt, so erzählten

die Musiker eine lustige Geschichte von Strauss, der noch immer in Garmisch zurückgezogen lebte, wo gerade der wintersportliche Teil der Olympiade abgehalten wurde. Die Nazis, die entdeckt hatten, daß Strauss in den Augen der Welt der größte lebende deutsche Komponist sei, waren an ihn herangetreten und hatten ihn gebeten, eine eindrucksvolle olympische Hymne zu komponieren. Er tat es und verzichtete großzügig auf alle Tantiemen, wodurch er bei der Partei wieder Gnade erlangte. Doch diese großzügige Geste war seine höchste Wohltätigkeitsleistung. Als die Parteihäuptlinge hohe Abgaben für die Olympiade zu erheben begannen, suchten sie vor allem Garmisch heim, das ja von den Spielen profitierte. Da der Reichssportführer Strauss' Ruf kannte, begab er sich persönlich zur Familie Strauss. Aber er drang nicht über die Eingangstür vor, wo ihn Pauline empfing und ihm in ihrem breitesten Bayrisch erklärte, daß sie von den lächerlichen Sammlungen nicht belästigt werden wolle.

„Mein Mann hat schon diese verdammte Hymne umsonst komponiert", sagte sie und schlug ihm die Tür vor der Nase zu.

Das waren die Winterspiele. Die Olympiade selbst, die dieses Jahr in Berlin abgehalten wurde, verursachte Mutter neue Schwierigkeiten; die Festspiele mußten in zwei Teilen abgehalten werden; der erste Teil wie gewöhnlich in den beiden letzten Wochen des Juli, dann folgte eine zweiwöchentliche Unterbrechung für die Olympiade, dann fanden die restlichen Aufführungen in der zweiten Augusthälfte statt. Das gestaltete auch mein Leben schwieriger, denn Mutters ganze schlechte Laune entlud sich auf mein Haupt. All ihr Ärger über mich, der sich in den ersten Wochen der Festspiele bei ihr angesammelt hatte, Lieselottens Klatschgeschichten, Berichte, daß ich Mutters Gäste gekränkt habe, Knittels Feindseligkeiten, Tietjens tückische Andeutungen gaben ihrem Zorn Nahrung, doch der Hauptgrund war Hitlers Einladung zur Olympiade. Sie hatte Nickels Ferien entgegen ihren Wünschen ihm zuliebe verlängert und war nun noch ärgerlicher, als er darauf bestand, daß sie uns die Olympiade besuchen lassen müsse.

Sie widersetzte sich dieser Reise nach Berlin erbittert, weil sie wünschte, daß wir mit unseren Brüdern an den Bodensee gingen. Wir brauchten die Ferien, meinte sie; in Berlin würden wir sicherlich keine Ruhe haben, zudem sei unsere Wohnung geschlossen. Die ganze Idee sei absurd, aber sie mußte schließlich zustimmen. Nickel entwich ihrer wütenden Zunge, und alles kam auf mich, in der sie die Hauptschuldige, die Anstifterin der ganzen Angelegenheit, erblickte.

Mutter regelte unsere Unterkunft, indem sie Nickel bei Freunden unterbrachte und erwartete, daß ich bei Frieda Leider wohne. Aber da ich fürchtete, Frieda zu stören, ging ich zum Zimmernachweis und fand ein Zimmer in einer Wohnung in der Nähe des Stadions.

Gerade als ich begann, richtig Gefallen an der Olympiade zu finden, rief Frieda mich an: „Weißt du, daß Lieselotte einen schrecklichen Autounfall gehabt hat? Deine Mutter ist allein zu Hause; du müßtest eigentlich zu ihr gehen."

Natürlich; ich wollte den nächsten Zug nehmen. Mein Herz stockte bei dem Gedanken, daß Mutter mich brauchen könnte, doch Frieda, kühleren Kopfes, schlug vor, erst zu telephonieren. Von ihrer

Wohnung aus rief ich Mutter an; wir sprachen beide mit ihr; sie war kurz und entschieden.

„Bemüh' dich nicht, nach Hause zu kommen", sagte sie hartnäckig. „Ich brauche dich nicht."

So blieben Nickel und ich die vierzehn Tage in Berlin und fuhren dann zusammen mit den Künstlern und den Gästen zu den Festspielen zurück. Mutter empfing uns mit wütendem Stirnrunzeln und machte mir schwere Vorwürfe, daß ich ihr nicht ungehorsam gewesen und nicht trotzdem nach Wahnfried zurückgekehrt sei, obwohl man ja nichts für Lieselotte hatte tun können, die aus dem Krankenhaus in Bamberg, wo sie nach dem Unfall hingeschafft wurde, nicht fortgebracht werden konnte.

Der für mich einzig erfreuliche Vorfall während der restlichen Wochen ereignete sich eines Abends beim Essen nach der Aufführung. Da es im Festspielhaus keine Hervorrufe gab, eine Sitte, die von Richard Wagner herrührt und weiter in Bayreuth befolgt wird, machten es sich die Gäste im Restaurant zur Gewohnheit, ihren Lieblingsdarstellern zu applaudieren, wenn sie die Treppe herunterkamen. Ich war in Friedas Garderobe, als sie sich nach einer herrlichen Darstellung im *Siegfried* umzog. Als sie dann die Treppe erreichte, standen alle Menschen im Restaurant auf, und es empfing sie ein so donnernder Applaus, daß sie fast ihr riesiges Rosenbukett fallen ließ. Nachdem ich einige Minuten auf der Galerie geblieben war und mit Freunden gesprochen hatte, folgte ich Frieda und wurde fast mit dem gleichen Applaus wie sie begrüßt. Vor Verlegenheit puterrot eilte ich an ihren Tisch.

„Es ist wegen deines eleganten Kleides und Hutes", sagte Frieda zu mir. „Du siehst entzückend aus." Diese Worte waren Balsam auf meine

Wunden, die Mutter immer noch vertiefte, indem sie mich stets als das häßliche Entchen behandelte.

Der Besuch von Professor Schultze-Naumburg in Wahnfried bot ebenfalls lichte Momente. Als der Professor das Nürnberger Opernhaus umbaute, machte er oft auf der Fahrt zwischen Nürnberg und Weimar, wo er Leiter der Abteilung für Kunstgewerbe und Architektur an der Akademie war, bei uns zum Tee halt. Ein Jahr vorher, als Hitler einen seiner Wutanfälle bei der Besichtigung des Gebäudes an ihm ausgelassen, hatte uns der Architekt sehr leid getan. Als die offiziellen Gäste im neuen Opernhaus ankamen, war Hitler von dem Gebäude zunächst begeistert gewesen, bis Frau Troost, die stets bei solchen Gelegenheiten anwesend war, ihm ins Ohr zu flüstern begann. Die düstere Frau war die Witwe des Architekten, der die neuen Parteigebäude in München entworfen und bald nach deren Fertigstellung Selbstmord begangen hatte, und zwar sollen ihn, wie böse Zungen behaupteten, die endlosen Lobreden Hitlers dazu getrieben haben. Aus welchem Grunde immer er sich aus der Welt geschafft hat, seine Witwe jedenfalls, die selbst Architektin war und die Innenausstattung der Münchner Bauten besorgt hatte, verstand es, sein Gedächtnis frisch zu erhalten, indem sie Hitler gegen jeden, dessen Werk ihm gefiel, aufhetzte.

Nachdem Frau Troost ihre Bemerkungen über die Nürnberger Oper gemacht hatte, brach der Führer in eine unbeherrschte Flut von Beschimpfungen und Schmähungen aus, beschuldigte Schultze-Naumburg, seine neue Frau beschäftige ihn dermaßen, daß er seine Arbeit vernachlässige. Lange nachher geriet er in Wut, wenn nur der Name des Mannes erwähnt wurde, obwohl er später einmal

Mutter auf einem der Parteitage gestand, daß er das Opernhaus für ein schönes Gebäude halte.

Weit davon entfernt, durch des Führers Mißfallen entmutigt zu sein, blieb Schultze-Naumburg begeisterter Nazi und tat sich darin hervor, die nordische Rasse zu lobpreisen. Er liebte diesen Typ so sehr, daß er in rascher Folge vier blonde, nordische Frauen heiratete. Vielleicht durch seinen Freund Günther beeinflußt, der pseudo-wissenschaftliche Bücher über die Arier, ihre Charakteristika und ihre ewige Sendung für die Menschheit schrieb, übertraf ihn der Professor noch. Er hatte gerade ein Buch veröffentlicht, das bis in die kleinsten Einzelheiten die charakteristischen Züge der Arier erörterte und es mit Photographien illustriert. Ein Kapitel war den nordischen Brüsten gewidmet, und er behauptete, daß in Deutschland eine Frau, deren Brustwarzen nicht das wahre nordische Rosa aufwiesen, keine Zukunft mehr habe. Seine Photographien der arischen und nichtarischen Brüste waren sehr populär.

Als nach Erscheinen des Buches der Architekt und die vierte seiner streng nordischen Frauen zu uns zum Tee kamen, verulkten Wieland und Wolfi ihn erbarmungslos, indem sie zum Entzücken der anderen Gäste Satz auf Satz über die Brustwarzen zitierten. Selbst Mutter konnte sich nicht allzusehr über die beiden ärgern, denn sie hatte über das Buch auch gelacht. Sie erkannte stets rasch die komischen Seiten der Gäste, die Wahnfried bevölkerten.

Siebzehntes Kapitel

Arbeitslager

Als die Festspiele vorüber waren und es für Wielands Fernbleiben keine Entschuldigung mehr gab, mußte er in sein Arbeitslager zurückkehren, und Wolfi und Nickel mußten wieder in die Schule. Ich war nun allein mit Lieselotte, die ich, nachdem sie transportfähig war, aus dem Krankenhaus in Bamberg geholt hatte. Ihr Gesicht war fast unkenntlich; alle Zähne waren ihr bei dem Unfall schiefgeschlagen worden. Jeden Tag mußte sie zum Zahnarzt gehen, der hoffte, ihren Mund wieder in Ordnung bringen zu können, doch ihr hübsches, lebhaftes Gesicht war für immer zerstört.

Mutter kam und ging. Zuweilen, wenn sie zu Hause war, vertrugen wir uns, sie behandelte mich dann als Erwachsene, sogar als Freundin, aber das dauerte nie lange. Irgend etwas trieb sie immer wieder dazu, die Diktatorenrolle zu übernehmen, und sie stürmte dann aus dem Zimmer, um eine Szene zu vermeiden. Bei diesen Gelegenheiten bedauerte ich, daß niemand da war, nicht einmal Tietjen, um als Puffer zu dienen.

Ich war ruheloser denn je, war krank, obwohl ich es nicht wahrhaben wollte, doch die Folgen meines Stirnhöhlen-Katarrhs belästigten mich noch sehr. Ich war voller Sorge und zerbrach mir den Kopf, was Mutter wohl mit mir vorhabe, nachdem ich die landwirtschaftliche Schule beendet hatte. Anscheinend erwartete sie von mir, daß ich in Bayreuth sitze und das ganze Jahr über die Daumen drehe. Allmählich dämmerte es mir, daß das tatsächlich ihre Absicht war. Sie erwartete, daß ich die altmodische Methode des wohlerzogenen deutschen Mädchens befolge und das Heim schmücke, bis ich heirate. In diesem Falle mußte ich unbedingt fortgehen, und zwar sobald als möglich. Aber wie und wohin?

Nachdem ich mir alles überlegt hatte, schien mir das beste zu sein, mich freiwillig zum weiblichen Arbeitsdienst zu melden; es würde mich sowohl von zu Hause fortbringen als mir auch den Dienst leichter machen. Freiwillige konnten sich ein Lager aussuchen mit dem Recht, innerhalb der sechsmonatigen Dienstzeit drei Versetzungen zu verlangen, während diejenigen, die auf den obligatorischen Dienst warteten, der gerade eingeführt wurde, keine Wahl hatten und, wie es gerüchteweise hieß, in die schlimmsten Lager in Dörfer an der schlesisch-polnischen Grenze gesteckt wurden.

Im September machte ich mein Gesuch, und am 1. Oktober meldete ich mich im Lager Elisabethenhöhe bei Berlin; es lag in einem Kleingartenbezirk, der aus winzigen Bauernhöfen bestand, welche die Regierung Ansiedlern als Heimstätten zur Verfügung gestellt hatte, um sie aus den Städten und von der industriellen Betätigung fortzuschaffen. Da der Boden fast ganz sandig war, spezialisierten sich die Ansiedler auf den Anbau von Tomaten und Erdbeeren.

Das Lager befand sich in einem kleinen, alten Landhaus, bei dessen Bau man auf Eleganz Wert gelegt haben mußte. Im Eßzimmer und im Empfangszimmer, das das Wohnzimmer gewesen war, gab es Parkettböden und einen großen Kamin - ein ungewöhnlicher Luxus in Deutschland - der das Eßzimmer zu einem gemütlichen Raum gemacht hätte, wenn Holz zum Feuern vorhanden gewesen wäre. Im oberen Stockwerk wurde ich in den größten der drei Schlafsäle gewiesen, den ich mit fünfzehn der vierzig Mädchen teilte.

Da wir uns nur bei Vornamen nannten, erfuhr ich nie, wer die Mädchen eigentlich waren, wußte aber, noch bevor wir am Abend einschliefen, viele intime Einzelheiten ihres Daseins - woher sie kamen, was ihnen gefiel und besonders ihre Beziehungen zu ihren Freunden. Eine von ihnen hatte eine Leidenschaft für Sardinen und Heringe. Eine andere las uns, auf einer oberen Pritsche sitzend, aus einem Buch des guten Tones vor. Die Mädchen lachten über die lächerliche Idee, Handschuhe zu tragen oder auf Tafelsitten zu achten. Die Beschreibung der richtigen Art, Krebse und Hummer zu essen, wurde mit höhnischem Gebrüll kommentiert und erinnerte mich an eine demütigende Erfahrung, die ich einmal mit Krebsen in einem eleganten Berliner Restaurant gemacht hatte; ich bestellte mir nie wieder Krebse, wenigstens nicht mit Sauce.

Die drei Decken über unseren Strohsäcken machten zunächst einen vertrauenerweckenden Eindruck, da sie sich aber als aus Ersatzstoff erwiesen, der Saal nicht geheizt war und alle Fenster weit offen standen, lag ich die ganze Nacht frierend wach. Am Morgen wuschen wir uns im Keller. Das Wasser war kalt - nur am Nachmittag gab es in den riesigen Waschtrögen etwas warmes Wasser. Im oberen Stockwerk war ein Badezimmer vorhanden, und es wurde uns für jede Woche ein Bad versprochen, sobald die Zentralheizung in Betrieb sei.

Um sechs Uhr morgens zogen wir unsere Overalls an und liefen hinunter, um Leibesübungen zu machen, danach zogen wir uns um, machten unsere

Betten im militärischen Stil und eilten dann in den Garten, wo die Lagerleiterin vor dem Flaggenmast Zitate von Hitler und anderen Nazi-Propheten vorlas. Danach hißte eines der Mädchen die Hakenkreuzfahne, während wir in Achtungstellung standen; dann war es Zeit zum Frühstück.

Nach einem Unterricht in Naziliedern, der uns bis halb acht festhielt, begaben wir uns auf unsere Arbeitsstellen in den einzelnen Gehöften oder in die Büros des nationalsozialistischen Frauenbundes - des „Krampfadergeschwaders" - wie wir diese Organisation nannten. Die Geschäftsräume befanden sich im Dorf; dort flickten wir oder machten Pakete für die Armen, eine bessere Beschäftigung als die meisten anderen. Der schlimmste Posten war der auf einem kleinen Gehöft, wo eine Mutter von acht Kindern seit ihrer letzten Niederkunft ständig das Bett hüten mußte und eine Hilfe benötigte, die die Windeln und die Familienwäsche wusch.

Meine erste Arbeit hatte ich auf dem am weitesten vom Lager entfernt liegenden kleinen Gehöft zu verrichten; es war gar nicht so schlimm, wie mir das Mädchen, das mich ein Stück des Weges begleitete, sagte. Die fünfundzwanzig Minuten Weg zur Arbeitsstelle freuten mich, denn es bedeutete fast eine Stunde weniger Arbeit in der Siedlung. Auf dem Hof war eine Frau allein mit einem mageren, kleinen Mädchen, das mit Kinderlähmung zu Bett lag und ein aufgeschwemmtes, wachsbleiches Gesicht hatte. Ihr Mann, so erzählte mir die Frau, arbeite in einer Flugzeugfabrik in Werder und kehre erst abends nach Hause zurück. Die Frau zeigte mir hastig das Erdbeerenfeld, das bebaut werden mußte, und ging dann ohne ein weiteres Wort ins

Haus zurück. Den ganzen Morgen arbeitete ich, und es war eigentlich ganz schön, in der kräftigen Herbstsonne das Feld umzugraben. Um zwei Uhr brachte ich die Hacke ins Haus und ging ins Lager, wo wir nach dem Mittagessen eine Stunde ruhten und dann mit der Arbeit auf unseren eigenen Feldern begannen.

Die Arbeit war gar nicht so schlimm, doch während der ersten zwei Tage erhielten wir von unserer Lagerleiterin endlosen weltanschaulichen Unterricht. Nach dem Abendessen sangen wir eine Stunde und übten dann eine weitere Stunde Volkstänze für die große Versammlung, die allwöchentlich am Mittwochabend im Lager stattfand und von den Ansiedlern und ihren Frauen besucht wurde; es wurden dabei politische Reden gehalten, und es wurde getanzt; wir müßten mit jedem, der uns auffordere, tanzen, sagten mir die Mädchen, weil das den neuen Geist der „Volksgemeinschaft" fördere. Um zehn Uhr liefen wir dann nach oben, holten unsere Mäntel, standen dann wieder in Achtungstellung im kalten Garten und sangen mit ausgestreckten Armen die Nationalhymne, während die Flagge eingeholt wurde.

Am zweiten Tag pflückte ich im selben Bauernhof Bohnen und, da es Samstag war, kassierte ich bei der Bauernfrau meinen Lohn ein - das Lager belastete den Ansiedlern zwanzig Pfennig pro Tag für unsere Dienste - das Geld übergab ich der Lagerleiterin. Am Sonntag, dem Tag des deutschen Erntedankfestes, gingen die Lagerinsassen ins Dorf, um zu feiern und mit den Dorfbewohnern zu tanzen. Die meisten Mädchen waren früh aufgestanden und bügelten laut schwatzend ihre Uniformen - sie hofften, in der Dorfkneipe ihre Freunde zu treffen;

ich aber blieb im Lager, schrieb Briefe, lag auf meinem Bett und versuchte, meinen Hals zu pflegen, der sich durch die Kälte in unserem Schlafsaal entzündet hatte und geschwollen war.

Am Abend nach dem Fest wurde der Arbeitsplan für die nächste Woche verkündet. Er änderte sich von Woche zu Woche, um den Mädchen Gelegenheit zu geben, auch an weniger schwierigen Plätzen zu arbeiten. Ich hatte das Glück, dem Ansiedler Blum zugewiesen zu werden, dessen Hof an das Lager grenzte. Ein anderes Mädchen und ich meldeten uns am Montagmorgen und wurden angewiesen, dem Besitzer und seiner Frau beim Tomatenpflücken zu helfen. Herr Blum war ein gemütlicher Mann, der, nachdem er meinen Vornamen begriffen hatte, mir erzählte, er sei ehemaliger Marineoffizier und spreche Polnisch, Französisch und Englisch. Er stammte aus Ostpreußen und fragte mich, wo ich zu Hause sei. Aus Bayreuth! In Bayreuth werden doch die Festspiele veranstaltet? Ob ich je einen der berühmten Künstler oder jemanden von der Wagner-Familie gesehen habe?

Obwohl ich ihm möglichst kurze Antworten gab, schwatzte er vergnügt über seine Erfahrungen im Hotelgeschäft vor dem Krieg. Er hatte in Zoppot bei Danzig an der Ostsee ein Hotel gekauft, und während der Sommerfestspiele, die in dem Kurort veranstaltet wurden, waren viele Künstler seine Gäste gewesen - die Beschreibung einiger meiner Freunde war höchst belustigend - doch als das Hotel bankrott ging, war er schließlich zum Anbau von Tomaten und Erdbeeren herabgesunken. Als er erfuhr, daß ich Englisch spreche, bat er mich, während unserer Arbeitszeit im Garten mit ihm die Sprache zu üben, so daß wir, während wir die

Stöcke, die die Tomaten hielten, herauszogen, Kunst und Musik auf englisch erörterten.

Am nächsten Tag war Herr Blum des Lobes voll über seine neue Hilfe und brannte darauf, unsere englische Unterhaltung fortzusetzen. Doch am dritten Tag hatte er bereits im Dorf erfahren, daß ich eine Wagner sei und empfing mich höchst feierlich. Er wollte mir nun alle schwere Arbeit ersparen und verbrachte die Zeit damit, mit mir über Musik zu sprechen. Doch das schien mir viel schwieriger zu sein als die Arbeit, die gar nicht so schlimm war. Da mein Vergnügen jetzt vorbei war, tat es mir weniger leid als ihm, daß nun, wenigstens bis auf weiteres, mein letzter Arbeitstag bei ihm herankam.

Die Lagerleiterin bemerkte, daß ich krank war, und obwohl der Ortsarzt, der mich am Tag zuvor untersucht hatte, erklärte, ich sei völlig gesund, ließ sie mich nach Berlin gehen, um mich durch meinen Arzt untersuchen zu lassen.

Der Spezialist, der mich während meiner Schulzeit in Heiligengrabe behandelt hatte und immer sehr großzügige Atteste für einige Extraferientage in Berlin ausgestellt hatte, untersuchte mich und sagte auf den ersten Blick, daß ich eine Stirnhöhlen-Infektion habe, die meinen ganzen Organismus vergifte und mindestens eine dreiwöchentliche Behandlung erfordere. Er behandelte mich täglich und schrieb auch eine Behandlung mit ultravioletten Strahlen vor. Da er dazu keinen Apparat besaß, ging ich zu Doktor Steinhardter, der seine Praxis in der Nürnbergerstraße in der Nähe unserer Wohnung hatte, zur weiteren Behandlung.

„Sie sind aber unvorsichtig", sagte er zu mir, erstaunt, daß ich das Sprechzimmer eines jüdischen Arztes in der Uniform des Arbeitsdienstes, mit der

Hakenkreuzbinde am Arm, betrat. Ich war mir nicht bewußt gewesen, daß dies unvorsichtig sei, da aber die Uniform schlecht saß und häßlich war, war ich hocherfreut, als die Lagerleiterin mir die schriftliche Erlaubnis gab, Zivilkleider zu tragen.

Ich hatte gerade begonnen, mich besser zu fühlen und an meiner Behandlung Spaß zu bekommen, besuchte jeden Abend die Oper und verbrachte angenehme Stunden bei meinen Freunden, als Mutter einen ihrer Besuche in Berlin machte und mich zur Behandlung und als Strafe zu Professor Veil in die Universitätsklinik nach Jena schickte.

Allein der Gedanke an diesen gräßlichen Menschen entsetzte mich, doch meine Proteste nützten nichts. Mutter bestellte ein Zimmer für mich in der Klinik und traf die nötigen Vorbereitungen für meine Reise; die Wohnung wurde zu einem düsteren Aufenthaltsort für uns, da wir mit unseren harten Köpfen aufeinander stießen.

Es war nutzlos, Mutter Verständnis dafür beibringen zu wollen, warum ich Professor Veil verabscheute. Sie hielt mich für ein widerspenstiges, undankbares Kind, das ihr nur Schwierigkeiten bereiten wolle, während sie versuche, mir die beste ärztliche Fürsorge angedeihen zu lassen; sie schnitt alle meine Einwände ab, drückte mir ein Eisenbahnbillett in die Hand und bestellte ein Taxi, das mich zum Bahnhof fuhr. Ich hatte keine Wahl. Ich nahm meinen für die Klinik gepackten Koffer und bestieg den Zug nach Jena.

Achtzehntes Kapitel

„Werde hart, meine Liebe!"

Verzweifelt, empört über Mutters lieblose, diktatorische Art, saß ich in einer Ecke des Schnellzuges, zu elend, um auch nur aus dem Fenster zu sehen. Als der Zug in Jena einlief, traf ich auf dem Bahnsteig Großvaters Freund Hans v. Wolzogen, den Dichter, der gerade nach Bayreuth fahren wollte; der gute „Onkel Hans", schon über fünfundachzig Jahre alt, war entzückt, seine „Nichte" zu sehen. Er umarmte mich, gab mir einen herzhaften Kuß und tat meinem Herzen wohl, indem er freundliche Worte über Vater sagte. In dem Durcheinander der Begrüßung und des Abschieds stellte er mich einer seiner anderen „Nichten" vor, Margot v. Wulffen, die in Jena lebte und ihn zur Bahn gebracht hatte. Da wir den gleichen Weg hatten, gingen wir zusammen; als ich ihr sagte, daß ich die Klinik aufsuchen müsse, kam sie mit mir und blieb, bis die Krankenschwester mich übernahm. Während der ganzen zehn Wochen meiner „Internierung" besuchte sie mich täglich.

Professor Veil starrte mich mit seinen flackernden, grünen Augen an, ich erwiderte den Blick mit der ganzen Kraft meines Widerwillens. Er war grob wie immer, sein borstiger, roter Haarbüschel sträubte sich über der Stirn. Da er kein Spezialist war, überwies er mich einem Hals- und Nasenarzt, der mich mit einem Spiegel untersuchte und eine Operation anriet. Dreimal wurde ich zum Operationstisch gefahren, doch jedesmal, als die Instrumente bereitlagen, stürmte Professor Veil in den Operationssaal und sagte, die Operation sei nicht nötig und tägliche Behandlung genüge.

So lag ich also in dieser düsteren Klinik, krank, elend, verzweifelt. Ich hatte nichts zu hoffen als sinnlose Zänkereien mit Mutter, endlose Kämpfe um die geringste Kleinigkeit, die ich tun wollte. Müde davon, mißverstanden und umhergestoßen zu werden, lag ich im Bett, ließ gleichgültig die Behandlung über mich ergehen und hatte nur einen Wunsch - sterben! Der Tod schien mir die beste Lösung zu sein, die einzige Möglichkeit, Ruhe zu finden.

Während diese schwarzen Gedanken mir dauernd im Kopf umhergingen, bot ich äußerlich das Bild feindlicher Absonderung und irritierte alle, die zu mir kamen; es ist besser, selbst zu schlagen, als geschlagen zu werden; mit meinen achtzehn Jahren hielt ich das für die einzig mögliche Art, mich gegen eine Welt zu wehren, die, wie es mir schien, mir nichts als Tritte und Hiebe versetzt hatte.

Nach fünf Wochen finsteren Brütens, das nur durch Margots Besuche unterbrochen wurde, die mich ängstlich beobachtete, sagte mir eines Tages die Krankenschwester, ich solle mich anziehen, wir gingen ins türkische Bad.

„Warum mich anziehen?“ fragte ich. „Gibt es denn in der Klinik kein Bad?“

„Nein“, antwortete sie, „die Bäder sind unten am Fluß, ungefähr einen halben Kilometer von hier.“

Als ich schwankend auf den Füßen stand - es war das erstemal, daß ich aufstehen durfte - packte die Schwester einige Injektionsspritzen und eine Anzahl von Ampullen in ihr Köfferchen. Was sie damit wolle, fragte ich; sie sagte mir, daß sie im Bad hinter der Tür warte und für den Fall einer Herzattacke die Spritzen bereithalte. Eine nette Aussicht! Aber ich war so in Hoffnungslosigkeit versunken, daß es mir nicht einmal der Mühe wert zu sein schien, zu protestieren.

Wir gingen also an diesem rauhen Novembertag auf die Straße; es war neblig, und ein leichter Sprühregen fiel, so daß wir kaum einige Meter weit sehen konnten. Ich blickte mich nach einem Taxi um, aber die Krankenschwester ging mit mir durch die Stadt zum Fluß, wo ich in der Städtischen Badeanstalt ein türkisches Bad nahm - ohne Herzattacke, dann gingen wir wieder zu Fuß zurück; mich schauerte in dem kalten Nebel.

Am nächsten Tag war mein Kopf so viel schlimmer, daß der Professor endlich einer Operation zustimmte.

„Ich fürchte, daß mich, da das Bad mich nicht umgebracht hat, nichts umbringen wird", sagte ich zu ihm. „Schade, nicht?" Eine kindische Art, meinem Widerwillen Luft zu machen, aber ich wollte seine grünen Augen flackern sehen - das Zeichen seiner Wut.

Schließlich ging es mir langsam besser. Vielleicht war es Margots und ihres Mannes Freundlichkeit zu verdanken oder der Tatsache, daß ich nachmittags ausgehen durfte und in der Stadt genießbares Essen zu mir nehmen konnte oder einer Partitur von *Tristan*, die ich mitgenommen, die zu lesen ich mich aber vorher zu elend gefühlt hatte. Was auch der Grund gewesen sein mag, auf jeden Fall flüsterte mir eine leise innere Stimme zu, daß es Feigheit sei, sterben zu wollen.

„Warum wehrst du dich nicht?" flüsterte die Stimme. „Was für ein Recht hast du, aufzugeben, da es so viele Menschen gibt, die viel größeres Unglück ertragen müssen? Warum versuchst du nicht, diesen Menschen zu helfen? Du wirst mißverstanden? Nichts Schlimmeres? Bis jetzt hat dich noch nie jemand körperlich mißhandelt. Niemand hat dir direkt nach dem Leben getrachtet. Was ist mit Bayreuth, was mit deiner Verantwortung, was mit deinem Versprechen, das du Vater gegeben hast? Hast du nicht soviel Kraft, einen kleinen Kampf durchzustehen?"

Jeden Tag ertönte diese beharrliche Stimme lauter und lauter, bis sie mich nicht mehr anzufeuern brauchte. In kürzester Zeit war ich wieder in meinen Lieblingstraum versunken, meine Laufbahn als Opernregisseur mit einer neuen Einstudierung des Tristan zu beginnen. Ich schrieb lange Briefe an Frieda Leider über die Inszenierung, die ich bis in die kleinsten Details - Perücken, Kostüme, Dekorationen und Beleuchtung - entworfen hatte. Ich schrieb lange Exposés über die Darstellung und die Besetzung.

Das gleichgültige, melancholische Mädchen war verschwunden und mit ihm die Neigung zu bissigen, jugendlichen Bemerkungen. Nichts konnte mich mehr entmutigen. Es war erstaunlich, wieviel leichter es war, über Schwierigkeiten zu lachen, als sie ernst zu nehmen. Die Entdeckung, daß ein Lächeln oder ein Lachen oft einen Vorfall, der entsetzlich zu sein scheint, komisch gestalten kann, half mir auch in meinem späteren Leben in mancher schwierigen Lage.

Margot und ihr Mann führten mich in einen Kreis von netten Assistenzärzten ein, die, nachdem ich nun schon einige Monate in der Klinik gelegen hatte, eine kleine Feier für mich veranstalten wollten. Doch wir hatten die Rechnung ohne Professor

Veil gemacht. Trotz des besseren Essens, der angenehmen Stunden mit Margot und der Belebung meiner Stimmung nahm ich wöchentlich neun Pfund ab und wurde beängstigend blutarm. Der Professor stellte fest, daß meine Blutsenkung erschreckend schlecht sei und verordnete eine Transfusion. Die Krankenschwester sagte Margot, als diese mich am Nachmittag zu einem Spaziergang in die Stadt abholen wollte: „Fräulein Wagner sollte vorsichtiger sein. Sie scheint sich gar nicht klar darüber zu sein, daß sie ernsthaft krank ist."

Am Freitag wurde mir das neue Blut in die Adern gepumpt, und der ganze Stab atmete erleichtert auf, in der Hoffnung, ich würde nun ruhig im Bett bleiben und nicht die ganze Abteilung wieder durcheinanderbringen; doch kaum hatten mich die Ärzte verlassen, war ich schon aufgestanden. Alle starrten mich an, als sei ich ein Gespenst, ich konnte gar nicht verstehen, warum; man hatte doch nicht gedacht, daß die Blutübertragung mich umbringen werde.

Am Samstag, dem Tage vor der Feier, wurde nochmals eine Blutübertragung vorgenommen, und diesmal mußte ich einige Tage das Bett hüten. Ich erhielt keine Erlaubnis, am Sonntag auch nur für einige Stunden auszugehen, auch wäre es mir nicht möglich gewesen, obwohl ich eher gestorben wäre, als das zuzugeben.

An diesem Samstag nach der zweiten Transfusion besuchte mich eine Freundin von Mutter. Während der Unterhaltung zeigte ich ihr die Aussicht von meinem Fenster auf das Universitäts-Leichenhaus, höflicher das Pathologische Institut genannt. Vom Fenster aus sahen wir zu, wie der große, schwarze Wagen hin und her fuhr, die Leichen zum

Friedhof brachte, nachdem sie seziert worden waren.

„Hast du dir das während all dieser Wochen ansehen müssen?“ fragte sie.

„Jawohl!“ Ich hatte nicht eine Leiche verfehlt. Die Bahren, so erzählte ich ihr, waren mit einer Gummidecke verhüllt, unter welcher man deutlich die Umrisse der Leiche erkennen konnte. Da einer der Träger klein und der andere ziemlich groß war, wackelten die Leichen immer auf und nieder.

Über diesen täglichen Anblick leichthin zu sprechen, war einfach, doch der Anblick hatte mich, obwohl ich es mir nicht einmal selbst eingestehen wollte, mit stets zunehmendem Entsetzen erfüllt, das sich in eine Besessenheit verwandelte, in eine panische Angst vor Bakterien. Ich gewöhnte mir an, die Türen nur noch mit dem Ellbogen zu öffnen und eilte, wenn ich jemandem die Hand gegeben hatte, sobald wie möglich zu einer Waschgelegenheit. Noch heute öffne ich die Türen mit dem Ellbogen, obwohl ich genau weiß, daß das eine törichte Angewohnheit ist.

Die Freundin meiner Mutter, nicht an Kliniken gewöhnt, rief sofort nach dem Besuch Mutter an und bat sie in einer Art hysterischen Anfalls, mich aus dieser Klinik zu schaffen - irgend etwas zu tun - wenigstens zu veranlassen, daß ich mein Zimmer wechsle und festzustellen, ob all diese Blutübertragungen erforderlich seien. Mutter schien nichts von den Übertragungen gewußt zu haben; sie hatte Professor Veil blindlings vertraut, und er hatte es nicht für nötig befunden, sie über die Transfusionen zu informieren. Am Telephon verursachte Mutter eine ziemliche Aufregung in der Klinik und machte dem Professor Vorwürfe, weil er ohne ihre Erlaubnis Bluttransfusionen vorgenommen hatte.

Als Veil mich am Montag früh besuchte, war er puterrot vor Wut und brüllte, ich sei eine boshafte Lügnerin, solche Geschichten über seine Klinik zu erzählen nach all der Fürsorge, die mir zuteil geworden sei. Als Antwort blickte ich ihm zunächst nur starr in die Augen, bis sie zu flackern begannen; dann sagte ich ihm alles Unangenehme, was ich in Jena über ihn gehört hatte. Ich trug den Sieg davon; denn ich wurde innerhalb einer Stunde in ein anderes Zimmer verlegt. Einige Tage später kam Mutter und erhielt die Erlaubnis des Professors, mich nach Dresden zu Nickels Geburtstag mitzunehmen. Eifrig sagte ihr Veil, daß ich geheilt sei und nach Bayreuth zurückkehren könne, ich müsse nur in einiger Zeit zu einer letzten Kontrolle wiederkommen.

„Wie erstaunlich", dachte ich. „Vor einer Woche war ich noch am Sterben, und jetzt bin ich völlig geheilt." Ein Freudenschauer durchrieselte mich, weil ich mir meine Freiheit aus der Einkerkerung in eine Klinik erkämpft hatte. Die Worte, die ein alter Freund meines Vaters oft gesagt hatte, wenn er mich in einer bösen Lage sah, tönten jubelnd in meinem Herzen: „Werde hart, meine Liebe!"

In Dresden gab sich Mutter alle erdenkliche Mühe, Nickel und mir eine angenehme Zeit zu bereiten; sie machte alles mögliche, ließ uns nur nie das tun, was wir am liebsten getan hätten. Obwohl Nickel in ihrer schmeichlerischen Art meistens das, was sie wollte, erlangte, war Mutter, was Rouge und Lippenstift anbelangt, eisern. Sie fand make up ordinär, und die Frauen, die es taten, fast so schlimm wie Prostituierte. Sie konnte sich auch diese Ansicht leisten, denn sie besaß jenen köstlichen, strahlenden englischen Teint, der jede

Schminke beschämt. Selbst nachdem sie stundenlang in der Sonne und Wind im offenen Wagen gefahren war, wie sie es liebte, nahm ihre Haut nur eine reizende Bräune an, nie aber hatte sie einen Pickel oder eine glänzende Nase. Nickel und ich hatten jedoch Cosimas Blässe geerbt, die unserer Meinung nach durch den diskreten Gebrauch von Rouge wesentlich verbessert wurde. So nahmen wir etwas Rouge und puderten unsere frischen, jungen Gesichter, sowie wir von zu Hause fort waren, selbst auf die Gefahr hin, ausgescholten zu werden.

Wieder war ich zu Weihnachten in Wahnfried. Obwohl wir das Fest in der alten Form feierten, verlief es nicht allzu fröhlich: die Tanten waren nicht da, Vater war tot, die Brüder feindselig, Mutter verzweifelt wegen meiner Dickköpfigkeit. Jedesmal, wenn ich nach längerer Abwesenheit nach Hause zurückkam, mußte ich mir die Zuneigung von Wieland und Wolfi neu gewinnen. Während ich fort war, hielten sie mich für eine Ausgestoßene, für ein seltsames, abscheuliches Geschöpf, wie sich Knittel und Tietjen auszudrücken pflegten, doch nachdem ich ein oder zwei Tage zu Hause war, anerkannte Wieland etwas einfältig, daß Mausi doch ein ganz nettes Ding sei.

Die erste Störung unseres Weihnachtsfriedens erfolgte, als ich nach Jena zur Kontrolluntersuchung zurückkehren sollte. In langer und erbitterter Auseinandersetzung sagte ich Mutter, daß ich lieber den entsetzlichsten Tod erdulden wolle als mich noch einmal von Veil behandeln zu lassen. Empört verlangte Mutter, daß ich ihr das schriftlich gebe und sagte, sie sei, nachdem sie ihr Bestes für mich getan habe und ich ihr nicht folgen wolle, für mein körperliches Wohlbefinden nicht mehr verantwortlich. Sie hatte meine Erklärung nicht ernst genommen, bis ich sie ihr mit der Schreibmaschine geschrieben und ordnungsgemäß unterzeichnet, wie ein amtliches Dokument aussehend, übergab. Von diesem Tag an wählte ich mir meine Ärzte selbst, wenn ich einen gegen Zahnschmerzen, Erkältung oder Influenza benötigte, und Mutter hatte den Vorteil, daß sie nicht mehr die Phantasierechnungen zu zahlen brauchte, die ihre Doktoren auszustellen pflegten.

Nach den Weihnachtsferien fand Mutter, daß ich mich wieder um das Arbeitslager kümmern müsse, aus dem ich nie offiziell entlassen worden war, und zu ihrer großen Erleichterung erklärte ich mich bereit, mich gleich dort zu melden. Ich hatte meine Pläne geschmiedet. Von Berlin aus fuhr ich ins Lager und ließ den Chauffeur warten, während ich mit der Leiterin sprach. Ich sei noch nicht ganz gesund, sagte ich ihr und bedürfe der Pflege, die ich im Lager natürlich nicht erhalten könne. Der geringste Luftzug könne mein Halsleiden wieder verschlimmern, und so wäre es wohl besser, mir jetzt einen Entlassungsschein auszustellen; im Sommer könne ich mich ja wieder melden. Die Leiterin gab mir den Schein bereitwillig, denn sie konnte anfällige Mädchen in ihrem Lager nicht brauchen. Mit diesem wertvollen Dokument in der Tasche fuhr ich nach Berlin zurück und telephonierte Mutter, daß das Lager mich zurückgewiesen habe.

Das war in Ordnung. Nun mußte ich aber einen guten Vorwand finden, um in Berlin bleiben zu können und die Vorbereitungen zu meiner Arbeit zu treffen. Die Musikstudien, zu denen ich mich entschlossen hatte, als ich in Jena in der Klinik lag, mußten geheimgehalten werden, denn Mutter war der Ansicht, daß etwas Musik betreiben zwar eine nette Fertigkeit für ein Mädchen sei, doch sein richtiger Beruf sei eine ordentliche Ehe. Eine vorübergehende Beschäftigung könne harmlos aussehen; so schrieb ich ihr, ich wolle mir eine Beschäftigung als Arztgehilfin oder so etwas Ähnliches suchen.

Davon wollte Mutter aber nichts wissen - beruflich arbeiten schien ihr für ein Mädchen noch unpassender als die Universität zu besuchen. Sie rief mich von Dresden aus an, wo sie Nickel besucht hatte, und forderte mich auf, dorthin zum Opernball zu kommen. Als ich ihr unumwunden sagte, daß ich nicht kommen wolle, wurde sie wütend und befahl mir, nach Hause zu fahren.

„Nein, ich fahre nicht nach Hause - ich komme überhaupt nicht mehr nach Hause", erklärte ich klipp und klar.

„Aber warum", bestand sie, „warum willst du nicht nach Hause kommen?"

Warum? Die Worte sprudelten nur so aus mir hervor. Es sei nutzlose Zeitvergeudung, in Bayreuth zu sitzen und das ganze Jahr über nichts zu tun als an den Nägeln zu kauen. Sie habe mir immer versprochen, daß ich, sowie ich die Schule beendet habe, einen Beruf wählen dürfe, und nun bestände ich darauf, das zu tun. Nein, ich würde nicht nach Bayreuth kommen, und sie könne mich auch nicht durch Drohungen dazu zwingen.

„Aber warum willst du nicht nach Dresden kommen, damit wir alles besprechen?" drängte Mutter, bemüht, an sich zu halten.

Die Äbtissin habe mich für das Wochenende nach Heiligengrabe eingeladen, und ich wolle sie nicht enttäuschen. Es war die nächste Ausrede, die mir einfiel, und Heiligengrabe war eine sichere Zuflucht, noch weiter weg von Dresden und Bayreuth als Berlin.

Für eine „alte Schülerin", die machen konnte, was sie wollte, war Heiligengrabe so hübsch, daß ich eine Woche lang dort blieb und den Aufenthalt wahrscheinlich noch verlängert hätte, wenn Mutter mich nicht angerufen hätte.

„Ich bin in Berlin", sagte sie, „und wenn du hier bleiben willst, komm sofort her, denn ich fahre morgen abend wieder fort, und wir haben viel zu besprechen."

Bei der Ankunft in Berlin sah ich auf dem Bahnsteig einen Gepäckträger, der einen großen Pappkarton mit meinem Namen trug, sich durch die Menge hindurchwinden und hörte ihn rufen: „Telegramm für Fräulein Wagner!" Als ich auf ihn zueilte, erblickte ich Mutter.

„Das ist von mir", erklärte sie. „Ich wollte heute morgen die Hitler-Rede anhören, entschloß mich dann aber doch, dich abzuholen."

Sie war nicht mehr böse - Mutter blieb nie lange böse, wenn sie alle Vorbereitungen zu einem Plan getroffen hatte und darauf brannte, ihn durchzuführen. Da sie nicht wollte, daß ich in unserer Wohnung nur unter der Aufsicht der Köchin und des Mädchens bleibe, hatte sie mich in einer Pension untergebracht. Die reizende, junge Frau, die uns zurückhaltend begrüßte, verscheuchte mein Mißtrauen; sie war die Witwe eines bekannten Schriftstellers und nahm, um die Mittel zur standesgemäßen Erziehung ihres Sohnes zu erlangen, junge Mädchen bei sich auf.

Nachdem wir meine Koffer dort gelassen hatten, fuhren wir in unsere Wohnung zum Mittagessen. Auf der Straße war weder ein Taxi noch ein anderes

Fahrzeug zu sehen, nicht einmal ein Fußgänger. Die wenigen Wagen, die an den Straßenecken parkten, waren verlassen. Die ganze Stadt schien verödet, ohne eine Spur menschlichen Lebens zu sein, und doch war diese Gespensterstadt von Tönen erfüllt. Während wir durch die Straßen gingen, verfolgte uns Hitlers Stimme aus jedem Lautsprecher, aus jedem Fenster; dieser bellenden, häßlich klingenden Wortkanonade konnten wir nicht entrinnen. Wir waren zu einem vorübergehenden Waffenstillstand gezwungen, wir gingen wortlos nebeneinander her, als seien wir die zwei letzten Menschen in einer verödeten Welt.

In der ruhigen, vertrauten Atmosphäre unserer Wohnung teilte mir Mutter mit, daß sie mich für einen Schreibmaschinen- und Stenographiekurs bei Rackow, einer bekannten Handelsschule in Berlin, angemeldet habe und daß ich nach einem Monat auch noch einen Buchhaltungskurs durchmachen solle, da es ja dann für mich leicht sein würde, den drei Kursen zu folgen. Sofort versteinerte sich mein Gesicht zu einer Maske. Das war das letzte, was ich tun wollte, doch eine innere Stimme flüsterte mir zu: „Sag nichts, Mama geht morgen nach Hause und kommt frühestens in einem Monat zurück. Du kannst noch immer tun, was du willst."

Bevor sie abreiste, hatte ich noch einen Kampf durchzustehen. Am Morgen ging ich, ohne ein Wort zu sagen, zum Friseur und ließ mein Haar abschneiden. Es war viel besser, allen Auseinandersetzungen aus dem Weg zu gehen und sie vor vollendete Tatsachen zu stellen. Natürlich gab es einen heftigen Sturm - das hatte ich erwartet - ich ging aber daraus mit der Zusicherung eines monatlichen Kleidergeldes hervor. Ich brauchte nun nicht mehr die Kleider zu tragen, die sie für ein junges Mädchen geeignet hielt. Wenn ich häßlich aussah, wenn ich mich geschmacklos anzog, so war es wenigstens nur mein Fehler. Nach einem stürmischen, aber erfolgreichen Tag brachte ich Mutter zur Bahn; von dort aus fuhr ich zur Oper und kam spät in meine Pension zurück.

Was würde wohl meine neue Anstandsdame sagen? Selbst im Rausch der neuen Freiheit machte mir das Sorge, weil ich Ruhe haben wollte. Doch in den folgenden Wochen wurde mir diese entzückende Frau zur innigen Freundin.

„Am ersten Tag haben Sie mich zu Tode erschreckt", erzählte sie mir später. „Noch nie hatte ich in einem Gesicht einen so mißtrauischen Ausdruck gesehen. Sie hatten sicher geglaubt, ich sei eine Verbündete Ihrer Mutter, und dabei wollte ich so gern Ihr Vertrauen gewinnen."

Am Tag nach Mutters Abreise rief ich Frieda an und erzählte ihr, was geschehen war.

„Bei Rackow?" fragte sie. „Dort habe ich gelernt, meinen Lebensunterhalt zu verdienen."

Das gab mir Mut. Der Unterricht fand sechsmal in der Woche vormittags von elf bis ein Uhr statt, doch bald bemerkte ich, daß ich mit den anderen bei nur zweimaligem Besuch in der Woche Schritt halten konnte. Nun blieb mir genügend Zeit, an der Universität ein Kolleg über Kunstgeschichte zu hören, jeden Tag die Opernproben zu besuchen und abends die Aufführungen.

Tietjen war in diesem Winter sehr liebenswürdig; er gab mir freien Zutritt zu allen seinen Theatern und lehrte mich das ABC des Partiturenlesens und des Dirigierens. Dadurch, daß ich aufmerksam zusah, wie die törichten modernen Opern, deren Aufführungen von den Nazis befohlen wurden, infolge seiner ausgezeichneten Regie und seiner kostbaren Ausstattung vor einem völligen Mißerfolg bewahrt wurden, lernte ich mehr als aus seiner Arbeit in Bayreuth, wo ich schon mit der Inszenierung vertraut war. Es machte mich sehr stolz, daß er auf mein Urteil etwas gab und oft Sänger nur auf meine Empfehlung hin engagierte. Besuchte ich Aufführungen in anderen Städten, erstattete ich ihm stets ausführlichen Bericht. Einige Male schickte er mich offiziell als Vertreterin des Festspielhauses und stützte sich auf mein Urteil bei der Verpflichtung von Künstlern.

Trotz all dieser Beschäftigung fand ich auch noch Zeit, Berlin näher kennenzulernen. Es war das erstemal, daß ich in einer Stadt frei lebte, frei in den Straßen umherging, in den Buchhandlungen und Antiquariaten kramte, die Museen besuchte, die reizende Umgebung kennenlernte - oft machte ich sonntags Ausflüge mit Tietjen - Oper, Schauspiel, elegante Läden, Restaurants besuchen konnte.

Zu dieser Zeit wurde Berlin gemäß Hitlers Zwanzigjahresplan völlig umgebaut und sah aus, als sei es durch ein Erdbeben zur Hälfte zerstört worden. Die Berliner machten den Witz, daß die Tschechen, wenn sie angeflogen kämen, um die Stadt zu bombardieren, bei ihrem Anblick ihre Bomben sparen würden, da sie ja schon vernichtet sei.

Hitler entwarf für das zukünftige Berlin eine breite Allee, die quer durch die Stadt führte und an der die Ministerien, eine große Bibliothek, ein ungeheuer großer Konzertsaal, Theater, Museen erbaut werden sollten. In der Nähe des Olympischen Stadions sollte die größte Universität der Welt erstehen, die alle Hochschulen Berlins in einer vereinte. Die hübschen, modernen Villen in diesem

Teil der Stadt wurden vom Magistrat gekauft und abgerissen, doch die armen Besitzer konnten keine neue Häuser bauen, da die private Bautätigkeit in Deutschland eingestellt war. Die Abbrucharbeiten gingen lustig voran, aber die einzige Arbeit, die wirklich vollendet wurde, war die Verbreiterung der Charlottenburger Chaussee, die mitten durch den Tiergarten führte; zu beiden Seiten waren die alten Bäume gefällt worden, die nach des Führers Ansicht die großen Paraden behinderten. Und die Arbeit auf dem Tempelhofer Flugfeld (es sollte das größte der Welt werden), von wo aus man die großen Hotels in zehn bis fünfzehn Minuten erreichen konnte, ging gut voran.

Hitler war von dem Umbau der Stadt begeistert und schleppte die Pläne stets mit sich herum. Er war überzeugt, daß er, hätte die Wiener Kunstakademie seinerzeit sein Aufnahmegesuch nicht abgelehnt, ein ausgezeichneter Architekt geworden wäre. Ich habe oft erlebt, wie er von einer Art Ekstase befallen wurde, wenn er von der Großartigkeit seiner Pläne sprach.

„Denk' mal, wie entsetzlich es wäre, wenn man in einigen tausend Jahren die Ruinen aus unserer Zeit ausgrübe und das Reichstagsgebäude als das repräsentativste unserer Epoche vorfände. Ich will, daß die Nachwelt uns auf Grund meiner neuen Gebäude beurteilt." Zuweilen nickte er zufrieden mit dem Kopf. „Mein alter Herr wollte aus mir einen kleinen Beamten machen, wie er einer war. Na ja, er hat sein Ziel erreicht, und ich das meine, aber wie würde er sich freuen und staunen, wenn er sähe, was in dieser Stadt vor sich geht!"

Ob sich Hitlers Vater auch freuen würde, wenn er sich über die Zinnen des Himmels beugte und sähe, wie sein Sohn Hinrichtungsurteile unterzeichnet und Gebäude zusammenkrachen läßt?

Frieda und ich verbrachten manchen Frühlingsnachmittag mit Spaziergängen in der Stadt; wir besuchten die Museen und die Kunstgalerien, versäumten auch nicht Hitlers „Ausstellung der entarteten Kunst", in der er zum letzten Mal die Werke der großen Impressionisten zeigte, die er aus Museen hatte entfernen oder bei den jüdischen Besitzern beschlagnahmen lassen und die er im Ausland verkaufen wollte, um Deutschlands Devisenlage zu verbessern. Manchmal nahm mich Frieda mit in ihr Wochenendhäuschen, das sie sich außerhalb Berlins gebaut hatte, an einem entzückenden Platz zwischen Kiefern, mit einem Garten, in dem gerade das erste schüchterne, gelbliche Grün zu sprießen begann. Sie hatte den Garten selbst angelegt, hatte selbst den Humus besorgt, um den heimatlichen Sand zu bereichern. Es verlieh ihr ein tröstliches Gefühl, die gerafften Vorhänge an den Fenstern zu betrachten, die fröhlich bemalten Bauernmöbel, die Blumenbeete, und zu denken: „Das alles habe ich durch meine Arbeit erworben." Sie wirkte auf mich so anspornend, daß ich glaubte, auch meine Träume könnten eines Tages Wirklichkeit werden.

Dazu gehörte mein alter, geliebter Plan, im Frühjahr nach England zu gehen. Frieda sollte nach Ostern in London in Covent Garden singen. Mutter hatte mir immer versprochen, daß ich nach England gehen dürfe, doch stets, wenn es so weit war, hatte sie es nicht erlaubt. Nun wollte ich nicht mehr länger warten; es bedeutete so viel für mich, daß ich wieder und wieder tausend Pläne schmiedete und verwarf, aber trotz allem Grübeln zu keinem Resultat kam.

Neunzehntes Kapitel

Frühling in Covent Garden

Noch bevor ich einen Plan gefaßt hatte, kam Mutter wieder nach Berlin und entriß mir die Initiative. Zunächst ging sie zur Rackow-Schule, wo sie feststellte, wie oft ich gefehlt hatte; sie kam wütend zurück.

„Ich besuche den Unterricht nicht oft, aber ich lerne um so mehr", versuchte ich mich zu verteidigen, doch Mutter konnte meinen Standpunkt nicht begreifen. Empört über mein ihr unverständliches Verhalten bat sie meine Freundin und Behüterin, ein Auge auf mich zu haben und ausfindig zu machen, was ich eigentlich die ganze Zeit mache. Frau S. erwiderte ihr, ich sei alt genug, um zu wissen, was ich tue. Sie wollte mich beschützen und machte den hoffnungslosen Versuch, Mutter klarzumachen, daß ich erwachsen sei.

Da ich bemerkte, daß es jetzt nicht der geeignete Zeitpunkt sei, die englische Frage aufs Tapet zu bringen, beugte ich meinen Kopf unter dem Sturm und wartete auf Mutters Rückfahrt nach Bayreuth.

Während des nächsten Monats war ich dann so beschäftigt, daß ich noch immer unvorbereitet war, als sie mich zum zweitenmal heimsuchte. Sir Thomas Beecham war als Gastdirigent bei der Staatsoper in Berlin, und Tietjen hatte mich angestellt, den gefürchteten Engländer in seiner Loge zu unterhalten und bei den Vorbereitungen eines Banketts für den Gast behilflich zu sein und die Gastgeberin zu spielen.

Eines Tages sagte Mutter beim Mittagessen: „Du

hast ja nun Stenographie, Schreibmaschine und Buchhaltung gelernt; darf ich fragen, was für Pläne du hast? Was willst du eigentlich werden?"

„Du weißt ebensogut wie ich, was ich vorhabe", erwiderte ich, die Gelegenheit beim Schopf greifend. „Du hast mir schon lange versprochen, mich nach England zu schicken, damit ich mein Englisch verbessern könne. Du hast ja selbst gesagt, daß ich für meine Arbeit in Bayreuth Sprachen beherrschen müsse."

„Nein, ich lasse dich nicht nach England gehen", stieß Mutter völlig überrascht hervor. „Unter keinen Umständen!"

Ich gab aber nicht nach.

„Warum hast du eigentlich so plötzlich deine Ansicht geändert? Du wolltest doch wegen meines Aufenthalts in England mit Sir Thomas Beecham sprechen. Er ist nun gerade in Berlin, und du hättest die beste Gelegenheit dazu."

Mutter wurde langsam rot, und ihre Stimme klang scharf und heftig. „Ich habe es mir anders überlegt, es hat keinen Zweck, weiter darüber zu sprechen."

„Im Gegenteil, ich will mehr denn je davon sprechen. Ich habe es satt, mir immer Versprechungen von dir machen zu lassen, die du dann nicht hältst. Ich gehe nach England!" sagte ich ihr ins Gesicht. „Und wenn du mir dabei nicht behilflich sein willst, gehe ich ohne deine Hilfe."

Mutter wurde richtig wütend; um weitere Szenen zu vermeiden, beachtete sie mich die wenigen Tage, die sie in Berlin verbrachte, überhaupt nicht mehr. Nach ihrer Rückkehr nach Bayreuth erfuhr ich, daß sie mir absichtlich Beechams Einladung zu einem Essen ins Esplanade-Hotel nicht übermittelt hatte. Man hatte dort über eine Stunde auf mich gewartet und hielt mich für ungezogen, weil ich nicht einmal eine Entschuldigung geschickt hatte.

Zu Ostern hatte ich in der Schule eine Woche Ferien, doch um nicht so lange in Bayreuth sein zu müssen, sagte ich Mutter, wir hätten nur übers Wochenende frei, und ich müsse Dienstag morgen bereits wieder zum Buchhaltungsunterricht in der Schule sein, ein Fach, das mir noch immer schwer falle. Dieser plötzliche Eifer für die Schule befremdete Mutter; sie wußte allerdings nicht, daß Frieda Leider am Dienstag in der *Walküre* sang.

Auf Mutters Schreibtisch fand ich den Prospekt einer englischen Schule. Sie schien also nachgeben zu wollen! Aber nicht weitgehend - denn bei näherer Betrachtung stellte es sich heraus, daß es eine Schule für Kinder von sechs bis sechzehn Jahren war. Die leiseste Opposition hätte jedoch alles verderben können; schließlich handelte es sich für mich ja darum, aus Deutschland fortzukommen. Als Mutter mir sagte, sie habe eine Schule für mich ausgesucht, dankte ich ihr mit freundlichem Lächeln.

„Emma wird dir deine Ausstattung zusammenstellen. Wenn du das Abschlußexamen in der Rackow-Schule gut bestanden hast, kannst du nach England fahren."

Das war einfach. Ich fuhr nach Berlin zurück und bestand das Examen, zu Mutters Überraschung, mit den besten Noten der Klasse.

Es fiel mir schwer, Nickel zu verlassen; wir waren uns sehr nahe gekommen, andererseits freute ich mich aber, die Vorbereitungen für meine Abreise zu treffen und von Wahnfried fortzukommen. Frieda sollte mich Anfang Mai, wenn sie zu ihrem Gastspiel in Covent Garden nach London fuhr, mitnehmen. Mutter wurde bis zu meiner Abreise nicht freundlicher, schrieb jedoch der Schulleiterin, sie solle mich nach London gehen lassen, wenn Frieda mich einlade.

Die Schule - das war die einzige Wolke an einem heiteren Himmel. Die deutsche Lehrerin sollte mich am Bahnhof abholen - wir hofften, wir würden sie verfehlen, aber sie war dort.

„Mach' dir nichts draus, es wird ja nicht lange dauern", redete mir Frieda zu. Sie lud mich nicht zu ihrem ersten Auftreten ein, das während der Krönungswoche stattfand, da es sehr schwierig war, Unterkunft zu finden und zudem in London großer Trubel herrschte, sondern zu Anfang Juni, wenn sie zurückkäme, um im *Tristan* zu singen. Wie wunderbar! Hatte ich es nicht auch durchgesetzt, in Berlin zu bleiben und sie in der Staatsoper als Kundry im *Parzival* am Karfreitag und in der *Walküre* zu hören! Ich würde ihre Isolde nicht versäumt haben und wenn es Kieselsteine geregnet hätte.

Die Kinder waren in den Ferien, als die deutsche Lehrerin mich in die Schule in Sussex brachte, einem großen, alten Backsteinhaus. Ursprünglich war es vielleicht einmal das Haus eines Landedelmannes gewesen; es lag ganz nett, inmitten der Wälder und der wogenden Wiesen. In der guten Bibliothek begann ich, mein Englisch aufzufrischen; im übrigen wartete ich auf Frieda.

Gegen Ende Mai las ich in der Zeitung, daß Toscanini in London angekommen sei. Mit einem unangenehmen Gefühl im Herzen schrieb ich ihm und adressierte den Brief an den Konzertsaal - Queen's Hall - denn ich wußte nicht, wo der Maestro abgestiegen war. Würde er sich nach diesen sechs Jahren noch an mich erinnern, und wenn, würde er mich nicht mit den Nazis und all den unglücklichen

Ereignissen, die aus seinem Zusammenstoß mit Bayreuth Hitlers wegen entstanden waren, in einen Topf werfen? Tag auf Tag wartete ich und beobachtete den Postboten des Dorfes, wie er gemütlich den Weg heraufkam, aber er brachte keine Antwort. Vielleicht hatte Toscanini meinen Brief nicht erhalten oder vielleicht - ich wollte nicht daran denken - zog er vor, nicht zu antworten.

Ich zählte die Tage, bis es Zeit war, nach London zu gehen. *Tristan* war für die erste Juniwoche angesetzt. Als ich der Schulleiterin sagte, daß Frieda mich für das Wochenende eingeladen habe und mich an der Bahn abholen werde, erhielt ich die Erlaubnis zur Reise und nahm den Zug nach London.

Es war Samstag nachmittag. Mit dem Namen eines nicht teuren, aber ungemein respektablen, kleinen Hotels in der Tasche, nahm ich ein Taxi und ließ den Chauffeur langsam fahren, da ich mir die Stadt ansehen wollte; vielleicht würde ich eine der Stellen wiedersehen, die mir vertraut waren, eine Straße, einen Park, ein Gebäude, das Vater mir vor sieben Jahren gezeigt hatte. Aber nichts weckte meine Erinnerung, bis plötzlich ein riesiges, flaches Gebäude in Sicht kam - das Britische Museum! Die Eltern hatten hier auf der Treppe gestanden, hatten mit einer Freundin gesprochen, die mich dann zum Mittagessen mitnahm - dieses Bild war klar und lebhaft in meinem Gedächtnis geblieben.

Von Berta Geissmar erfuhr ich, daß Toscanini im Claridge wohne. Da ich ihn telephonisch nicht erreichte, ging ich zum Hotel; er war nicht da, und ich hinterließ einige Zeilen für ihn, sicher, daß er mich sehen wolle und daß er diesmal bestimmt meine Nachricht erhalten würde.

Sonntagabend aß ich mit Frieda in einem Restaurant

am Picadilly Circus; das Essen ausdehnend, sprachen wir von zu Hause. Es war ein reizender Tag, und wir waren guter Stimmung, obwohl Frieda nicht allzu erfreuliche Nachrichten erhalten hatte. Tietjen, der ihr so viele Versprechungen gemacht hatte, um sie in Deutschland zurückzuhalten, als Hitler die Judenverfolgungen begann, brach jetzt eines nach dem anderen und machte ihr das Leben immer schwerer. Zu Beginn hatte ihm Frieda geholfen, seine Stellung zu halten, da sie an der Staatsoper einflußreich war und ihn gegen Hitlers Abneigung gestützt hatte. Jetzt, da er seine Stellung für gesichert hielt, vergaß er seine Versprechungen.

Frieda war krank gewesen, war voller Sorgen um die Sicherheit ihres Mannes und der Reibereien an der Staatsoper müde; hier in London konnte sie endlich wieder einmal frei atmen - keine Intrigen, keine Furcht, was morgen geschehen könnte. Für wenigstens eine Woche war das Leben normal, und man wußte, was der nächste Tag bringt. Am Montag sollte sie die Isolde singen, das würde für mich ein Festabend werden, da ich sie noch nie in dieser Rolle gehört hatte, und so vergaßen wir unsere Sorgen und genossen die Stunde.

Am nächsten Morgen in der Frühe läutete das Telephon. Frau Toscanini bestellte mich um neun Uhr fünfundvierzig in die Queen's Hall. Mit klopfendem Herzen schlüpfte ich hastig in die Kleider, goß eine Tasse Tee hinunter, aß in aller Eile eine Kleinigkeit und war pünktlich vor dem Konzertgebäude. Aber dort hineinzukommen, war schon eine schwierige Angelegenheit. Die Eingänge waren numeriert; so begann ich bei Nr. 1, machte mich durch lautes Husten bei dem schlafenden Portier bemerkbar und sagte ihm, daß Toscanini mich erwarte.

„Das ist nicht der richtige Eingang“, antwortete er schläfrig und schickte mich weiter.

Bei Nr. 2 geschah das gleiche und ebenso bei Nr. 3 und Nr. 4. So ging ich weiter, fragte bei jeder Tür, kam um das ganze Gebäude herum - schließlich sagte mir der hochmütige Portier von Nr. 15, daß dies der Eingang zum Orchester sei, doch bezweifelte er, daß Maestro Toscanini mich empfangen werde. Widerwillig stampfte er die Treppe hinunter, während ich mit vor Aufregung zitternden Knien wartete. Bald kam der Mann zurück und forderte mich auf, ihm zu folgen, in einem Ton, der sich schon der Freundlichkeit näherte. Wir gingen die Treppe hinunter, dann durch einen dunklen, engen Gang zum Künstlerzimmer. Frau Toscanini sah mich zuerst und lächelte mir zu.

„Hier ist Mausi“, sagte sie und winkte mir einzutreten. Der Maestro drehte sich um und streckte die Arme aus.

„Cara figliola“, rief er und drückte einen Kuß auf meine Wange. Ich umarmte ihn herzlich. Wieder empfand ich ein tiefes Gefühl der Sicherheit.

Nach einer Woche, die ich mit Frieda und Toscanini verbrachte, Oper, Museen und Konzerte besuchte, eine Woche, so angefüllt mit Glückseligkeit, daß sie bis zu meiner Rückkehr nach London anhalten würde, fuhr ich nach Sussex in meine Schule. Dort widmete ich die meiste Zeit dem Studium des Englischen in der einen oder anderen Form, Literatur, Kunstgeschichte, Geschichte, Konversation, begann aber auch mein Französisch aufzufrischen. Im September würde Frieda Leider in Paris an der Weltausstellung mit dem Ensemble der Staatsoper, das Deutschland repräsentieren sollte, singen. Alle meine Freunde würden dort sein, die musikalischen Aufführungen sollten Höchstleistungen darstellen, und so beabsichtigte ich, nach Paris zu fahren, da ich zu den Festspielen nicht nach Hause gehen wollte. Ich war noch nie in Paris gewesen. Das Leben dort war nicht teurer als in England - tatsächlich war der Wechselkurs ja noch günstiger - warum sollte ich also nicht einige Wochen dort verbringen und mir die Ausstellung ansehen?

Mit einer Freundin, die ich in mein Geheimnis eingeweiht hatte, wanderte ich in der Umgebung umher, wir übten unser Französisch an den Vögeln und den Kühen. Und am Abend stellte ich das Budget auf. Es wird möglich sein, gerade möglich. Meine Studienerlaubnis von der deutschen Regierung gewährte mir einen kleinen Wechsel, der nicht erhöht werden konnte, selbst wenn Mutter gewollt hätte, denn es gab keine Möglichkeit, Geld aus Deutschland herauszubekommen. Jeden Monat mußte ich meinen Paß der Bank in Bayreuth einschicken, die ihn mir mit dem Scheck zurücksandte, nachdem er vom Devisenamt abgestempelt worden war. Doch wenn ich mein Geld zusammenhielt, könnte ich es schaffen, drei Wochen in Paris zu verbringen, ohne einem Menschen ein Wort sagen zu müssen.

Anfang September fuhr ich über den Kanal nach Paris; durch Cook fand ich ein winziges Zimmer in einem kleinen Hotel in der Nähe der Rue de Rivoli und besuchte dann Freunde, von denen ich erfuhr, daß Mutter und wir vier Kinder zum Besuch der Ausstellung als Gäste der deutschen Kommission eingeladen worden waren; sie hatte aber abgelehnt. Es war etwas grotesk zu denken, daß ich in allem Glanz im Crillon hätte wohnen können, doch so war es genau so lustig, wahrscheinlich noch amüsanter, da ich unabhängig war und abends in meine eigene, winzige Klause zurückkehren konnte, wann ich wollte.

Diese erste Woche, in der sich die Staatsoper mit Ruhm bedeckte, verbrachte ich jede Minute mit den Mitgliedern des Ensembles, aß mit ihnen im Restaurant im Deutschen Pavillon, hörte mir Klatsch an, die neuesten Geschichten über Intrigen und Verfolgungen. Frieda sang herrlich und schien im Augenblick das Gefühl zu haben, daß alles friedlich sei.

Tietjen zog mich, wie gewöhnlich, zu allen seinen Gesellschaften hinzu, hatte aber seine alte Gewohnheit, mein Verhalten zu überwachen, noch immer nicht abgegeben. Als er zufällig hörte, daß Furtwängler mich sprechen wolle, rief er mich in sein Büro und warnte mich vor ihm; er brachte es auch zuwege, daß Furtwängler mich nicht sprechen konnte. Der Dirigent wollte, so stellte ich mir vor, sein Herz ausschütten über das, was sich während der Festspiele in Bayreuth abgespielt hatte, die, wie man mir von allen Seiten sagte, besonders stürmisch verlaufen seien. Furtwängler war ein sehr unglücklicher Mensch; zwar hatten ihm die Nazis seinen Paß wiedergegeben, der von ihnen zurückgehalten worden war, bis er sein Engagement bei der New Yorker Philharmonie verloren hatte, aber er war im Ausland als Nazi diskreditiert, und in Deutschland wurde er ständig schikaniert und bespitzelt, weil er kein Nazi war.

Bei der Ausstellung, zu der man ihn als Deutschlands hervorragendsten Dirigenten gesandt hatte, war er gezwungen worden, gemeinsam mit Tietjen und einem hohen Regierungsbeamten einen Kranz am Grabmal des unbekannten Soldaten niederzulegen. Auf einer Presse-Aufnahme war die Nazi-Delegation zu sehen, wie sie den offiziellen Gruß ausführte: Der Regierungsbeamte reckte den Arm recht hoch, Tietjen tat es befriedigend, doch Furtwängler hielt den Arm in einem verlegenen Winkel an die Schulter gepreßt. Später erfuhr ich, daß Tietjen dieses Bild an geeigneter Stelle als Beweis für Furtwänglers verräterische, antinazistische Gefühle zeigte.

Nachdem die deutsche Delegation, die eine Anzahl goldener Medaillen errungen hatte, abgereist war, verbrachte ich die mir verbleibenden zwei Wochen damit, Paris zu durchforschen. Irgend jemand hatte mir das Werk von E.V. Lucas, „Ein Wanderer in Paris", gegeben, und ich entdeckte die Stadt, Lucas' Spuren folgend. In aller Frühe stand ich auf und übertraf bei weitem die Leistungen von englischen Freunden, die ich oft beim Mittagessen traf.

„Wir können mit Mausi nicht Schritt halten", klagten sie. „Sie muß Füße aus Stahl haben." Daraufhin zogen sie sich zu einer ein- oder zweistündigen Siesta zurück, während ich meine Forschungswanderungen bis zum Abendessen fortsetzte.

Als ich wieder in England war, ging ich nicht in die Schule zurück, sondern mietete mir bei einer reizenden Familie in Hampstead ein Zimmer. Es war ein berauschender Herbst: täglich Besuche im Britischen Museum, Vorträge über Kunstgeschichte, und dank der Freundlichkeit von Berta Geissmar und Sir Thomas Beecham erhielt ich die Erlaubnis, die Proben der Londoner Philharmonie zu besuchen. Ein Musikrezensent, ein Freund meiner Mutter, nahm mich zu den Sonntagskonzerten in Covent Garden, zu den Konzerten in Queen's Hall und zu denen des Rundfunks mit. Auf diese Weise erhielt ich tiefgehende Kenntnisse der symphonischen Musik, die mich so begeisterte, daß ich ganz in den Partituren aufging.

Im November kehrte Toscanini zu einem Engagement beim Rundfunk nach London zurück und fand auch für die „Cara figliola“ Zeit. Er gab mir Karten für die Konzerte und die Proben, und ich versäumte nicht eine. Danach ging ich immer ins Künstlerzimmer, wo sich die Großen und die fast Großen versammelten, um den Maestro zu ehren. Es war eine gütige und freundliche Welt, selbst der mürrische, alte Portier taute auf. Ich lebte endlich in einer Atmosphäre, die mich völlig glücklich machte, konnte mich mit dem beschäftigen, was ich wollte, war mit Menschen zusammen, die ich liebte - und atmete tief die freiheitliche Luft ein.

Am Morgen des Tages, da Toscanini die Neunte Symphonie proben sollte, rief mich Berta Geissmar an. Nach belanglosem Geplauder sagte sie plötzlich erregt: „Es ist etwas Schreckliches passiert, fragen Sie nicht, was, ich kann es Ihnen jetzt nicht sagen. Nach der Probe werde ich Sie sprechen“, und hängte ein.

Auf dem ganzen Weg zur Probe zermarterte ich mein Gehirn. Ich dachte an die unsichere Lage meiner verschiedensten Freunde in Deutschland, auf die die Axt niedergesaust sein konnte. Plötzlich durchfuhr der Name Janssen mein Gehirn, ein sechster Sinn sagte mir: „Es ist etwas mit Janssen.“ Der Saal füllte sich rasch, doch Berta Geissmar war nicht da. Das Orchester trat ein, Toscanini kam aus dem Vorzimmer und klopfte mit dem Stock aufs Pult; die Probe begann, und noch immer keine Berta Geissmar. Erst kurz vor der Pause hörte ich, wie sie auf den Sitz hinter mir schlüpfte und bemerkte neben ihr eine große, schlanke Gestalt - Herbert Janssen!

Also, was auch Schreckliches geschehen sein mochte, es hatte Janssen nicht in Deutschland zurückgehalten. Doch es war schlimm genug: Janssen war gerade in Bad Kissingen zur Kur gewesen, als ein Freund zu ihm gestürmt kam und ihm erklärte, er müsse sofort verschwinden, da seine Verhaftung befohlen und keine Zeit zu verlieren sei. Wie durch ein Wunder konnte er mit nur zehn Mark in der Tasche entweichen. Das war nun sein ganzer Besitz - wie alle guten Deutschen jener Zeit hatte er jeden Pfennig, den er im Ausland verdient hatte, ins Reich gebracht; so war er nun völlig mittellos und machte sich große Sorgen um Erna, seine Frau, die zurückgeblieben war, um ihre Angelegenheiten zu regeln und zu retten, was zu retten war.

Wir versicherten ihm, daß Erna nichts zustoßen werde, sie sei geschickt und wisse, wann sie zu schweigen habe. Später erzählte mir Erna, daß sie zu Tietjen ins Büro bestellt worden sei, der mit allen Mitteln versucht habe, von ihr das Geständnis zu erlangen, daß Janssen Geld im Ausland besitze.

„Herbert muß doch Geld draußen haben. Niemand, der bei Sinnen ist, würde ohne einen Pfennig Geld davonlaufen“, sagte er hartnäckig.

„Herbert ist das gleich“, erwiderte sie leichthin, als habe sie noch nie davon gehört, daß auf Devisenvergehen die Todesstrafe stehe. „Er denkt nie an praktische Dinge.“ Als sie durch Tietjens Vorzimmer ging, bemerkte sie, daß seine Sekretärin hastig den Deckel eines Diktaphons zuklappte.

Obwohl Janssens Freunde bereit waren, ihm zu helfen, benötigte er keine Hilfe. Sir Thomas engagierte ihn sofort für ein Sonntagskonzert, und „His Master's Voice" überreichte ihm einen großen Scheck für Plattenaufnahmen. Nach zwei oder drei Tagen erhielt er Engagements für die Wiener Oper, das Teatro Colon in Buenos Aires und schließlich an die Metropolitan Opera in New York.

Zwanzigstes Kapitel

Arisches Blut

Wieder näherte sich Weihnachten - Weihnachten 1937. Die mir bevorstehende Reise nach Wahnfried erfüllte mich mit Angst, obwohl es mich zu Nickel hinzog. Meine Brüder waren krank gewesen; beide hatten im Krankenhaus gelegen, und Mutter machte sich ihretwegen schwere Sorgen. Ich nahm mir vor, diesmal meine Zunge zu hüten und Mutter auch nicht den leisesten Anlaß zu Meinungsverschiedenheiten zu geben. Wenn ich mich sehr zusammennähme, könnte ich die Feiertage ohne Sturm überstehen.

Das Flugzeug, das mich nach Berlin brachte, setzte mich in einer seltsamen Stadt ab. Es waren die gleichen vertrauten Straßen, die gleichen Häuser, doch die Menschen waren verändert, selbst meine besten Freunde. Vielleicht, weil ich so lange „draußen" gewesen war, begannen sie Kritiken zu flüstern, die vorher nie über ihre Lippen gekommen wären. Zu meinem größten Erstaunen war Hitler nicht mehr sakrosankt. Man erzählte erbittert von phantastischen Festen in der Reichskanzlei, von Vermögen, die Tänzerinnen gezahlt wurden, von den unglaublichen Summen, die dieser Minister für sein Haus bezahlt hatte, jener für die Juwelen seiner Maitresse. Die Deutschen haben nicht viel für Luxus übrig und neigen dazu, Ausschweifungen scharf zu kritisieren, besonders wenn das Geld dafür aus ihren Taschen gezogen wird.

Erstaunt über die Entdeckung, daß Hitler, der beinahe „heilige Ästhet", leicht auf seinem Piedestal zu wanken begonnen haben sollte, rief ich in der Kanzlei an, um mitzuteilen, daß ich in Berlin sei und den Führer gern sprechen möchte. Ich wollte ihm erzählen, was für Fehler Ribbentrop in London machte. Jedermann in England war ehrlich darauf bedacht, gute Beziehungen zu Deutschland zu unterhalten, doch Ribbentrops Possen in der Botschaft schadeten diesen Bestrebungen.

Als ich in der Reichskanzlei ankam, teilte mir Kannenberg mit, daß ich allein mit dem Führer zu Mittag essen werde. Hitler empfing mich am Fuß der Treppe und sah viel besser aus, weniger aufgeschwemmt als im März, da ich ihn zum letztenmal gesehen hatte. Er führte mich in ein neues, kleineres Eßzimmer, einen ausgesprochen eleganten Raum.

„Gefällt es dir?“ fragte Hitler, der beobachtete, wie ich mich bewundernd umschaute. „Ich will gelegentlich mit meinen Gästen allein sein, ohne immer all diese Kerle um mich zu haben.“

Jawohl, der intime Charme des Zimmers gefiel mir, aber es war ein ausgesprochenes Damenzimmer. Die hübsche Rokokodame an der Wand, die unter ihrer gepuderten Perücke und ihrem gewagt ausgeschnittenen blauen Gewand auf uns herablächelte, schien nicht ganz zu dem lauten SS-Diener zu passen. Etwas gefiel mir vor allem: das Zimmer war frei von der drückenden Hitlerschen Atmosphäre; er schien dort ebensowenig zu Hause zu sein wie ich - wir schienen hier Gäste zu sein, wir konnten hier offen miteinander reden.

Als wir die ungeheuren Schüsseln mit Bohnensuppe in Angriff nahmen, begann ich ihm zu erzählen, wie sich durch Ribbentrop die deutsch-englischen Beziehungen verschlechterten, und ich betonte noch die groben Fehler des deutschen Botschafters, indem ich das Verhalten des österreichischen, Baron Frankenstein, dagegen hielt, der der beliebteste und gleichzeitig der geachtetste der diplomatischen Vertreter in London war. Ich gab sogar Einzelheiten über einige von Ribbentrops Fehlern, seine Ungezogenheiten und seine prunkenden Feste, die gerade die Kritik der Gäste, die seinen Champagner tranken, herausforderten.

Der Führer löffelte seine Bohnensuppe nicht weiter und starrte mich an, sein Gesicht begann sich zu röten.

„Das stimmt nicht", donnerte er, mit dem Finger auf mich deutend. „Das ist eine Lüge. Ribbentrop hat ganz anderes erzählt."

„Warum sollte Ribbentrop Ihnen die Wahrheit sagen?" erwiderte ich.

Als Hitler anfing, mit seinen Händen herumzufuchteln und mich mit seinen blauen, hypnotisierenden Augen anzustarren, hätte ich am liebsten über mich selbst laut gelacht, denn was ich auch über Ribbentrop sagen konnte, ich selbst war bestimmt kein Diplomat. Wir wechselten das Thema, und die Eintracht war wieder hergestellt; noch bevor ich mir der Zeit bewußt war, stürmte der SS-Diener bereits mit des Führers Pille und seinem Glas Wasser herein: das Essen war vorüber. Es war nicht der geeignete Moment, doch obgleich ich alles durch meinen Eifer, Hitler über die Zustände in England zu informieren, verpfuscht hatte, mußte ich ein Versprechen, das ich Freunden gegeben hatte, erfüllen.

„Ich möchte Sie um einen großen Gefallen bitten, nicht für mich, sondern für meine beste Freundin." Wie wünschte ich jetzt, ihn flehentlich durch meine Wimpern anschauen zu können, wie es Nickel so leicht gelang, aber meine einzige Methode war, mich kopfüber in etwas zu stürzen.

„Ihr Verlobter ist Chefarzt in einem großen Krankenhaus und Arzt der SS. Jetzt stellt sich heraus, daß sie eine Vierteljüdin ist, obgleich man es ihr nie ansehen würde. Sie ist ein ausgesprochen nordischer Typ. Und die jüdische Großmutter hat im Siebziger Krieg die höchsten Auszeichnungen für ihre Tätigkeit beim Roten Kreuz erhalten. Obgleich meine Freundin gemäß den Nürnberger Gesetzen ihren Arzt heiraten könnte, würde es ihn seine Karriere kosten, wenn sie nicht eine Sonder-Erlaubnis von der Regierung erhielte. Er müßte seine Stellung im Krankenhaus und bei der SS aufgeben und würde alle seine Patienten verlieren. Ein Wort von Ihnen genügte, um all diesen Kleinstadt-Geschäftehubern das Maul zu stopfen."

Hitler konnte außergewöhnlich sentimental sein, und ich kannte Fälle, da er Entscheidungen in menschlicher Weise getroffen hatte. Zudem hatte ich damit gerechnet, daß er mir wohl kaum einen Gefallen verweigern werde.

„Ich muß sehen, wie der Fall gesetzlich liegt", antwortete er ausweichend. „Schick' mir einen mit der Schreibmaschine geschriebenen Bericht über den Fall, damit er untersucht werden kann."

Das war das Schlimmste, was geschehen konnte. Man hatte mir gesagt, daß diese berühmten mit der Schreibmaschine geschriebenen Berichte stets im Papierkorb landeten, doch ich durfte die Sache meiner Freundin nicht aufgeben, ohne noch einen Versuch zu wagen.

„Wer gibt denn die Genehmigungen für die Heiraten zwischen Halbjuden und Ariern... Frick?"

„Nein, ich", erwiderte Hitler ärgerlich. „Und nur

in ganz besonderen Ausnahmefällen, wo es klar erwiesen ist, daß die arische Hälfte überwiegt, gebe ich die Erlaubnis."

„Und wie wird dieser klare Beweis erbracht?"

„Oh, das ist einfach", erwiderte Hitler. „Dafür habe ich die Blutproben. Meine Wissenschaftler erledigen diese Fälle." Sein Ton warnte mich; er wollte nichts mehr von meiner Freundin und ihren Herzensangelegenheiten hören.

Ich biß die Zähne zusammen, um nicht hervorzusprudeln, daß nicht einmal das Blut eines Gorillas vom menschlichen zu unterscheiden sei. Wir murmelten noch einige gespannte Liebenswürdigkeiten, während er mich zur Treppe begleitete.

„Auf Wiedersehen, Mausi. Ich freue mich immer, wenn ich jemanden von euch sehe. Viele Grüße für Mama und Nickerl und deine Brüder."

Das war also schief gegangen. Als ich in den kalten Wintersonnenschein hinaustrat, begann ich fast zu rennen, um die wütenden Gedanken loszuwerden, die mir im Kopf umhergingen.

Es war Zeit, mich zum Abendessen und zum Theaterbesuch mit Passmanns, die während des Winters sehr freundlich zu mir gewesen waren, umzuziehen. Peter versuchte, meine bedrückte Stimmung durch komische Geschichten aufzuheitern, doch ich hatte das Gefühl, als könnte nichts in der Welt mich je wieder fröhlich stimmen.

„Ich wünschte, ich wüßte, wo ich hingehöre. Hierhin gehöre ich nicht mehr. Sagen Sie mir, bitte, Peter, wo gehöre ich hin?"

Vaters alter Freund antwortete nicht; er streichelte nur meine Hand. Am nächsten Nachmittag hatte Tietjen eine lange Unterredung mit mir in seinem Büro und versuchte, mich auf die Verhältnisse zu

Hause vorzubereiten. Niemand hatte mir erzählt, wie ernst der Zustand meiner Brüder gewesen war. Den ganzen Herbst über hatte Wieland im Krankenhaus in Bayreuth gelegen, wo er sich einer Operation wegen einer alten Verletzung hatte unterziehen müssen, die ihn nie gestört hatte, bis er ins Arbeitslager gekommen war. Am Tag, als er soweit war, aufstehen zu können, wurde entdeckt, daß er eine doppelseitige Lungen-Embolie hatte. Die Ärzte hatten versprochen, daß er Weihnachten wieder zu Hause sein würde.

Auch Wolfi war in einem jämmerlichen Zustand aus dem Arbeitslager nach Hause gekommen. Die Behörden hatten die Burschen einen zusätzlichen Monat zurückbehalten, um die Ernte einzuholen, hatten ihnen aber keine warme Kleidung gegeben, so daß Wolfi mit einem bösartigen, schmerzhaften Rheumatismus und einer Infektion des ganzen Organismus zurückgekehrt war. Emma war mit ihm zur Erholung in die Berge gefahren, und er würde wohl zu den Feiertagen nach Hause kommen können.

„Sie werden Ihre Mutter völlig verändert finden", bereitete mich Tietjen vor, „unsicher und mißtrauisch. Als Wieland so krank war und sie seine Briefe öffnete, fand sie einige von Knittel, worin er dem Jungen den Rat gab, sich von seiner Mutter zu trennen und sein eigenes Leben zu führen. Sie wissen, wie blindlings sie immer Knittel vertraut hat. In all diesen Schwierigkeiten hat sie nach Ihnen verlangt. Sie hat mich gefragt: „Soll ich Mausi kommen lassen?" Obwohl sie Ihnen diese Dinge nicht erzählen wird, weil Sie gegen Knittel immer Mißtrauen gehegt haben, braucht sie Sie. Sehen Sie zu, was Sie für sie tun können."

Es war freundlich von Tietjen. Ich versprach ihm, mein Bestes zu tun und fuhr am nächsten Tag nach Hause. Als Mutter mich in Wahnfried empfing, umarmte sie mich und weinte. Wir waren uns sehr nahe, doch diese Anwandlung ging vorüber wie immer, und wir waren wieder höflich voreinander auf der Hut.

Die Feiertage verliefen besser, als wir erwartet hatten, besonders dank Betty, einem kleinen Mädchen, das während meiner Abwesenheit zur süßen Tyrannin von Wahnfried geworden war. Mutter hatte dieses Kind im Krankenhaus von Bayreuth entdeckt, als sie Wieland besuchte und war sofort von dem rührenden, drei Jahre alten Geschöpf, das an einer Hautkrankheit litt, entzückt gewesen. Der Arzt, der auch gleichzeitig der Amtsarzt war, hatte Betty vom Land hergebracht, weil ihre Eltern zu arm und zu unwissend waren, um ihr die richtige Pflege und Diät zuteil werden zu lassen; im Krankenhaus aber wurde ihr Bettchen von einem Saal in den anderen geschoben, und niemand pflegte sie richtig.

„Ich habe viel Platz und genug Essen und Zeit“, hatte Mutter gesagt, „ich werde sie zu mir nehmen.“ Betty war so schwach, körperlich so zurück, daß sie kaum gehen konnte und wir, manchmal Mutter, manchmal Emma oder ich, sie im Kinderwagen umherfahren mußten; die Leute in der Stadt zerbrachen sich schon den Kopf darüber, wo sie herkam. Das Kind blühte in Wahnfried auf und war lustig und so unterhaltend, daß Mutters Freundinnen darauf brannten, zum Tee zu kommen und Betty zuzuhören, die auf einem hohen Kinderstuhl neben dem Tisch saß.

Am Tage kratzte sich Betty nie an ihrem Schorf,

doch nachts, ganz gleich, wie gut sie verbunden war, gelang es ihr stets, einige ihrer Wunden aufzureißen. Am Morgen bot sie dann ihr kleines Hinterteil dar mit der Bitte, ihr eine Tracht Prügel zu verabreichen. Schließlich entdeckte Mutter, daß das Kind Angst hatte, nach Hause geschickt zu werden, sowie es gesund sei, und deshalb wollte es einige offene Stellen behalten. Als Mutter ihr dann klarmachte, daß sie so lange bleiben könne, wie sie wolle, hörte Betty auf, sich zu kratzen und genoß Wahnfried ohne Sorge. Die Mädchen, der Gärtner, die Köchin, alle waren ihre begeisterten Sklaven mit Ausnahme von Emma, die, wenn Mutter Betty ein besonders hübsches Kleid anzog, daran erinnerte, daß es schließlich kein Wagnerkind sei.

Da Wieland nun die meiste Zeit zu Hause war, wurden wir wieder gute Freunde. Er erzählte mir, wie er eines Nachts, als er während seiner Militärzeit auf Wache war, das Radio aufdrehte; die Melodie, die er hörte, hatte einen fabelhaften Schwung, so stellte er den Apparat auf höchste Lautstärke ein, damit auch seine Kameraden draußen auf Posten die Musik genießen könnten. Plötzlich riß ein Offizier die Tür auf und überbrüllte die Musik: „Um Gottes willen, drehen Sie ab! Wissen Sie denn nicht, daß es die ‚Internationale' ist?" Wieland war völlig ahnungslos und überrascht. Es tat ihm aber noch immer leid, nicht das Ende des Liedes gehört zu haben; ich versprach ihm, daß ich ihm von meinem nächsten Besuch in London diese Platte mitbringen werde. Unter uns wollten wir Vergnügen haben.

Er erzählte mir auch eine andere Geschichte, die offensichtlich schon zur Familienlegende geworden war, die Geschichte vom Besuch des Prinzen Chichiboo in Wahnfried. Der japanische Prinz, ein

Bruder des Kaisers Hirohito, war am Reichsparteitag in Nürnberg Hitlers Gast gewesen, und Hitler hatte Mutter gebeten, Wahnfried für eine Woche zu räumen und den Prinzen und seine Adjutanten dort wohnen zu lassen. Mutter sollte als Gastgeberin fungieren. Der Prinz sprach nur gebrochen Englisch, gar kein Deutsch und Mutter natürlich kein Japanisch, so daß die Unterhaltung ein bißchen schwierig war. Als sie ihn fragte, wie er die Eier zum Frühstück haben möchte, als Spiegeleier, gekocht, Rührei oder Omelette, antwortete er mit höflichem Lächeln: „Alles!“ Mutter bestellte also „Alles". Am Morgen, als sie dem Prinzen beim Frühstück Gesellschaft leistete, sah sie, wie er vergnügt sämtliche Eier in den verschiedensten Zubereitungsarten, die die Köchin sich hatte ausdenken können, verzehrte. Mutter war nicht darauf aufmerksam gemacht worden, daß ein japanischer Gast alles essen muß, was ihm sein Gastgeber vorsetzt, so daß der Prinz die Heldentat hatte vollbringen müssen, während sie sich über die Aufnahmefähigkeit seines Magens wunderte.

Das erste Abendessen verlief recht glatt, die Unterhaltung wurde mittels Zeichensprache bestritten. Als das Dessert beendet war, gab Prinz Chichiboo einen mächtigen Rülpser von sich, dem ein Chor von Rülpsern seiner Adjutanten wie ein Fortissimo folgte. Mutter sprang fast vom Stuhl hoch, dann fiel ihr aber ein, daß die Japaner diese Laute von sich geben anstatt zu sagen: „Es war ausgezeichnet“.

Nach einer Woche, angefüllt mit Eiern und Rülpsern, war der Prinz abgereist. Als kurz danach Betty ins Haus kam und wie alle kleinen Kinder rülpste, rief die ganze Gesellschaft: „Chichiboo!“ Das nächstemal kam Klein-Betty allen zuvor: „Chichiboo!" schrie sie stolz und blickte Mutter, Beifall heischend, an.

Diese Weihnachtsferien konnte ich überstehen, ohne den üblichen Sturm hervorgerufen zu haben, doch Mutter war so unruhig, so mißtrauisch gegen die verborgenen Motive meines Wohlverhaltens, daß es schwierig gewesen war, den Frieden zu wahren.

London, wo mir kein Mensch mißtraute, wo man keine phantastischen Geschichten über die Dinge, die ich tat und nicht tat, erzählte, kam mir wie das Paradies vor. Dort betrieb ich wieder eifrig meine Studien. Im März schickte Mutter mir ein Flugbillett für eine Aufführung einer von Vaters Opern in Berlin, *Der Schmied von Marienberg*, in welcher die Heldin Friedelind heißt.

Ich rief eine Sensation in der von Schminke reinen Atmosphäre Deutschlands hervor durch meine Aufmachung: ich trug ein reichbesticktes, schwarzes Seidenkleid mit Schleppe, darüber einen Abendmantel, den Frieda mir in Paris geschenkt hatte, aus lackierter Seide, verziert mit roten, grünen, blauen Blumen und Gold; die Wirkung war hauptsächlich Gold auf schwarzem Hintergrund. Dazu hatte ich rotlackierte Zehennägel, die aus den dünnsten Strümpfen in goldenen französischen Sandalen hervorschauten. Durch diese Kleidung und mein blondes Haar, das von einem guten Friseur gelockt und frisiert war, zog ich die Blicke aller Welt auf mich.

Mutter warf mir einen entsetzten Blick zu und sprach den ganzen Abend nicht mit mir, hielt sich soweit wie möglich von mir entfernt und benahm sich, als sei ich ein öffentliches Ärgernis. Peter Passmann, der für sein Alter noch immer gut aussah, eilte mir zu Hilfe. Er führte mich zu seinem Tisch, als sei ich eine große Dame. Margarete sagte, ich sähe fabelhaft aus, und nach einer Weile kam unser Bayreuther Zahnarzt, der eine Sängerin verehrte, und machte mir die schönsten Komplimente.

Peter war in gehobener Stimmung. Er erzählte mir, was alles seit unserem letzten Zusammensein geschehen war. Göring, der allmächtige Jäger, hatte für alle Bezirke Jägermeister ernannt und Peter wegen seines Rufes als Sportsmann den Bezirk Berlin übertragen.

„Was haben Sie denn zu tun, Peter?“ fragte ich neugierig. „Wild für den Feldmarschall schießen?“

„Er jagt sehr viel in meinem Bezirk, und ich bin natürlich stets eingeladen“, sagte Peter kichernd. „Der Feldmarschall sorgt gut für die Rehe. Die Jagdgesetze sind recht gescheit und menschlich.“

„Aber Sie sollten ihn in seiner Uniform sehen“, fügte Margarete hinzu. „Göring hat sie entworfen, und sie hat so viele goldene und rote Streifen, daß er darin aussieht wie ein Zinnsoldat in einer Operette.“

Es war eine gemütliche Gesellschaft. Die Sänger, die über meine lackierten Zehennägel nicht im geringsten entsetzt waren, kamen zu uns, und wir tauschten Neuigkeiten über die Ereignisse innerhalb und außerhalb der Festung aus. In Deutschland begannen die Menschen sich wie in einem Gefängnis zu fühlen, von wo aus sie gierig nach Neuigkeiten aus der „Welt“ fragten. Die einzige Freundin, die fehlte, war Frieda. Sie hatte sich nicht wohlgefühlt, aber trotzdem schien es merkwürdig, daß sie nicht gekommen war.

Am nächsten Morgen ließ mich Tietjen rufen. Frieda, die den ganzen Winter über nicht gesungen hatte, weil sie an den Folgen eines Nervenzusammenbruchs litt, sang am nächsten Abend die Isolde in Bremen, ihr erstes Auftreten seit Weihnachten. Er hatte versprochen, daß sie bei den Festspielen von 1938 in allen *Tristan*-Aufführungen die Isolde und in der Hälfte der *Ring*-Aufführungen die Brünnhilde singen sollte; nun hegte er aber Bedenken wegen ihrer Stimme, und so wollte er, daß ich nach Bremen fahre, um festzustellen, ob sich ihre Stimme verändert habe. Da wir so eng befreundet waren, fand ich es recht übel von Tietjen, mir einen solchen Auftrag zu geben; ich wollte aber auf jeden Fall nach Bremen fahren, und auf diese Weise wurden mir die Spesen von den „Festspielen", mit anderen Worten, von Mutter, bezahlt.

Am nächsten Tag war alle Welt auf der Straße, im Zug, im Hotel, in der Luft voll Aufregung über den Anschluß von Österreich. Niemand sprach von etwas anderem, einige frohlockend, andere mit schlecht verhehlter Sorge. Ich trug an diesem Abend wieder das schwarze Kleid und den hübschen Abendmantel, benachrichtigte aber Frieda nicht von meiner Ankunft. Als die Aufführung vorüber war - ihre Isolde war ausgezeichnet wie immer - ging ich hinter die Bühne und umarmte sie.

„Du elegantes Kind", rief sie aus, ihr lackiertes Geschenk aus Paris bemerkend. Wir aßen mit einigen ihrer Kollegen zusammen zu Abend; es war lustig, man sprach von der Aufführung und allerlei musikalischem Klatsch. Niemand sprach vom Anschluß. Danach gingen wir drei, es war schon früh am Morgen, zurück ins Hotel und unterhielten uns in Friedas Zimmer weiter. Sie und Deman waren ernst und bedrückt, wußten nicht, was für Folgen der Anschluß für sie haben würde. Bisher war ihre österreichische Staatsangehörigkeit für Frieda immer noch ein Schutz gewesen, jetzt wußte aber niemand, was geschehen werde. Wie wir es auch betrachteten, die Zukunft sah düster aus. Schließlich küßte Frieda mich und schickte mich ins Bett.

Die musikalischen Kreise Londons waren von den Nachrichten und Gerüchten über die Vorgänge in Österreich erfüllt. Janssen hatte zum Glück gerade sein Engagement in Wien beendet gehabt und war mit Erna am Tag vor dem Anschluß abgereist. Kerstin Thorberg, die sich immer geweigert hatte, in Nazi-Deutschland aufzutreten, hatte ihren Kontrakt mit der Oper gebrochen und Wien innerhalb von vierundzwanzig Stunden nach Hitlers Ankunft verlassen. Später erzählte mir Felix Weingartner, wie die Nazis sich bemüht hatten, ihn loszuwerden. Da er gerade einen neuen Vertrag mit der Oper geschlossen hatte und Schweizer Bürger war, mußten sie legal und korrekt vorgehen, um nicht eine neutrale Regierung zu beleidigen. Sie studierten eifrig ihre Gesetzbücher. Auf Grund von „Unzuverlässigkeit" konnten sie seinen Vertrag kündigen, da aber selbst die Nazis einsahen, daß es sehr schwierig sei, ihm Unzuverlässigkeit nachzuweisen, bemühten sie sich weiter. Ein anderer Paragraph, der die Annullierung des Kontraktes gestattete, wenn es aus Sparsamkeitsgründen notwendig sei, schien plausibler zu sein; so annullierte die Nazi-Regierung, plötzlich arm geworden, Weingartners Vertrag und weigerte sich, ihm einen Pfennig zu zahlen.

Viele der Künstler, die Österreich verlassen hatten, kamen nach London und gestalteten die Frühjahrs-Saison besonders glänzend. Toscanini kam zurück und erzählte mir, daß er das *Siegfried-Idyll* im

August in Tribschen spiele. Er lud mich ein, ihn und seine Frau dort nach den Festspielen zu besuchen.

Schließlich kamen Frieda Leider und Deman an, aber weder sie noch die anderen deutschen Sänger genossen die festliche Atmosphäre, die gewöhnlich das Londoner Gastspiel so schön gestaltete. Die Verhältnisse würden schlimmer und schlimmer, berichtete Frieda. Dieses Jahr war sie auf neun Pfund Tagesspesen beschränkt worden und mußte dauernd rechnen, um Freunde einladen zu können. Ihre Kollegen hatten mit der gleichen Schwierigkeit zu kämpfen. In früheren Jahren hatten sie dieses Engagement benutzen können, um Kleider zu kaufen, um gut zu essen, doch in dieser Saison konnten sie nur einen kleinen Prozentsatz ihrer Gage ausgeben, einige von ihnen hatten nur einen Spesensatz von zweieinhalb Pfund pro Tag. Der Rest mußte der Nazi-Regierung überwiesen werden, durch die ihre Kontrakte abgeschlossen worden waren.

Frieda sah krank aus, ihre strahlende Vitalität war getrübt. Ich bat sie, nicht mehr nach Deutschland zurückzukehren, sich zu retten, solange es noch Zeit sei, doch sie zuckte müde mit den Achseln und wies darauf hin, daß ihre Mutter und alles, was sie besitze und was sie sich in ihrem Leben aufgebaut habe, in Deutschland sei, ihr Haus, das Vermögen, das sie sich erspart habe. Sie sei keine junge Sängerin mehr, nicht mehr jung genug, um ohne einen Pfennig von neuem zu beginnen.

„Sie haben Glück, mein Junge“, sagte sie zu Janssen mit einem traurigen Ton in ihrer süßen Stimme. „Sie haben Glück, weil Sie jung sind.“

Zu mir sagte sie: „Jetzt kommen erst die schwierigen Jahre!“ Sie umarmte mich und fügte hinzu: „In unserer Freundschaft beginnt ein neues Kapitel.“

Einundzwanzigstes Kapitel

Schirmherr der Künste

Im Jahre 1938 hätten, der bisherigen Gepflogenheit zufolge, keine Festspiele stattfinden sollen, doch die Steuern auf dem Festspielhaus waren so hoch, daß Mutter die Ausgaben nur noch bestreiten konnte, wenn sie jedes Jahr Spiele veranstaltete. So erwartete sie mich im Juni zurück. Widerstrebend ging ich nach Deutschland; ich wußte, daß es mein letzter Besuch sein würde, denn im nächsten Jahr wurde ich einundzwanzig und somit großjährig. Da ich befürchten mußte, daß mir mein Paß zu jeder Zeit abgenommen werden konnte, begann ich Wege auszukundschaften, um notfalls illegal die deutsche Grenze zu überschreiten.

Es gab zwei Möglichkeiten: entweder durch die Schweiz oder durch die Tschechoslowakei. Die tschechische Grenze hatten Wolfi und ich zufällig einmal bei unseren Wanderungen im Erzgebirge überschritten, und erst, als wir auf einen fremdsprachigen Wegweiser stießen, bemerkt, daß wir uns im Ausland befanden.

Von London war ich, trotz der Beschwerden, die mich gewöhnlich beim Fliegen überfallen, nach Berlin geflogen. Um mein Wieland gegebenes Versprechen zu erfüllen, hatte ich mir von Fred Geisberg, dem Direktor der großen englischen Grammophongesellschaft „His Master's Voice", eine Platte der „Internationale" schenken lassen. Onkel Fred gab mir sogar ein paar rote Etiketten mit der Aufschrift: „Franz Schubert. Die Unvollendete. Londoner Symphonie-Orchester, Dirigent: Sir Thomas

Beecham." So, den richtigen Titel verdeckt, mußte es ein Leichtes sein, die Platte durch den Zoll im Berliner Flughafen zu bringen.

Wie anzunehmen gewesen, brachte ich die Platte unbehelligt in meiner Hutschachtel durch die Kontrolle und machte mir zu Hause den Spaß, sie unserer Köchin und dem Dienstmädchen vorzuspielen. Als sie erfuhren, um was es sich handelte, hatten sie entsetzliche Angst, daß unsere Nachbarn die Melodie erkennen und mich der Gestapo anzeigen könnten, die mich daraufhin sofort ins Gefängnis stecken würde.

Am nächsten Morgen sah ich auf dem Weg zum Kurfürstendamm das Wort „Jude" in großen, roten Lettern auf den Schaufensterscheiben vieler Geschäfte gemalt und dann auf dem Trottoir plumpe, große Sterne Davids, oft mit schmähenden Zusätzen. Diese neue Demütigung der Juden verursachte mir ein so peinliches Gefühl - machte mich verlegen, als starre ich einen Krüppel an - daß ich den Kopf abwandte. Sehnsüchtig blickte ich zu dem Passagier-Flugzeug auf, das gerade hoch oben in den Lüften flog, und wünschte, es brächte mich sofort zurück nach London. Bereits in den ersten vierundzwanzig Stunden war mir klar geworden, was für ein Irrtum diese Heimkehr war.

Am Abend empfing mich die Portiersfrau mit besorgtem Gesicht. „Waren Sie in der Stadt?" fragte sie mich. „Was halten Sie davon?"

„Wovon?" antwortete ich und tat, als verstehe ich sie nicht.

Das Blut stieg ihr in die Wangen. „Das ist eine Schweinerei. Ich schäme mich, auf die Straße zu gehen und mir das ansehen zu müssen." Sie wischte imaginären Staub vom Tisch und ging in die Küche, ohne ein weiteres Wort zu sagen. Auch der Chauffeur, den ich immer als einfältigen Nazi gekannt habe, verlieh seiner Empörung vorsichtig Ausdruck. Der Stimmungswechsel war fast unglaublich.

Während meines Aufenthaltes in Berlin erfuhr ich, daß unser Verwaltungsdirektor Knittel ins Gefängnis gesteckt worden sei unter der Beschuldigung, einen Teil unseres Vermögens unterschlagen zu haben, und daß Mutter infolge des Skandals krank geworden sei. Tietjen würde mir zweifellos alles erzählen.

Um in der Eisenbahn die Gesellschaft von Nazis zu vermeiden, deren Bemerkungen mich immer in heftige und nutzlose Diskussionen verwickelten, sagte ich Mutter am Telephon, daß ich nach Nürnberg fliegen werde und bat sie, mir den Wagen zu schicken; als sie den Grund erfuhr, wurde sie wütend und weigerte sich. Es war fast elf Uhr, als ich in Wahnfried ankam; um mir zu zeigen, daß ich in Ungnade gefallen sei, war die ganze Familie bereits zu Bett gegangen, anstatt auf mich zu warten.

Der nächste Tag war der 23. Juni, Mutters Geburtstag, ein Tag, den wir stets mit Geschenken und besonderem Essen feierten. Als ich zum Frühstück herunterkam, saßen Wolfi, Wieland und Klein-Betty am Tisch; Nickel war noch in der Schule. Obwohl die Sonne in den Raum schien und Betty begeistert „Mausi, Mausi!“ rief, herrschte eine so düstere Stimmung wie in einem Mausoleum. Meine Brüder grunzten einen Willkommensgruß und fuhren dann schweigend fort, ihren Tee zu trinken.

Mutter kam herein. Ihr Gesicht, gewöhnlich so lebendig, so voller Farben, war grau, ihre Augen waren fast schwarz und hatten einen gehetzten

Ausdruck, und ihr Haar, ihr entzückendes, glänzendes Haar, war stumpf und von einigen grauen Fäden durchzogen. Ohne mir Gelegenheit zu geben, ihr Glück zum Geburtstag zu wünschen, begann sie sofort, mir mit heiserer, mißtönender Stimme Vorwürfe zu machen. Wieland hielt seinen Blick auf den Teller geheftet, aß aber nicht, und Wolfi, obwohl er sein Frühstück mit gewohntem Appetit verzehrte, machte keinen Versuch, das Mahl durch Unterhaltung zu beleben.

Nach dem Frühstück traf ich Tietjen, bevor er zum Festspielhaus ging, im Garten, und fragte ihn über Knittel aus.

„Ich bezweifle, daß Ihre Mutter mit Ihnen über die Angelegenheit sprechen wird", sagte er. „Sie wird fürchten, daß Sie Genugtuung empfinden könnten; nicht einmal den Jungen ist die ganze Wahrheit gesagt worden." Emma erzählte mir, daß Mutter einen zweiten Schock erlitten habe, als Tietjen sich weigerte, ihr beizustehen; er habe gesagt, er könne in dieser widerlichen Angelegenheit nichts unternehmen.

In den nächsten Tagen gelang es mir, alles über den Knittelschen Skandal ausfindig zu machen. Knittel hatte, als er erfuhr, daß eine Untersuchung gegen ihn schwebte, sofort ein Krankenhaus aufgesucht, war aber herausgeholt und in ein Gefängnis in der Nähe von Karlsruhe gesteckt worden. Die schlimmste Klage gegen ihn war Devisenverschiebung ins Ausland.

Der Staatsanwalt beschuldigte ihn, während all der Jahre, da er Verwaltungsdirektor des Festspielhauses gewesen und diese Arbeit angeblich im Interesse der Kunst umsonst verrichtet habe, Wagnersches Geld für sich verwendet zu haben: zweihundertfünfzigtausend Mark davon hatte er in seinen Verlag gesteckt, ungefähr die gleiche Summe für seinen Lebensunterhalt ausgegeben - einen Teil für ausschweifende Bewirtung seiner Opfer - weitere zweihundertfünfzigtausend Mark waren noch nicht ausfindig gemacht worden; der Betrag, den er vermutlich über die Grenze geschmuggelt hatte, war noch nicht festgestellt worden, hingegen größere Summen gefunden, die er bei Freunden deponiert hatte. Aber das war noch nicht das Schlimmste. Die Behörden beschuldigten ihn, sich gedeckt zu haben, indem er den Anschein weckte, seine Manipulationen mit vollem Wissen und Zustimmung von Mutter durchzuführen.

Als die düsteren Tage sich weiter hinzogen und Mutter mir kein Wort sagte, quälte mich das Bewußtsein, daß ich die einzige sei, die ihre Unschuld bezeugen könne, wenn es zur Verhandlung käme. Ich hatte nämlich gesehen, wie sie Knittel jeden Monat einige hundert Bogen ihres Briefpapiers mit Blanko-Unterschriften geschickt und während der Festspiele Hunderte von Schriftstücken mit ihren Initialen „W.W." unterzeichnet und sich nie die Mühe gemacht hatte, sie durchzulesen, weil sie Knittel völlig vertraute.

Ich erfuhr, daß unser ganzes Vermögen für die Zeit der Untersuchung vom Gericht beschlagnahmt sei. Hitler hatte jedoch Anweisung gegeben, die Beträge, die Mutter für den Betrieb der Festspiele benötigte, freizugeben.

Als es offenbar wurde, daß niemand, auch Wieland nicht, den ich von seiner Depression zu befreien versuchte, indem ich ihn im Wagen herumfuhr, die leiseste Absicht hatte, mir ein Wort zu sagen, suchte ich Knittels Nachfolger im Festspielhaus auf, einen rundlichen, freundlichen Geschäftsmann mittleren Alters, der mich sehr förmlich empfing. Ich sagte ihm, da in Bayreuth die Spatzen die Knittelsche Geschichte von den Dächern pfiffen, müsse es ihm doch lächerlich vorkommen, daß ich, die ich bald großjährig und Erbin eines Viertels des Vermögens sei, im Finstern tappe.

Er nickte verlegen, zum Zeichen, daß er mich verstehe. Als ich ihn bat, seinen Einfluß auf Mutter auszuüben und sie zu überreden, mir über die Angelegenheit zu berichten, versprach er zögernd, das zu tun.

Das war das letzte Wort, das ich mit Herrn Sawade wechselte, denn seitdem machte er stets, wenn er mich sah, einen großen Bogen um mich. Als ich einige Monate später den Janssens in Paris davon erzählte, lachten sie.

„Wissen Sie denn nicht, was geschehen war?" fragten sie. „Max Lorenz hat uns die Geschichte in Buenos Aires erzählt. Sawade hat wirklich mit Ihrer Mutter und mit Tietjen gesprochen, und auf den armen, harmlosen Mann entlud sich ein solches Donnerwetter, daß er fast eine Herzattacke bekam." In dieser Atmosphäre begannen die Festspiele. Janssen war natürlich nicht da, auch verschiedene andere der berühmten Sänger, die sonst zum Bayreuther Ensemble gehörten, fehlten. Tietjen hatte Norma Gadsden, die australische Sopranistin, verpflichtet, und für die Kundry hatte er Germaine Lubin geholt, die Primadonna der Pariser Oper, die er aus „politischen Gründen" engagierte. Als Mutter ihn nach Germaine Lubins Stimme fragte, erwiderte er: „Sie entspricht nicht ganz dem Bayreuther Niveau, aber Germaine ist eine sehr schöne Frau."

Und das war sie wirklich; sie war groß, elegant

und sah aus wie eine römische Madonna. Vor den Proben hatte sie bei Mutter schriftlich angefragt, ob sie ihren Negerchauffeur mitbringen könne. Da wir noch nie einen Neger in Bayreuth gesehen hatten, überhaupt in ganz Deutschland nicht, außer in Zirkussen und während der Olympiade, konsultierte Mutter den Bürgermeister, der nicht einsah, warum der Neger nicht kommen sollte. So erschien also der schöne Clement mit der Lubin und ihrem Hispano-Suiza. Er war mit einer Schweizerin verheiratet und hatte in Paris stets mit Europäern verkehrt, so daß er es nicht als merkwürdig empfand, daß die Hitlermädchen keine Abneigung gegen ihn zeigten, sondern im Gegenteil erbittert um das Privileg kämpften, mit dem Neger zu tanzen, und daß er noch größere Sensation erregte als seine Herrin.

Während der Proben wurde die Lubin von ihren Kollegen übersehen, weil sie Französin war und nicht Deutsch sprach, doch als Hitler ankam und ihr besondere Aufmerksamkeit erwies - wurde sie von allen umschmeichelt.

Zu Beginn des ersten Zyklus' waren alle Hauptstraßen Bayreuths mit Hakenkreuzfahnen sozusagen zugedeckt; die berühmten alten Häuser waren völlig verhüllt, und am Fuß des Festspielhügels hatte die Nazipartei zwei rotumwickelte Säulen errichtet, die mit zwei goldenen Nazi-Adlern gekrönt waren. Ich war so wütend, daß ich mir nur immer vorstellte, was für ein wunderbares Feuer dieser Plunder geben würde.

In Wahnfried spielte Mutter die Gastgeberin mit der Grazie, die ihr zur zweiten Natur geworden war. Doch ihre Lebhaftigkeit war gezwungen, ihre Stimme noch immer rauh. An einem der ersten Abende, als sie Hitler von ihren Kindern erzählte, berichtete sie ihm auch von der Platte.

„Finden Sie nicht auch, daß es von Mausi abscheulich war, die ‚Internationale' nach Hause zu bringen? Sie hat sogar eine Etikette der *Unvollendeten* darauf geklebt, um die Kontrolle zu hintergehen."

Hitler schaute ganz erstaunt, als wisse er nicht, ob er wütend sein oder lachen solle, und da eine jener Pausen voll tödlichen Schweigens entstand, die für eine Gastgeberin so peinlich sind, sprang ich ein.

„Du kannst sie vielleicht eines Tages brauchen, man kann nie wissen. Wahrscheinlich ist sie die einzige Platte der ‚Internationale', die es noch in Deutschland gibt."

Mutter blickte des Führers drohendes Gesicht an und warf mir dann einen wütenden Blick zu - aber warum hatte sie dieses Thema angeschnitten?

Am Abend erzählte uns Hitler von seinem kürzlichen Besuch bei Mussolini und seiner ersten Bekanntschaft mit dem Zeremoniell eines königlichen Hofes. Als er sich am Abend nach seiner Ankunft in sein Zimmer zurückziehen wollte, führte ihn der Hofmarschall, der einen mehrarmigen Leuchter trug, langsam und feierlich meilenweit durch königliche Hallen und Gemächer einschließlich des Thronsaales. Am folgenden Morgen sagte Hitler seinem Freund Mussolini, daß, wenn dieser Unsinn nicht aufhöre, er nicht noch einen Abend dabliebe. Inzwischen hatte er aber eine kleine Wendeltreppe entdeckt, die unmittelbar von seinem Appartement zu den unteren Räumen führte. Am nächsten Abend, als er sich zurückzog, benutzte er diese Treppe, drei Stufen auf einmal nehmend; der Hofmarschall lief keuchend hintendrein.

„Es ist der lächerlichste Hof, den man sich vorstellen kann“, schloß Hitler. „Das einzig menschliche Wesen weit und breit ist Maria (die jüngste Tochter von König Victor Emanuel), sie ist reizend und charmant. Wie Mussolini das aushalten kann, verstehe ich nicht. Ich habe ihm wieder und wieder geraten, sich doch diese Königlichen Hoheiten vom Halse zu schaffen, aber er sagt, die Zeit sei noch nicht gekommen. Ich fand es selbst für ein paar Tage unerträglich und kann mir nicht vorstellen, daß ich das aushalten würde.“

Beim Mittagessen im Kreise seiner Minister drehte sich die Unterhaltung hauptsächlich um die neuen Erlasse gegen die Juden.

„Mein Führer“, meldete Goebbels zufrieden strahlend, „meine Berliner Jungens haben sich ausgezeichnet amüsiert. Sie haben die Juden auf der Straße angehalten oder sie aus Cafés geholt und ihnen gesagt: ‚Zeigt uns eure Brieftasche.‘ Wenn einer der Jungens dreihundert Mark oder so einen Betrag fand, befahl er: ‚Kommt mit. Ihr müßt beweisen, daß die Pinke euch gehört.‘ Das hört sich wunderbar legal an.“

„Und was ist mit den Juden geschehen?“ fragte ich.

„Was mit den Juden geschehen ist? Sie wurden natürlich in ein Konzentrationslager gesteckt.“ Goebbels fügte mit prahlerischem Lächeln hinzu: „Wir haben mit diesem Trick ungefähr zwölfhundert geschnappt.“

„Und wann werden sie wieder freigelassen?“ fragte ich hartnäckig.

Goebbels machte eine weitausholende, majestätische Handbewegung. „In diesem Leben nicht mehr.“

Alle waren mit dem Dessert beschäftigt, ich stocherte mit dem Löffel in meinem Eis und hatte ein schreckliches Gefühl im Magen. Die schrille Stimme von Frau Goebbels erhöhte noch mein Mißbehagen. „Seht euch das Mädchen an, sie ist ganz blaß geworden. Mit denen brauchen Sie kein Mitleid zu haben, mein Kind. Nur ja nie Mitleid haben!“

Hitler hob die Augen und sah mich belustigt an; dann beschäftigte er sich wieder mit seinem Dessert, das er gierig aß, und hörte mit sichtlicher Freude Goebbels zu.

Auf ein Wort des Führers hin brachte ein SS-Diener noch eine Flasche Bier. Seit kurzem hatte Hitler sich sozusagen ans Biertrinken gewöhnt; er trank ein besonderes dunkles Bier, das er sich in Holzkirchen brauen ließ und das nur ein Prozent Alkohol enthielt. Hitler betrachtete mißtrauisch die Flasche und ließ Kannenberg kommen.

„Sind Sie ganz sicher, daß das mein Bier ist? Sind Sie ganz sicher, daß es die richtige Flasche ist? Ich will mich nicht von einem Ihrer stärkeren Gesöffe vergiften lassen.“

Kannenberg schwor, doch Hitler war nicht zufrieden, bis sein Diener mehrere andere Flaschen herbeibrachte und ihm zeigte, daß alle genau die gleichen waren. Schließlich nahm Hitler vorsichtig einen Schluck und erklärte, daß es tatsächlich sein Spezialgetränk sei. Bei jedem Essen in Wahnfried wiederholte der Führer dieses Theater mit Kannenberg.

Trotz seiner kameradschaftlichen Gefühle für die Künstler (er betonte stets, wie ausgezeichnet er mit ihnen stehe) wurde die Wirkung von Hitlers Besuchen von Jahr zu Jahr niederdrückender. Das Publikum im Festspielhaus hatte sich aber wenigstens nicht so sehr verändert wie das in Nürnberg,

München und Berlin. Mutter erzählte uns einen Vorfall beim Eröffnungskonzert der Nürnberger Parteitage. Eines der besten Orchester Deutschlands mit einem prominenten Dirigenten und einigen hervorragenden Sängern spielte vor einem völlig apathischen Publikum, das aus zumeist schnarchenden Nazigrößen bestand, so daß Hitler seine Adjutanten durch die Reihen schicken mußte mit dem Befehl, zu applaudieren. Die nun folgende überlaute militärische Ovation habe noch peinlicher gewirkt als das vorhergegangene Schweigen.

In diesem Jahr 1938 erlebte das Festspielhaus eine Invasion der „Kraft-durch-Freude"-Organisation, die zwei Vorstellungen ganz aufgekauft hatte. Doch abgesehen von leichten Exzessen in bayerischem Bier benahmen sich die Leute ganz ordentlich. Hitler selbst respektierte Bayreuth. Obwohl er nicht versuchte, die auf der Straße Heil brüllende Menge zum Schweigen zu veranlassen, ließ er vor jeder Vorstellung dem Publikum durch Verteilung kleiner Karten mitteilen, daß er sich Demonstrationen im Theater verbitte, und er betrat nie seine Loge, bevor die Lichter erloschen waren. Doch die selbstverständliche Zwanglosigkeit der Festspiele war durch die amtliche Atmosphäre erdrückt.

Ensemble und Personal warteten mit Sehnsucht auf den zweiten Zyklus des *Rings*, ausgenommen einige ganz wilde Nazis, die nur dafür zu leben schienen, einen Blick vom Führer zu erhaschen. Er gab auch den Sängern Gelegenheit, ihrer Anbetung Ausdruck zu verleihen, indem er sie am letzten Abend seines Besuches zum Essen ins Theater-Restaurant einlud. Nach der Vorstellung der *Götterdämmerung* setzte sich Hitler an eine Seite eines langen Tisches, an dem ungefähr dreißig Gäste

Platz hatten. Seine Adjutanten besetzten die umstehenden Tische und SS-Männer standen umher. Die eifrigen Nazis unter den Sängern rissen sich um die Plätze in der Nähe des Führers und hingen förmlich an seinen Lippen. Andere, die weiter entfernt saßen, trösteten sich mit Champagner, während die armen Männer in der Nähe des Führers Durst leiden mußten. Es wurde später und später; die Gäste versuchten, ihr Gähnen zu unterdrücken. Frau Goebbels nahm heimlich einige Züge aus ihrer Zigarette, die sie unter dem Tisch hielt. Um uns wach zu halten, veranstalteten wir ein Tierkonzert: Mutter kollerte wie ein Truthahn, Germaine Lubin gab eine meisterhafte Vorstellung als girrende Taube, und ich tat mein Bestes als Ente. Endlich wurde uns auch das langweilig, nur noch Hitler sprach. Da ich sowieso nicht mehr in Gunst stand, versuchte ich einige Male, die Flut seiner Worte einzudämmen, indem ich mich erheben wollte, wurde jedoch immer wieder von meinen Freunden daran gehindert. Die Bewegung erweckte aber Hitlers Aufmerksamkeit.

„Was ist los, Mausi?“ fragte er, seine Rede über die deutsche Kunst unterbrechend.

Die Hand vor den Mund haltend, gähnte ich aus vollem Herzen. Der Führer blickte die lange Tafel entlang, bemerkte die Müdigkeit, die sich über seine Gäste gesenkt hatte und fragte seinen Adjutanten, wie spät es sei. Zwei Uhr vorbei! Die Absätze wurden geklappt, Heil-Rufe erfüllten die Luft, der Führer zog sich zurück.

Aber für die Wagners war der Tag noch nicht zu Ende, wir mußten dem Führer noch in Wahnfried gute Nacht sagen. Die Nachhausefahrt durch die Nachtluft erfrischte uns etwas, so daß wir wieder wach waren, als wir ins Gartenzimmer gingen, wo Hitler mit einem seiner Adjutanten sprach. Er sandte den Offizier fort, wir setzten uns und schienen eine friedliche Familie, die sich über die Aufführung unterhielt. Wir sprachen über den und jenen Sänger. „Ist die Fuchs nicht gut?" meinte Wolfi.

„Hmmm, so, so..." Hitler schien anderer Meinung zu sein und ahmte den schwäbischen Dialekt der Dame nach. „Leider ist sie Theosophin. Sie sollte solchen Unsinn nicht mitmachen; doch die Schwaben sind ein ganz besonderes Volk."

Als wir endlich gute Nacht sagen konnten, war es beinahe sechs Uhr. Die Sonne vertrieb bereits den Nebel, das Licht kündete einen neuen, von den Menschen noch unberührten Tag an.

Hitler war abgereist; eine Art von Frieden hatte sich auf Bayreuth niedergesenkt, doch in Wahnfried konnten wir Hitlers Besuch nicht so leicht vergessen. Unity Mitford blieb in der Stadt. Dieses Jahr hatte sie ihr Haar zu einem nordischen Gold gebleicht, sie war aber nicht mehr Hitlers Schatten, schritt nicht mehr durch das Spalier der SS-Männer, sondern sah den Führer nur noch auf offizielle Einladung hin und wurde während der Pausen von einem Adjutanten zu seinem Tisch geführt.

Niemand in Bayreuth kümmerte sich viel um sie, bis sie krank wurde. Unser Arzt, der sie wegen einer leichten Bronchitis behandelte, überraschte sie, wie sie in einem dünnen Nachthemd am offenen Fenster stehend ihre Medizin hinausschüttete und sich anscheinend eine Lungenentzündung holen wollte. Als ihr Zustand sich verschlimmerte, brachte er sie in seine Klinik. Ihr Vater, Lord Redesdale, der die Aufführungen besucht hatte, war schon abgereist.

Eines Nachts, oder besser gesagt, eines Morgens um vier Uhr wurden wir in Wahnfried durch schrilles Läuten des Telephons geweckt. Es war ein dringender Anruf von Hitlers Arzt, der Unity suchte. Wir wiesen den Arzt an die Klinik, und er behandelte Unity, bis sie gesund wurde. Hitler bezahlte die Rechnung und schickte ihr auch einige Photographien mit seiner Unterschrift, damit sie sie den Krankenschwestern geben könne.

Als Unity die Klinik verlassen konnte, holte Lord Redesdale sie ab und fuhr mit ihr nach dem Obersalzberg, wo er Hitler den Betrag der Krankenkosten zurückerstattete. Man hörte von Unity Mitford nur noch wenig bis zu ihrem berühmten Selbstmordversuch, nach welchem sie nach England zurückgeschickt wurde.

Zweiundzwanzigstes Kapitel

Abschied von Wahnfried

Die Festspiele zogen sich hin, äußerlich glänzend und erfolgreich, unterirdisch tobte jedoch ein erbitterter Kleinkrieg, voll von Intrigen und wütendem Gebrüll hinter verschlossenen Türen. Mutter war von der Furcht vor einem Prozeß befreit worden - Hitler hatte den Prozeß verboten, da zu viele Leute darin verwickelt würden - doch sie hatte sich noch nicht von dem Schlag des Knittelschen Skandals erholt, hatte noch einen verängstigten Blick und sprach noch immer mit jener seltsamen, rauhen Stimme. Meine Brüder, die den Umfang der Katastrophe noch immer nicht kannten, doch genug wußten, um zu verstehen, was Mutter durchmachte, schlossen sich instinktiv gegen mich zusammen. Nur Nickel blieb meine Freundin.

Frieda Leider, mit der ich die meiste Zeit zusammen war, versuchte die Verhältnisse für mich zu Hause leichter zu gestalten. Sie fand es jammerschade, daß wir vier Kinder uns nicht besser vertrugen und lud darum Wieland und Wolfi mit Nickel und mir zum Abendessen ein.

„Es hat keinen Zweck", warnte ich sie. „Wenn Wieland und ich allein sind, verstehen wir uns, sowie aber die Familie zusammen ist, stellt er sich mit Wolfi gegen mich. Die Jungens werden nur ekelhaft und unangenehm sein."

Ich hatte recht: der Abend war ein Mißerfolg. Meine Brüder machten die meiste Zeit unangenehme Bemerkungen über mich, gaben sich zum Sprachrohr der Ansichten von Mutter und Tietjen her. Ich wurde offensichtlich mehr und mehr zum schwarzen Schaf, zum Rebell. Nickel und ich schlossen uns aber trotz alledem noch enger aneinander. Als mir klar wurde, daß ich völlig mit Deutschland und meiner Familie brechen müsse, wollte ich, daß sie sich bei meinen Freunden sicher fühlen solle, die sie schützen würden, wenn es je erforderlich sein sollte.

Die düstere Stimmung zu Hause verschlechterte sich noch mehr, als Lieselotte aus Professor Veils Klinik in Jena zurückkehrte. Da unser Zahnarzt nicht imstande gewesen war, ihren Kiefer wieder herzustellen, hatte Mutter sie zu einem Plastiker nach München geschickt, der ihr ein neues Gesicht gemacht hatte, doch sie war nicht mehr das zarte, hübsche Mädchen, das Frank II bezaubert hatte. Er hatte sich nie, wie er versprochen hatte, von seiner Frau scheiden lassen, sondern fuhr patriotisch fort, jedes Jahr ein Kind zu bekommen, während er Lieselotte mit Hoffnungen vertröstete.

Während fünf Wochen hatte Professor Veil Lieselotte behandelt, sie durch eine Schlafkur von ihren nervösen Herzbeschwerden zu befreien versucht, indem er sie Tag und Nacht unter dem Einfluß von Luminal gehalten hatte. Als sie zurückkam, hatte das einst so intelligente Mädchen die Mentalität eines zurückgebliebenen Kindes. Lieselotte konnte keiner Unterhaltung mehr folgen, kicherte und plapperte unsinnig einher. Nach einigen Tagen bekam sie einen Hautausschlag, der wie Nesseln aussah, bald aber schlimmer wurde.

Mutter brachte sie in die Klinik unseres Bayreuther Arztes, und ihre Stimmung besserte sich etwas, als das Mädchen aus dem Haus war; für mich wurde Wahnfried jedoch nicht angenehmer. In

Friedas Wohnung herrschte eine friedlichere Atmosphäre, aber auch ihre Schwierigkeiten hatten einen Höhepunkt erreicht. Tietjen hatte ihr alle möglichen Versicherungen gegeben, daß sie nicht von den Judengesetzen betroffen würde, als aber der letzte Juni herankam, der Tag, an dem alle Juden ihr Vermögen erklären - und wahrscheinlich verlieren - sollten, tat er nichts. Auch sein im März gegebenes Versprechen, daß sie in allen Isolde-Aufführungen singen sollte, hatte er gebrochen.

In dieser Atmosphäre von Vorwürfen und Mißtrauen war Frieda nach Bayreuth gekommen. Nach ihrem ersten Auftreten war sie zusammengebrochen, und Deman meldete erst meiner Mutter, dann Tietjen, daß sie im *Ring* nicht singen könnte. Tietjen schrie ihn an, Frieda sei nicht krank, und Deman beschimpfte Tietjen. Wir hörten, wie sie in Tietjens Büro einander anbrüllten und Drohungen ausstießen.

Während Mutter versuchte, Frieden zu stiften, fuhr Frieda nach Berlin zu ihrem Arzt. Jeden Tag nach dem Mittagessen eilte ich ins Theater-Restaurant und rief sie von dort aus an, wo mich niemand hören konnte. Am Ende der Saison kam sie zurück und sang zweimal die Isolde, aber niemand war befriedigt.

Tietjens ständige Klage: „Ich verstehe gar nicht, warum Frieda so merkwürdig zu mir ist", erfüllte mich mit kalter Wut. Wir waren schon zu Beginn der Saison wegen seiner Inszenierung des *Tristan* aneinandergeraten, die übertrieben war, sowohl was die Darstellung als auch die Ausstattung anbetraf und die die Partitur in Dutzenden von Fällen vergewaltigte. Er gab zu, im ersten Akt Fehler begangen zu haben, wisse aber nicht, wie er es in

Ordnung bringen solle. Als er dann meinen Abänderungsvorschlag befolgte und ihn später als seinen eigenen ausgab, war ich so empört, daß ich während der Aufführung nicht mehr hinter die Bühne ging. Im Festspielhaus hatte der Nazismus mit seiner falschen Emphase und seiner falschen Bewertung der Dinge alles so beschmutzt, daß ich den kaum zu unterdrückenden Wunsch empfand, das ganze Gebäude zu verbrennen. Doch ich hegte immer noch die Hoffnung, daß diese Pest nicht ewig dauern werde und daß ich, wenn ich Bayreuth durch mein Verbleiben in Deutschland nicht retten könne, von außen her vielleicht Wege finde. Merkwürdigerweise hatte Mutters Freundschaft mit Hitler, die für Bayreuth so lästig war, das Festspielhaus immerhin davor bewahrt, verstaatlicht zu werden, und es daher, so dachte ich, vielleicht für die Zukunft gerettet.

Tietjen aber war das Symbol allen Übels, das das Festspielhaus heimsuchte. Als er sich so unverschämt über Frieda beschwerte, verteidigte ich sie und hielt ihm wütend vor, wie oft er sie verraten habe. Von dem Tag an ging er mir aus dem Weg, und ich weigerte mich, den Ölzweig hinzustrecken. „Hast du Heinz guten Morgen gesagt?" pflegte Mutter mich beim Frühstück müden Tones zu fragen.

„Warum sollte ich?" antwortete ich.

Die allgemein feindselige Stimmung nahm derart zu, daß ich den ganzen Tag über außer Haus blieb und immer erst spät abends nach Hause kam, wenn schon alle zu Bett gegangen waren.

Der dritte Zyklus des *Rings* ging dem Ende zu, und ich beabsichtigte, zunächst nach Luzern zu gehen, wo Toscanini im Garten von Tribschen das *Siegfried-Idyll* und anläßlich des Jahrestages der

Hochzeit meines Großvaters ein Gedächtniskonzert dirigieren sollte. Sein Telegramm, worin er mich einlud, fing ich ab, damit meine Familie nicht erführe, daß ich versprochen hatte, ihn in Tribschen zu treffen.

Die einzige Möglichkeit, dorthin zu gehen, bot mir die Mutter eines unserer Korrepetitoren, eines netten, jungen Österreichers, den Mutter hoffnungsvoll betrachtete, da sie glaubte, eine wachsende Zuneigung zwischen uns entdecken zu können. Wenn Mausi sicher verheiratet wäre, wäre sie endlich ihre unbotmäßige Tochter los! Der junge Musiker und ich leisteten ihren Hoffnungen Vorschub, indem wir die meiste freie Zeit miteinander verbrachten. Seine Mutter, eine elegante Wiener Baronin, erschien zur letzten Aufführung des *Rings* mit einem großen, englischen Wagen, einem Chauffeur, einer Sekretärin und überhaupt in großer Aufmachung. Als sie hörte, wie gerne ich nach Tribschen ginge, schlug sie mir vor, mit ihr und ihrem Sohn nach den Festspielen für vierzehn Tage nach Venedig zu fahren und von dort einen Abstecher nach Luzern zu machen. Mutter schwankte zwar, als diese seltsame und sehr imposante Dame die Reise anregte, freute sich aber über die Idee, daß ich eine Fahrt mit dem ihr genehmen jungen Mann machen wollte.

Wir verabredeten, uns erst in Zürich zu treffen, da meine Freunde noch in Berlin eine Festaufführung des *Lohengrin* zu Ehren von Horthy besuchen wollten; eine merkwürdige Wahl, fanden wir, denn in der ersten Szene ruft der König mit lauter Stimme: „Herr, Gott, bewahr' uns vor der Ungarn Wut!" Da es unmöglich war, Geld über die Grenze zu nehmen, trafen wir eine Abmachung, daß die Baronin die Reise außerhalb Deutschlands finanzieren solle. Sie war noch nicht in Zürich angekommen, als ich schon von dieser Abmachung Gebrauch machte. Obwohl ich nur wenige Mark in der Tasche hatte, ging ich kühn in das Hotel, in welchem wir wohnen sollten, nahm ein Zimmer, bestellte mir ein Mittagessen, das ich aufschreiben ließ, und betete, daß die Dame keine Panne habe, die sie daran hindere, zum Abendessen anzukommen.

Sie kam an. Am nächsten Tag fuhren wir nach Luzern, und ich verbrachte zwei äußerst glückliche Tage mit den Tanten und den Toscaninis, deren unwandelbare Zuneigung Balsam für meine Wunden war. Von dort reiste ich nach Venedig weiter, das ich mir einige Tage ansah, trennte mich dann von der Baronin und flog nach Berlin. Ich war sehr erstaunt, als ich viel später erfuhr, daß sie mit ihrer ganzen Familie einige Tage nach meiner Abreise aus Deutschland von der Gestapo wegen Hochverrats verhaftet und eingesperrt worden war.

Nachdem ich bei Frieda einige Tage abgewartet hatte, bis das Auswärtige Amt das Visum, diesmal für Frankreich, erteilte, fuhr ich nach Bayreuth. Mutter und meine Geschwister waren am Bodensee, so daß ich die Aussicht hatte, von Wahnfried ohne Szenen fortzukommen. Es war sehr schwer, zu entscheiden, was ich mitnehmen, was ich zurücklassen sollte, da ich diesmal für immer fortging und nicht wollte, daß die Abreise wie die Flucht aus Ägypten aussähe. Meine Partituren und die notwendigen Bücher packte ich zuerst ein; die meisten meiner Sommerkleider ließ ich im Schrank hängen, man sollte annehmen, ich komme bald wieder.

Das waren Tage voller Zauber, vermischt mit

einem leisen, melancholischen Unterton: Abendessen mit den Tanten, die vor mir zurückgekehrt waren, Spaziergänge im Garten, Nachmittage, die ich in der Bibliothek verbrachte, wo ich Buch auf Buch durchblätterte. Zuweilen vergaß ich, was ich las, wenn die Abendsonne die Gemälde von Cosima und unserer Urgroßmutter vergoldete und ich in Träume verfiel über das schattenhafte und fast vergessene, kleine Mädchen Friedelind, das hier vor Jahren gelebt hatte. Oder ich spazierte den Kastanienweg entlang, von Toby gefolgt, und sagte der Büste von König Ludwig Lebewohl - dieser Büste und dem mädchenhaften Haarschnitt - und dem Fries mit Wotan, den Raben, Freia und Fricka über der Eingangstür.

Während fünf köstlicher Tage gehörte das Haus mir. Freunde kamen am Nachmittag und wir tranken den Tee am Kaminfeuer. Wir hörten am Radio, wie Hitler über die Missetaten tobte, welche die Tschechen den armen, unschuldigen Deutschen zufügten - der Schatten des Krieges lastete wieder einmal über unserem Dasein. Ich hatte nun große Eile, aus Deutschland fortzukommen, um in der Lage zu sein, offen gegen den Nazismus zu kämpfen.

Während dieser so ausgefüllten Tage hatte ich nicht versäumt, mich nach Lieselotte zu erkundigen. Der Arzt erzählte mir, daß es ihm nach mehreren Wochen ständigen Drängens schließlich gelungen sei, Professor Veil zum Herkommen zu veranlassen, der sie untersuchte. Das Mädchen war zum doppelten Umfang angeschwollen und kupferfarben geworden als Folge einer Leber-Sepsis und, wie er vermutete, einer Infektion der Drüsen. Sie war in hoffnungslosem Zustand nach Jena gebracht worden. Am nächsten Morgen weckte Emma mich mit der Nachricht, daß Lieselotte gestorben sei.

Meine Pflicht war klar. Mit der Krankenschwester, die Lieselotte in Bayreuth gepflegt hatte, fuhr ich nach Jena. Um meine Stimmung aufrecht zu erhalten, trug ich eine grellgrüne Lederjacke, die ich, bevor wir die Eltern träfen, in den Wagen stopfen wollte, und raste die Autostraße entlang.

Die Schmidts bemühten sich, tapfer zu sein. Ich lud sie zum Mittagessen ein und setzte ihnen Wein vor, wodurch sie sich ein wenig erholten, dann fuhren wir zur Klinik, wo die Krankenschwester Lieselottens Sachen einpackte. In der großen Halle traf ich Professor Veil.

„Ich bin trostlos. Fräulein Schmidts Tod ist sehr traurig. Wir hofften, eine Drüsenoperation und eine Bluttransfusion könnten sie retten“, sagte er und starrte mich aus seinen grünen Augen an.

„Vielleicht können Sie mir die Todesursache sagen, Herr Professor“, fragte ich, seine ausgestreckte Hand übersehend.

„Jawohl, eine Infektion, die in ihren gebrochenen Knochen begann. Nach dem letzten Krieg haben wir das oft erlebt.“

„Sie können das so nennen“, sagte ich. Er wurde puterrot und wandte sich Frau Schmidt zu, die gerade in die Halle gekommen war. Er führte sie in sein Zimmer, um mit ihr zu sprechen.

Nach einigen Minuten kam Frau Schmidt mit dem Professor zurück, der sich eisig von mir verabschiedete.

„Er ist ein so guter Mensch“, murmelte die alte Dame, in ihrer Tasche nach einem Taschentuch suchend. „Als er von dem Kind sprach, standen ihm die Tränen in den Augen.“

Später am Nachmittag fuhr ich die Schmidts durch

einen trüben Herbstregen zum Leichenhaus. Nachdem wir uns im Hotel verabschiedet hatten, zog ich die grüne Jacke hervor und einen knallroten Schal und fühlte mich besser, obwohl ich sie in der Dunkelheit nicht sehen konnte. Es war zehn Uhr, als wir in Bayreuth ankamen.

Noch in der Nacht rief ich Mutter an und teilte ihr mit, daß das Begräbnis am Sonntag stattfinden solle. Sie wollte nicht daran teilnehmen; sie hatte stets eine Abscheu vor Begräbnissen, doch es war eine Verpflichtung, der sie sich nicht entziehen konnte. Ohne mir etwas davon zu sagen, beabsichtigte sie, die Nacht in Wahnfried zu verbringen und kam um die Teezeit mit Betty an. Meinen großen Koffer hatte ich bereits fortgesandt, aber zwei Handkoffer standen gepackt in der Diele. Aus Furcht, sie könne versuchen, mich zurückzuhalten, nahm ich meinen Paß und die Fahrkarte aus der Tasche und steckte sie in meinen Blusenausschnitt.

Der Tee verlief jedoch ziemlich friedlich, die kleine Betty saß neben Mutter und tat, als helfe sie beim Einschenken; Emma servierte, wobei sie Mutter erzählte, was während ihrer Abwesenheit in Wahnfried geschehen sei. Der Sturm brach erst nach dem Abendessen los, als wir in Mutters Arbeitszimmer gingen, um Rechnungen durchzusehen. Sie machte mir wütend Vorwürfe, weil ich Toscanini besucht hatte und nannte mich überspannt, da ich nach Frankreich wollte.

„Ich lasse dich nicht gehen", stieß sie hervor. „Du hast jedes Gefühl für Anstand verloren und verkehrst die ganze Zeit mit internationalen Juden und Verrätern. Ich kann nicht zulassen, daß du Deutschland verläßt. Tag und Nacht müßte ich mich sorgen wegen der Schande, die du unserem Namen zufügst. Nein, ich lasse dich nicht mehr aus den Augen, denn ich kann sonst für das, was du tust, nicht die Verantwortung übernehmen."

„Das brauchst du auch nicht", erwiderte ich, meine Fassung wahrend, „aber es tut mir leid, ich muß heute abend nach Berlin fahren."

„Warum nach Berlin?" fragte sie wütend, ihre Angriffsmethode ändernd. „Du kannst direkt von hier aus nach Paris gehen."

Das war ein Moment der Schwäche, den ich ausnutzen mußte, und ich erklärte ihr, daß ich eine Anprobe beim Schneider habe und eine Woche in Berlin bleiben wolle. Eine Woche! Ich sah förmlich, wie sie dachte, daß ihr das Zeit zum Überlegen lasse.

„Gut", sagte Mutter eisig, schob ihren Stuhl zurück und machte auf dem Tisch Ordnung. „Gute Nacht. Ich werde den Wagen bestellen, komme aber nicht herunter, um mich von dir zu verabschieden." So war die Erinnerung an sie, die ich mit mir nahm: schön, zorngerötet, unversöhnlich. Gegen Mitternacht verließ ich Wahnfried, als sei ich ein Dieb, nicht die Tochter des Hauses, und als ich zum letztenmal unter den gespenstisch wirkenden Kastanienbäumen hinwegfuhr, fragte ich mich, was für ein seltsam wildes Gefühl das eigentlich sei, das wir gegenseitig in uns weckten. Unter der Erregung und der Wut lag Achtung, das wußte ich, und Bewunderung.

Während des nächsten Winters und Sommers und des darauf folgenden Winters war mein Leben wie eine Sammlung von Ansichtskarten, einige davon trugen keine schönen Ansichten: Abschied von Frieda und ihrem Wochenendhäuschen, wir beide schweigend, ein bißchen weinend wegen des unausgesprochenen Gefühls, daß wir einander vielleicht nie wiedersehen würden; Paris im September, die Blätter fallen im Bois de Boulogne, und die Buchhändler an der Seine dösen vor ihren Ständen; Germaine Lubins Landhaus, luxuriös und schön; eine Fahrt zurück nach Paris gegen einen Strom von Menschen, die auf Hitlers Drohung, in die Tschechoslowakei einzumarschieren, aus der Stadt fliehen, Automobile mit Matratzen und Koffern und Kinderwagen hochbepackt; Mobilisationsbefehle an jeder Ecke angeschlagen, Frauen, die sich mit Küssen von ihren Soldaten auf den Bahnhöfen verabschieden, überall Truppen und über allem diese schreckliche Drohung des Krieges.

Freunde drängten mich, Paris zu verlassen, solange es noch Zeit sei, und so eilte ich nach Zürich, wo sich Frieda gerade aufhielt. Es war erregend, sie wiederzusehen, nachdem wir sozusagen für immer voneinander Abschied genommen hatten, und Frieda und Deman waren erleichtert, mich zu sehen. Die Schweiz war von Fremden überfüllt; die Menschen schliefen in Hotelhallen, saßen auf ihren Koffern, hatten nur eine Sorge, aus den Ländern fortzukommen, die in Reichweite von Hitlers Wut lagen.

„Du mußt nach Hause gehen, Mausi", drängte Frieda. „Jetzt ist die Situation sehr ernst. Du wirst deine Familie brauchen. So wenig du dich auch mit ihr verträgst, sie ist dir ein Rückhalt. In Deutschland bist du eine Wagner, das ist ein Name, der dich schützt. Im Ausland hast du nichts, das dich vor Schlägen bewahren kann. Du wirst umhergeschoben werden, und du bist das nicht gewöhnt, Mausi. Du kennst das Leben noch nicht; du wirst es bereuen, wenn du nicht nach Hause gehst!"

Vielleicht hatte sie recht; sie wollte mich schützen,

doch ich konnte nicht zurück. Erbittert über meine Starrköpfigkeit, verabschiedete sich Frieda von mir.

Von Zürich aus hatte ich Mutter über die Flucht von Paris und über das, was ich auf meiner Reise gesehen hatte, geschrieben. Eines Morgens rief sie mich an und machte mir am Telephon Vorwürfe.

„Wir haben uns über deinen Brief halbtot gelacht. Du bist eine hysterische, alte Jungfer und schrecklich feige. Ich weiß genau, daß nicht ein Soldat in Deutschland mobilisiert worden ist." Dann klopfte sie auf den Busch in der Art, die ich so gut kannte, und fragte: „Warum bist du nicht nach Köln gefahren? Du wärest dort sicher gewesen, und Köln liegt einige Stunden näher bei Paris als Zürich."

Gerade um diese Zeit beschloß die Münchener Konferenz, daß kein Krieg stattfinden werde, und so kehrte ich nach Paris zurück, mietete Norma Gadsdens Atelier am Rande von Montmartre, hoch oben unter dem Dach, von wo aus ich über die Dächer nach Sacré Coeur sehen konnte. Es folgten nun Studien an der Sorbonne, Besuche der Oper, des Louvre, viele Konzerte; ganze Tage verbrachte ich am Flügel, studierte Partituren oder unternahm gelegentlich Wanderungen durch die Stadt; trotz allem aber empfand ich schreckliches Heimweh nach London. Weihnachten erwartete mich Mutter wie gewöhnlich in Wahnfried, doch ich dachte nicht daran, hinzugehen.

Während der Feiertage war Furtwängler in Paris und dirigierte den *Siegfried*.

„Sagen Sie mir", fragte er wieder und wieder, „wie sind Sie herausgekommen? Wie haben Sie es fertig gebracht, einen solchen Entschluß zu fassen? Was soll ich tun, wie kann ich aus Deutschland rauskommen?"

Jedesmal antwortete ich ihm: „Sie sind ja jetzt

draußen. Werfen Sie Ihr Retourbillett weg." Aber ich wußte, daß er es nie tun würde. Der Klatsch, den er mir über Tietjen, Berlin und Wahnfried erzählte, machte mich rasend. Wie konnte Tietjen es wagen, zu behaupten, und wie konnte Mutter seine Behauptung unterstützen, daß ich in die Hochverratsangelegenheit der Baronin, die mich nach Venedig mitgenommen hatte, verwickelt sei? In einem wütenden Brief fragte ich Mutter, wieso solche Gerüchte in Wahnfried entstehen könnten. Sie erwiderte ebenso wütend, daß sie nicht dafür verantwortlich gemacht werden könne, was über eine so ungezogene Tochter gesagt werde. Diesen Brief beantwortete ich nicht und schrieb nie wieder. Ich hätte ihr nur Vorwürfe machen müssen, und ich wollte zu Mutter nicht grob werden.

Im März besuchten mich plötzlich Mutter und Wieland zu meinem einundzwanzigsten Geburtstag. Hastig legte ich Toscaninis Photographie und die Bücher, die in Deutschland als verräterische Lektüre angesehen wurden, beiseite. Es waren drei ereignislose Tage; wir alle waren sehr auf der Hut, waren entschlossen, kein scharfes Wort zu wechseln. Wir gingen in Paris umher, besuchten die Oper und das Schauspiel. Wieland wollte vor allem eine Wochenschau sehen, in der das Publikum Hitler auspfiff, und wollte das seinen Freunden als eine Art „Ob-ihr-es-glaubt-oder-nicht"-Bericht mitteilen, doch die einzige Wochenschau, die den Führer zeigte, wurde in einem fast leeren Kino vorgeführt, und die wenigen Zuschauer waren viel zu apathisch, um zu pfeifen.

Mutter erzählte mir von der kleinen Betty, die sich zu einem erstaunlich hübschen Kind entwickelte, und von Nickels Aufenthalt in Rom.

Wir machten Einkäufe, Mutter kaufte Geschenke,

es herrschte eine freundliche Stimmung, als sie aber abfuhren, war ich erleichtert. Wir waren beide so vorsichtig gewesen, so höflich mißtrauisch. Wollte sie mich nicht einmal - so fragte ich mich - umarmen und ihr aufrührerisches Kind ans Herz drücken?

London im Frühling; Toscanini und die Janssens - Zusammensein mit all meinen Freunden; die Nazis der Staatsoper, die sich weigerten, ihre Garderoben mit „Verrätern" zu teilen; Erbitterung, Aufregung und viel Musik, aber keine Frieda in dieser Saison. Im Juli fuhr ich nach Tribschen, war mit den Tanten zusammen und besuchte die Luzerner Musikwoche; Toscanini dirigierte. Es war wunderbar, die Seinen wiederzusehen.

Im August tauchte plötzlich für einige Tage Nickel auf. Sie hatte zu Mutter gesagt: „Ich will nach Tribschen fahren und Mausi besuchen."

„Das erlaube ich nicht", hatte Mutter gesagt, „ich will nicht, daß du durch Mausi verdorben wirst." Dann gab Mutter nach und fügte hinzu: „Ich nehme an, daß du mit dem Wagen zum Bodensee fahren und dort den Zug nehmen willst, aber jemand muß dich begleiten. Ich will nicht, daß du so weit allein fährst."

In diesen beiden Tagen war Nickel so reizend, daß die Tanten ihre Abneigung vergaßen.

„Jawohl, sie ist wirklich schön", gab Daniela zu, die nie hatte wahrhaben wollen, daß Nickel entzückend sei. Eva begann festzustellen, daß sie wie der junge Liszt aussehe.

Am 1. September marschierte Hitler in Polen ein - das war der Krieg; es würde kein München mehr geben. Die Tanten packten unglücklich die Koffer; ihre Freunde drängten sie, in der Schweiz zu bleiben, doch Eva hatte ein Dienstmädchen und eine Köchin, um die sie sich kümmern mußte, und zahllose Verpflichtungen. Eines Nachmittags besuchte uns der Stadtpräsident und bot uns seine Hilfe an.

„Was Fräulein Friedelind anbelangt“, sagte er, „so soll sie in Tribschen bleiben und wird so lange Gast unserer Stadt sein, wie es nötig ist.“

An diesem Nachmittag besuchten uns auch Toscanini und seine Frau.

„Macht euch um Mausi keine Sorge“, sagte Toscanini und küßte Daniela und Eva auf die Wangen. „Solange Mausi allein ist und niemanden in der Welt hat, werden Carla und ich ihr die Eltern ersetzen.“

Dreiundzwanzigstes Kapitel

„Sie ist deine Mutter!"

Mutter, so hatte mich Nickel gewarnt, plante, mir nach den Festspielen einen überraschenden Besuch abzustatten. Diese Aussicht erfüllt mich mit solchem Schrecken, daß ich den Tanten sagte, es werde wohl besser sein für mich, von Luzern fortzugehen und mich irgendwo zu verstecken, wo man mich nicht finden könne. Sei unserem letzten Zusammensein in Paris war so viel geschehen, das Mutter und mich noch weiter auseinanderbrachte, daß ich weder für Mutter noch für meine Selbstbeherrschung Gewähr leisten konnte. Daniela umarmte mich.

„Ich kann dir keinen Rat wegen deiner Mutter geben, mein Kind, sprich mit dem Maestro darüber."

Das tat ich. Ich setzte Toscanini auseinander, wie ich mit Mutter stand und wie völlig zwecklos eine Zusammenkunft mit ihr sein würde. Er hörte mir nachdenklich zu, ohne mich zu unterbrechen. Dann sagte er achselzuckend halb auf italienisch, halb auf französisch: „Ma... elle est ta mère!"

Toscanini hatte recht, das fühlte ich; es war vernünftig, was er sagte. Vor allem war sie meine Mutter, und ich müßte also ein Zusammensein mit ihr erträglich gestalten. Dann kam der Tag, da der Krieg ausbrach und die Tanten abreisten. Zu meiner Erleichterung konnte Mutter nicht mehr von Deutschland fortgehen.

In Luzern wartete ich auf mein Visum, um nach England zurückzukehren. Ich hatte der englischen Regierung meine Dienste angeboten, die diese als von einzig dastehendem Propagandawert ansah. Doch das französische Durchreisevisum kam und kam nicht, und ohne dieses konnte ich nichts unternehmen.

An einem Freitagnachmittag, Anfang Februar 1940, wurde ich von Zürich aus angerufen. Mutter war in der Schweiz!

„Ich konnte dir kein Telegramm schicken, weil es verboten ist. Nimm den nächsten Zug und bleibe bis Sonntag mit mir im Baur au Lac."

Mir zog sich die Kehle zusammen. Ich drängte, sie solle nach Luzern kommen, da ich fürchtete, daß hinter ihrer Absicht, in Zürich zu bleiben, mehr steckte als nur der Wunsch, Leute zu vermeiden und die offiziellen Besuche, die hier von ihr erwartet würden. Aber da sie nicht nachgab, nahm ich am Nachmittag den Zug.

„Denk' daran, sie ist deine Mutter!" Mich an diesen Gedanken klammernd, stieg ich in Zürich aus dem Zug, wechselte pflichtgemäß zurückhaltende Küsse mit Mutter und fuhr mit ihr ins Hotel. Verstohlen betrachtete ich sie im Taxi. Sie war stärker geworden, zweifellos durch die Kartoffelkost, ihr Gesicht sah englischer aus denn je, lebhaft, distinguiert, unzerstörbar schön. Wir hätten Fremde sein können, höfliche Fremde, denn keine Wärme kam zwischen uns auf.

Nachdem wir ausgepackt hatten, schlug ich einen Spaziergang vor und Abendessen im Veltlinerkeller, wo das Essen besonders gut war. Umhergehen, etwas tun, war leichter, als dazusitzen und einander anzustarren und zu versuchen herauszufinden, was sie mit ihrem Besuch beabsichtigte. Auch sie schien diese Ansicht zu teilen, und während wir spazieren gingen, führten wir eine ziellose und bemüht freundliche Unterhaltung. Ich fragte, warum sie am Sonntag schon wieder zurückfahren müsse, und sie erklärte, daß sie bis Montag Erlaubnis habe, aber dann keinen Schlafwagen bekomme und darum vorziehe, Sonntagabend zurückzufahren.

„Wessen Erlaubnis?“ fragte ich neugierig.

„Himmlers“, antwortete sie; dann beschrieb sie lustig ihre Überraschung, als er sie auf einen naiven Irrtum von ihr aufmerksam machte: sie hatte nämlich geglaubt, sie könne ohne die Begleitung eines Adjutantenpaares an all den Wachen vorüber aus dem Gestapogebäude herauskommen.

„Ich mußte ihm persönlich meinen Paß bringen“, setzte sie mir auseinander. „Wir hatten eine lange Unterhaltung. ‚Es ist höchste Zeit, daß Sie Ihre Tochter zur Vernunft bringen‘, sagte er. ‚Sie spielt mit dem Feuer, ohne zu wissen, wie gefährlich das ist. Natürlich habe ich ihre Briefe gelesen und hatte Zweifel, sie Ihnen und den Tanten auszuhändigen. Sie sollte nach Hause kommen. Wenn sie es nicht freiwillig tut, müssen wir nachhelfen.‘“ Mutter sprach, als erzähle sie mir irgendeine Anekdote von den Festspielen.

„Und wie will er nachhelfen?“ Ich versuchte, meiner Stimme einen harmlosen Ausdruck zu geben, als ob er mit der „Tochter“ nicht mich, sondern irgend jemanden anderes gemeint habe.

„Weißt du“, fuhr Mutter fort, „der Führer ist wirklich wütend auf dich. Wir haben schon so viele Leute zu dir geschickt. Jedesmal hatte er geglaubt, du würdest zurückkommen, würdest keine Einwände mehr machen, sondern das tun, was dir befohlen wird. Aber du bist nicht zurückgekommen. Schließlich sagte er: ‚Gibt es denn in ganz Deutschland keinen zuverlässigen Menschen, der in die

Schweiz gehen könnte und mit dem Mädchen sprechen, und der nicht zurückkommt und mir sagt, sie habe recht?'

,Warum schicken Sie nicht Furtwängler?' hatte ich gefragt. Du weißt ja, was er von Furtwänglers Zuverlässigkeit hält. Er lachte dann, und als er sich etwas erleichtert fühlte, fragte er: ,Warum gehen Sie eigentlich nicht?' Und so erhielt ich die Erlaubnis zur Reise."

Jetzt wußte ich es also. Und nun fiel mir auch ein, daß verschiedene von Mutters Freunden mich in Luzern besucht und einige von ihnen mich angefleht hatten, nach Hause zu kommen, aber keine hatte gesagt, daß Hitler sie schicke.

Mutter, so vermutete ich, wollte mir jetzt vorsichtig einen endgültigen Befehl des Führers übermitteln. In der Hoffnung, die Auseinandersetzung hinauszuschieben und einen angenehmen Abend mit ihr zu verbringen, wechselte ich das Thema und ging von Hitler zu Neuigkeiten von Wahnfried über.

Wir plauderten nun während des Essens, das Mutter bis zum letzten Tropfen Kaffee sehr genoß.

„Letzthin hat mir der Führer zwei Pfund Kaffee geschenkt; Ibn Saud hatte ihm vierzig Sack geschickt, und er gab all seinen Freunden je zwei Pfund. Es war wunderbar!"

Ich erkundigte mich nach meinen Brüdern. Wieland war vom Militärdienst befreit, um die Wagnersche Familie fortsetzen zu können, einer von fünfen, die Hitler so geehrt hatte, doch Wolfi war im August eingezogen und in Polen schwer verwundet worden. Er war erst zwanzig Jahre alt, war aber einer der Ältesten seiner Kompanie. Mit vier Kameraden war er auf einem Patrouillengang gefangengenommen worden; sie waren alle durch Hand-

granaten verwundet und hatten wenig Pflege erhalten, da die Polen sich schon in vollem Rückzug befanden. Der polnische Arzt hatte sein Möglichstes getan, aber die Arzneimittel waren völlig aufgebraucht. Während drei Tagen hatten sie sich ständig unter deutschem Feuer befunden. Schließlich hatte der polnische Kommandeur zu Wolfi gesagt, daß seine Truppen nicht länger die Verwundeten - die deutschen und fünfundzwanzig verwundete Polen - mitschleppen könnten und schlug ihm vor, zu versuchen, die deutschen Linien zu erreichen und die verwundeten Polen als Gefangene mitzunehmen.
Wolfi war einverstanden. Mit den Verwundeten, die auf sechs Wagen verladen wurden, und dem weißesten Hemd, das sie hatten, als Parlamentärflagge, waren sie vier Stunden gewandert, bis sie die deutschen Linien erreichten. Der deutsche Kommandeur hatte Wolfi zunächst angeschrien, daß es ein Wahnsinn sei, so etwas zu tun, doch als er endlich begriffen hatte, was geschehen war, hatte er befohlen, meinen Bruder und zwei verwundete Kameraden im Flugzeug nach dem Lazarett in Liegnitz zu schaffen.

Jetzt lag Wolfi in der Charité in Berlin. Professor Sauerbruch, dem berühmten Chirurgen, gelang es, seinen Arm zu retten. Der Junge hatte eine akute Blutvergiftung, und als schließlich die Vornahme der Operation gewagt werden konnte, durfte er seines schwachen Herzens wegen nicht betäubt werden. Aber er würde wieder gesund werden, obwohl sein Handgelenk und seine Finger steif bleiben würden. Wieland hatte ihn im Lazarettzug begleitet und war bei ihm geblieben, bis Mutter in Berlin eintraf.

Mutter sprach mit leicht erstickter Stimme, und

ihre Augen waren fast schwarz. Sie nahm noch einen Schluck Kaffee und lächelte mir dann zu.

„In Wolfis Zimmer liegt ein Junge, der erst neunzehn Jahre alt ist. Er hatte eine Kugel in den Herzmuskel bekommen, aber Sauerbruch hat sie entfernt, und er wird am Leben bleiben, obwohl er mindestens noch ein Jahr das Bett hüten muß. Und der Führer - du weißt, was für einen Widerwillen er gegen Krankenhäuser hat - hat Wolfi fünfmal besucht und einmal hat er ihm gar Rosen mitgebracht. Wolfi hat ihn dann überredet, auch durch die anderen Säle zu gehen und den verwundeten Kameraden einen Besuch zu machen."

Wieder der Führer! Die Leute an den Nebentischen warfen Mutter schon Blicke zu. Hitlers Name war in der Schweizer Öffentlichkeit nicht gerade beliebt, und ich hoffte, sie würde von etwas anderem sprechen.

„Und was ist mit Nickel?" fragte ich. Das Kind nahm einen Krankenpflegerinnenkurs in Berlin. Betty würde im April in die Schule kommen, und Toby, mein englischer Schäferhund, war auch eingezogen worden, doch nachdem er den Soldaten, der die Eignungsprüfung vornahm, zweimal angefallen hatte, hatte der Mann zu Mutter gesagt: „Nehmen Sie Ihren Hund nur wieder nach Hause, Frau Wagner."

Tietjen war zu seinen anderen Aufgaben neue, sehr vertrauliche Arbeit übertragen worden - er verhörte englische Spione.

„Paß auf, daß du denen nicht in die Fänge gerätst", warnte Mutter. „Du könntest leicht als Spionin benutzt werden, ohne es zu wissen."

„Das deutsche Oberkommando der Wehrmacht hält ja seine Sitzungen nicht in Tribschen ab", entgegnete ich lachend. Doch Mutter wurde ernst. Wir hatten fertig gegessen und schlenderten nun durch die Straßen Zürichs, deren helle Erleuchtung Mutter in Staunen versetzte. Ich erzählte ihr, wie ich einmal auf dem Rückweg von einem Konzert von einer Verdunkelungsübung überrascht worden sei und kilometerweit zu Fuß hatte gehen müssen.

„Wie töricht von diesen Schweizern", meinte Mutter. „Wer will sie schon angreifen? Ich war über die vielen Soldaten erstaunt, als ich über die Grenze fuhr."

Jawohl, erzählte ich, die Schweiz habe die Generalmobilmachung befohlen. Sie wolle für alle Fälle auf der Hut sein.

„Das ist doch lächerlich, ihr seid alle Kriegshetzer. Ihr glaubt doch nicht im Ernst, daß Deutschland so etwas machen würde?"

Ich suchte ihre Aufmerksamkeit abzulenken, indem ich sie auf ein Schaufenster aufmerksam machte, aber sie erging sich weiter über dieses Thema.

„Ganz Berlin spricht über dich; es wird behauptet, du stehest im Dienst des englischen ‚secret service' und des internationalen Judentums. Du bist wahnsinnig, Mausi, und durch und durch egoistisch. Du denkst auch nicht einen Augenblick an das Unglück, das du deiner Familie zufügst. Deine Brüder werden schamrot, wenn die Leute von ihrer Schwester sprechen, und sie können dich nicht einmal verteidigen. Wenn du doch wenigstens für ein paar Tage nach Berlin kämest und mit deiner Familie gesehen würdest; wenn du zum Beispiel mit mir im Bristol zu Mittag essen würdest, so daß die Leute uns zusammen sehen, würde das Gerede aufhören. Du mußt bewiesen haben, auf wessen Seite du stehst, dann kannst du nach der Schweiz zurückgehen; ich habe dann nichts dagegen. Nur laß dich wieder einmal in Deutschland sehen."

‚Ich könnte also so leicht wieder zurück?' sagte ich mir. ‚Für wie naiv müssen die mich halten.'

Laut antwortete ich: „Du weißt sehr gut, auf wessen Seite ich stehe."

„Du hast dir wirklich deine Gesinnung vollkommen durch die feindliche Propaganda vergiften lassen", rief Mutter erbittert, nahm sich dann aber zusammen und versuchte zu lächeln. Wir gingen schweigend weiter, beide dachten wir mutlos, daß wir eigentlich eine Möglichkeit finden sollten, die Kluft zwischen uns zu überbrücken.

Im Hotel war Mutter müde und ging sofort in ihr Zimmer. Auch ich war müde, erschöpft durch das Zerren an meinen Gefühlen, wagte aber nicht, mich schlafen zu legen. Mutter hatte erst vorgetastet! Sie hatte mir noch nicht alles gesagt, weswegen sie gekommen war. Es gab so viele Geschichten über Leute, die von der Gestapo entführt worden waren, daß meine Freunde mich ständig warnten und mich baten, vorsichtig zu sein und aufzupassen, wohin ich gehe und was ich äße. Ich durchsuchte mein Zimmer, schaute unter das Bett und in den Schrank. Am Samstagmorgen gingen wir einkaufen. Es war merkwürdig, zu hören, wie Mutter, die ich früher so oft beobachtet hatte, wenn sie durch ihre schönen Hände die feinsten amerikanischen Seidenstrümpfe gleiten ließ, nun die dicksten Wollstrümpfe verlangte. Sie erzählte mir auch, daß die Regierung vergessen habe, wollene Badekostüme zu rationieren und daß diese nun die eleganteste Unterwäsche für den Winter geworden seien. Wir kauften Käse und Schokolade und suchten die Schaufenster nach

Dingen ab, die Mutter haben wollte, aber Mutter konnte sich nicht entschließen, und dann wurde es zum Kaufen zu spät; Samstags schlossen die Geschäfte früh.

Man könne in Berlin noch immer gut essen, sagte sie, wenn man das nötige Geld dazu habe, und sie erzählte mir von einem neuen Restaurant am Kurfürstendamm, wo Hjalmar Schacht und seine junge Frau, die Bildhauerin Barbara v. Kalkreuth, sich an Kaviar und Hummer delektierten. Die Russen, so bemerkte Mutter, versäumten zwar ihre Pflicht, Hitler mit den nötigen Zufuhren zu versorgen, schickten aber Kaviar, um Göring und die anderen Schlemmer in gute Laune zu versetzen.

Spät am Nachmittag kehrten wir ins Hotel zurück; beide waren wir gespannt, wußten, daß wir die Explosion nicht noch länger hinausschieben konnten. Wir waren in meinem Zimmer, ich saß in einem großen Sessel neben dem Fenster und Mutter mir gegenüber auf dem Bett. Der blaßgrüne Schimmer ihres Hauskleides aus wunderschöner orientalischer Vorkriegsseide betonte noch die leicht goldene Tönung ihrer Haut.

Wir sprachen noch immer über den russischen Pakt; sie prahlte mit Hitlers Schlauheit, wiederholte seine Wiedergabe des Vertrages mit Stalin. Unbeabsichtigt brachte ich die Bombe zum Platzen, indem ich bemerkte: „Du glaubst doch nicht wirklich, daß er dir die Wahrheit sagt? Er lügt dich doch genau so an wie alle anderen."

Mutter fuhr hoch, der freundliche, lebhafte Ausdruck ihres Gesichtes wechselte über in Entsetzen, dann in kalten Haß. Sie hätte nicht empörter sein können, wenn ich Gottes Tugend angezweifelt hätte.

„Bis zu diesem Moment habe ich nicht glauben

wollen, was die anderen sagen", stieß sie mit erstickter Stimme hervor. „Man hat mir aus Paris berichtet, daß du dich um den Kopf redest, so sprächest du gegen Deutschland, und ich wollte es nicht glauben. Jetzt aber habe ich es selbst gehört. Wie dumm war ich! Doch ich bin deine Mutter, und ich kann nicht länger dulden, daß du frei herumläufst, du gehörst hinter Schloß und Riegel."

Sie beugte sich vor und durchbohrte mich mit ihren Blicken. „Zum letztenmal fordere ich dich auf, nach Hause zu kommen. Deine Brüder befehlen dir, zurückzukommen und ihnen weitere Schande zu ersparen."

„Wie teutonisch!" entgegnete ich. „Wann habe ich je meinen Brüdern gehorcht?"

Mutters Stimme wurde messerscharf.

„Man hat mich gesandt, damit ich dich vor die Wahl stelle; du brauchst dich nicht sofort zu entschließen, du hast Zeit, es dir zu überlegen, aber du mußt dich entscheiden. Mögest du nun sofort nach Deutschland zurückkehren, wo du für die Dauer des Krieges an einem sicheren Ort hinter Schloß und Riegel gehalten wirst, oder in einem neutralen Land bleiben und dich anständig benehmen. Nur mit deinem Gerede mußt du aufhören. Wenn du nicht zustimmst, wird man dich mit Gewalt holen und an einen sicheren Ort bringen."

Ich wollte etwas sagen, aber Mutter war noch nicht fertig. „Und wenn du nicht hören willst, wird der Befehl erteilt, daß du bei der ersten Gelegenheit vertilgt und ausgerottet wirst. Und solltest du es tatsächlich wagen, dich in Feindesland zu begeben, dann weißt du, was das bedeuten würde. Deutschland würde dich ausbürgern, dein Vermögen würde beschlagnahmt, und für den Rest deines Lebens würde dir verboten werden, deine Familie wiederzusehen oder eine Verbindung mit ihr aufzunehmen."

Ich fühlte, wie das Blut aus meinem Gesicht wich, während ich zuhörte - aber nicht wegen der Drohungen, sondern wegen der Ausdrücke, die Mutter gebraucht hatte. „Vertilgen" und „ausrotten", das waren natürlich Hitlers oder Himmlers Worte. Sie schien gar kein Gefühl zu haben, daß sie diese Worte gegen ihr eigenes Kind, gegen ihr Fleisch und Blut anwandte. „Vertilgen und ausrotten!" Nein, ich hatte mein Deutsch nicht vergessen, diese beiden Worte hatten keine andere Bedeutung.

„Überleg' es dir", sagte Mutter mit normalerer Stimme, „und teile mir deinen Entschluß mit. Schreibe mir, wenn du es dir überlegt hast."

„Aber ich habe es mir überlegt. Seit langem habe ich bereits ein Visum nach England, ich warte nur auf das französische Durchreisevisum, und dann gehe ich nach England und von dort nach Amerika. Es ist alles geregelt."

Vielleicht war es gefährlich, doch ich nahm das Schreiben vom englischen Auswärtigen Amt aus meiner Tasche und zeigte es Mutter; sie erstarrte.

„Was tust du für die englische Regierung, daß du durch ein Feindesland in ein Feindesland reisen kannst? Wir befinden uns im Krieg. Was tust du für Deutschlands Feinde?" Ihre Stimme klang gebrochen, war fast ein Jammern. „Wie kannst du, eine Deutsche, in ein feindliches Land reisen?"

Ich versuchte, ihr zu erklären, daß dieser Krieg weniger ein Krieg zwischen Völkern als ein Krieg der Weltanschauungen sei. Es war nutzlos. Mutters Stimme steigerte sich zu einem hohen Crescendo: „Aber der Führer... der Führer... was soll ich ihm sagen?"

Darauf gab es keine Antwort. Eine Fortsetzung

der Unterhaltung war zwecklos. Ich stand ruhig auf, ging aus dem Zimmer und schloß die Tür leise hinter mir.

Unten in der Halle wurde mir ein eingeschriebener Brief übergeben, der mir von Luzern nachgeschickt worden war. Mein französisches Durchreisevisum, der Atem stockte mir.

Als Mutter zum Essen herunterkam, saß ich da und dachte an Toscaninis Worte. Trotz allem wünschte ich so sehr, ihr zu sagen, was sie tun solle, wenn je der Augenblick käme, daß sie aus Deutschland fliehen wollte. Doch als sie in den Saal kam, war sie gefaßt und anmutig wie stets, äußerliche Freundlichkeit umgab sie wie ein Panzer, den ich nicht durchdringen konnte, und so blieb sie den ganzen Abend.

In der Nacht tönten die brutalen Worte „vertilgen und ausrotten“ in meinen Ohren. Mit meinen kostbaren Visen, die ich fest umklammerte, verbrachte ich wieder eine schlaflose Nacht, war jeden Augenblick auf der Hut.

Schließlich standen wir zusammen auf dem Bahnsteig. In diesen wenigen letzten Minuten hätten wir gern alles Mögliche getan, um die Vergangenheit ungeschehen zu machen, alles, nur das eine würden wir nie tun können: eine der anderen nachgeben. Der Zug fuhr ein.

„Überlege dir alles. Laß dir Zeit und teile es mir mit“, wiederholte Mutter, als habe sie noch immer nicht die Hoffnung aufgegeben. Sie küßte mich... ging zum Wagen... drehte sich dann um und sagte mit gebrochener Stimme:

„Komm nach Hause, Mausi! Bitte, komm doch... ich brauche dich!“

Aber es war zu spät - die Antwort war erteilt. Es

war der Abschied! Der Abschied von allem, was ich in Deutschland geliebt hatte! Als der Zug die Halle verließ, waren meine Augen feucht. Toscaninis Worte tönten wieder in meinen Ohren: „Schließlich ist sie deine Mutter!"

Ich ging aus dem Bahnhof und fühlte mich entsetzlich verlassen.

Dann, als ich durch die vertrauten Straßen Zürichs wanderte, hatte ich das seltsame Gefühl, nicht ganz allein zu sein, und mir fiel ein, daß auch mein Großvater als Emigrant nach Zürich gekommen war.

Dieser Gedanke war merkwürdig beruhigend!

Nachwort
von Eva Weissweiler

„Nacht über Bayreuth“ ist das Werk einer sechsundzwanzigjährigen Emigrantin, 1944 in New York auf Englisch geschrieben, 1945 in der Schweiz ins Deutsche übersetzt, von deutschen Wagnerianern als Schund- und Schmähschrift diffamiert[1] und seit Jahrzehnten so gründlich verschwunden, daß es nicht einmal in Universitätsbibliotheken zu finden ist. Das Exemplar, auf das sich diese Ausgabe stützt, ist ein Unikat aus dem Exilarchiv der Deutschen Bibliothek in Frankfurt am Main. Trotzdem ist es hin und wieder zitiert worden, von Toscanini-[2], Furtwängler-[3] und Siegfried-Wagner-Biographen[4], Chronisten der Bayreuther Festspiele[5] und Hans-Jürgen Syberberg, der es als Geheimtip für seinen Winifred-Wagner-Film aus der Hand des Wagner-Urenkels Gottfried entgegennahm.[6]

In Amerika ist es 1974 noch einmal erschienen [7], ohne die hiesige Diskussion um Wagners politisches Erbe zu beeinflussen. Es führte ein Fußnoten-Dasein. Die Ächtung hielt an. Als Chronik zum Musikleben der NS-Zeit wurde es ebenso ignoriert wie das zeitgleiche, ebenfalls hochinformative Buch „Musik im Schatten der Politik“ der Furtwängler-Mitarbeiterin Bertha Geissmar[8], eine Parallele, die nur den Schluß zuläßt, daß Frauen als musikpolitische Zeitzeugen nicht gefragt sind.

Friedelind, genannt „Mausi“, geboren am 29. März 1918, 1939 als einzige ihrer prominenten Familie emigriert, widmet das Buch „ihren beiden Vätern“ Siegfried Wagner und Arturo Toscanini.

Siegfried starb 1930 an einer Embolie, ein schwerer Verlust für die eigenwillige Zwölfjährige, die als Schwester zwischen zwei Brüdern keinen leichten Stand und zu Mutter Winifred ein extrem gespanntes Verhältnis hatte. Für Bertha Geissmar war sie „das ungezogenste und amüsanteste Kind"[9], das sich denken ließ, eine deutsche Pippi Langstrumpf mit den unterschiedlich großen Ohren Richard Wagners und den aristokratisch-schlanken Händen Franz Liszts. Auch Toscanini, der aus Protest gegen die Rassengesetzgebung der Nazis beschlossen hatte, nicht mehr in Deutschland zu dirigieren, war begeistert von „Mausi", nahm sie als Ersatz-Tochter mit nach Amerika und ermutigte sie zu diesem tollkühnen Rechenschaftsbericht über die unheilige Allianz Hitler/Wagner/Wahnfried.

Trotz ihrer guten Beziehungen führte sie nicht das Leben einer Exil-Prinzessin, sondern ein typisches Emigrantendasein am Rande von Existenz und Legalität. Keine Nachrichten von der Familie, die restlos mit ihr gebrochen hatte und immer noch geschlossen hinter Hitler stand, mit dessen Hilfe sie sog. „Kriegsfestspiele" zelebrierte, keine Einnahmen außer ein paar Stundenlöhnen als Sekretärin, Marktforscherin, Reporterin, Servierkraft, in wechselnden Hotelzimmern, weit weg von dem gehaßliebten Wahnfried. Zum Glück konnte sie Englisch, Schreibmaschine, Stenografie, denn Winifred hatte darauf bestanden, daß sie etwas Praktisches lernte, etwas, das nichts mit Musik zu tun hatte und mit Wagner-Regie. Diese waren den Söhnen Wieland und Wolfgang vorbehalten, ganz gleich, ob sie nun dazu geeignet waren oder nicht. Jede Art Bühne, erzählt Bertha Geissmar, zog Friedelind unwiderstehlich an[10], während es Wieland zur Fotografie, Wolfgang zu technischen Erfindungen drängte. Vor allem aber drängte es sie an die Macht, die derzeit noch in den Händen des Duos Winifred/Tietjen lag. Tietjen war Regisseur, Lebenskünstler und Dirigent, Generalintendant aller preußischen Staatstheater, ein schillernder, politisch schwer einzuordnender Charakter, persönlicher Protegé Hermann Görings, angeblich Antifaschist, Vormund der Wagner-Enkel und seit 1933 Liebhaber Winifreds, für die Brüder ödipaler Konkurrent, für Friedelind unerwünschter Ersatz-Vater. Die Beziehung zwischen ihm und der „Wahnfried-Jugend" war hoch gespannt, ein Quell ständiger Auseinandersetzungen mit Winifred, die zwischen ihren Interessen als Frau, Mutter und Festspielleiterin hin- und hergerissen war und in Tietjen einen künstlerischen Berater hatte, ohne den „Bayreuth" ebensowenig möglich gewesen wäre wie ohne den „Führer"[11].

Friedelind hatte nichts mitnehmen können außer ein paar Kleidern, Büchern und den Juwelen der jüdischen Baronin von Einem, die wegen „Hochverrats" in einem deutschen Gefängnis saß. Der Plan, den Schmuck ins Ausland zu schaffen, gelang. Friedelind brachte ihn geschickt durch alle Kontrollen. Dann geriet sie in Not, war gezwungen, Stück für Stück zu versetzen. Die Aussichten, ihn von ihrem Erbe zurückkaufen zu können, waren mehr als ungewiß.

Friedelind, nicht nur musikalisch, sondern auch literarisch hochbegabt, ein Doppeltalent wie der „Dichterkomponist" Siegfried Wagner, schreibt die Geschichte Bayreuths von 1918 bis 1939, die gleichzeitig ihre eigene und eine hochpolitische ist, schreibt mit Leidenschaft, flüssig, witzig, akribisch, manchmal verzweifelt, und je öfter sie Bilder und

Dialoge vor sich abrollen läßt, um so mehr Einzelheiten tauchen wieder auf, Klein-Wielands blonder Pagenkopf, Wolfi in seinem Bastelkeller, ihr neues Fahrrad, die Kleinmädchenstimme von Schwesterchen Verena, die beiden Schnauzer Straubel und Strizi, die Rennfahrerkappe von Mutter Winifred und immer wieder der Vater, Leitbild der Kinderjahre, der in der Rückblende zum Heiligen wird.

Von langen gemeinsamen Spaziergängen ist die Rede, von seiner Probenarbeit, seinem skurrilen Witz, Gesprächen über seine Kompositionen, die Winifred nicht verstand oder nicht ernst nahm, seinen Plädoyers für pädagogische Anarchie und ihrem Kinderwunsch, ihn zu heiraten.

„Homosexualität" - das Wort kommt nicht vor. Auch nicht die daraus resultierende Erpreßbarkeit[12], die ihn zwang, mit Winifred gemeinsame Sache zu machen, als sie öffentlich für den in Landsberg einsitzenden Hitler auftrat und ihm das Schreibmaterial für „Mein Kampf" stiftete, eine Aktion, die sie noch 1975 mit soviel Stolz erfüllte, als hätte sie dem greisen Abraham die Papyri für die Niederschrift des Alten Testamentes geschenkt[13].

Siegfried - das ist für Friedelind der humanitäre Wahrheitskünder, der gegen den Rassenwahn des eigenen Vaters antrat[14] und in seine Opern Spitzen gegen Hitler einbaut[15], nicht jemand, der zugleich heftiger Anti-Semit war und „Jehova" als Gott der Verräter ansah[16].

Diese einseitige Idealisierung seiner zweifellos hochambivalenten Persönlichkeit, Hand in Hand gehend mit Negation präfaschistischer Tendenzen bei Wagner und schamhaftem Verschweigen ihrer eigenen Karriere als BDM-Mädel, ist die einzige „Geschichtsfälschung", die man ihr vorwerfen kann.

Nichts sonst gibt Anlaß, ihr Buch als „historisch höchst unzuverlässig“ zu bezeichnen, wie es leider auch der seriöse, linke Bayreuth-Chronist Michael Karbaum tut[17], kurz, männlich und akademisch, in einer Fußnote, so daß der von Winifred, Furtwängler und der „Revue“ herbeigeredete Eindruck[18], die Autorin sei schwatzhaft, geltungssüchtig, sprich: quasi-schizophren, seine wissenschaftlich-linke Absegnung erfährt. Viele ihrer Erinnerungen wurden durch die Arbeit der Spruchkammern bestätigt oder decken sich mit denen von Frieda Leider[19] und Bertha Geissmar. Das gilt vor allem für die Figur des „Führers“, der in einer Fülle verblüffender Episoden als „Onkel Wolf“ durch die ganze Geschichte geistert und sich von so unerhört neurotischer, kleinbürgerlich-ignoranter Seite zeigt, wie man ihn nur aus Chaplins „Der große Diktator“ kennt. Mag sein, daß Voyeurismus befriedigt wird bei der Lektüre dieser vielen Geschichten über die abgekauten Fingernägel, das kariöse Gebiß, die Vorliebe für Nudelsuppe, Pralinees und Lehar, die schlechtsitzenden Dorfschullehreranzüge, die Affäre mit seiner Nichte Geli Raubal, die behandlungsbedürftige Angst vor Büchern in ihrer Vielfalt der Einbände, Formen und Farben. Doch Friedelind sah auch einen „Onkel Wolf“, der nicht zum Lachen war: Seine zynischen Kommentare über unschuldige Opfer der SA und Hinrichtungen im Umkreis des Röhm-Putsches, seine sadistische Befriedigung nach dem Juden-Boykott und der „erfolgreichen“ Reichskristallnacht, seinen Haß auf die Kirche, seine Billigung von Selbstmorden und Exekutionen im „Arbeitsdienst“, sein Schielen nach englischer Sympathie, seine krankhaft-cholerische Unberechenbarkeit eigenen Mitarbeitern oder ihr selbst gegenüber, wenn sie als Bittstellerin für jüdische Freunde auftrat. Die Sprache, mit der erzählt wird, ist sachlich, fast fotografisch verknappt. Es ist ein lapidares Bekenntnis intimer Mitwisserschaft oder gar Mit-„Schuld", denn Friedelind, Hausgast der Reichskanzlei, war ein „Führer"-Günstling, wie auch Verena, Wieland und Wolfgang „Führer"-Günstlinge waren, nur daß von diesen nie ein Wort der Selbsterkenntnis gekommen ist, auch in den 50er und 60er Jahren nicht, als Wieland die Bühne vom Faschismus „entrümpelte" und die linke Intelligenz scharenweise auf den Grünen Hügel zog[20]. Doch war Wieland jemand, der die Vergangenheit reflektierte, indem er mit Bloch, Mayer und Adorno arbeitete und das „produktive Ärgernis" vom „immer noch ungleichzeitigen" Wagner schuf[21], an dem sich Künstler und Kritiker reiben konnten. Ihm durfte, konnte, wollte man verzeihen, anders als Mutter Winifred, dem in der deutschen Nachkriegsgeschichte vielleicht krassesten Beispiel eingefleischter Unfähigkeit zu trauern.

„Er (Hitler) hatte diesen österreichischen Herzenskontakt", sagte sie 1975 vor Syberbergs Kamera. „Ich kannte ihn doch von 1923-45, das sind 22 Jahre; ich habe in diesen Jahren nie eine menschliche Enttäuschung an ihm erlebt. Ich meine, abgesehen natürlich von den Sachen, die draußen vor sich gingen. Aber das berührte mich ja nicht. ... Wenn er zur Tür hereinkäme, ich wäre genauso fröhlich und glücklich, ihn zu sehen als wie immer."[22]

Friedelind, taktvoll und beschämt, erwähnt das Unsägliche nur am Rande: daß Winifred ihm nachreiste, ihn heimlich nach seinen Wahlveranstaltungen traf, ihn ohne Wissen Siegfrieds als Logiergast einquartierte, ihm zahllose Briefe schrieb, die freilich als „verschollen“ gelten[23]. Nach Siegfrieds Tod erwartete man, daß die beiden ein Paar würden. Aber Siegfried hatte vorsichtshalber ein Testament gemacht, daß Winifred bei Wiederverheiratung enterbte[24], denn „Onkel Wolf“ liebäugelte nicht nur mit Winifred, sondern auch mit Intendantenfunktionen, griff in Inszenierungs-, Besetzungs- und Bühnenbildfragen ein, träumte von einem entchristianisierten Parsifal und nordisch-germanischen Nackedeis auf dem Venushügel. Legionen von Wagnerianern sehnten diese Kunst-, Lebens- und „Geistes“- Gemeinschaft herbei. „Es ist, als ob Baldur und Fricka einander beiwohnten“, jubelte der Wahnfried-Hauspoet Hans von Wolzogen[25].

„Mei Mudder mecht scho, aber der Onkel Wolf mecht halt net“, ergänzte das Schulmädchen Friedelind[26].

Ob es zur „Beiwohnung“ kam? „Weiß wer, wie das war.“ Ist doch die Korrespondenz, wie gesagt, verschollen, und gab es doch zum Glück auch den Krieg, der so manches peinliche Geschichtskapitel vernichtete, wenn auch nicht die Erinnerung unbequemer Zeitzeugen wie Friedelind.

Winifred konnte also ihren Wolf nicht heiraten. Blieben die Töchter, Friedelind und Verena, die eine zu dick, die andere zu dünn, aber beide immerhin besse[illegible] Unity Mitford, die man nur [illegible] sah. Winifred habe die Achs[illegible]nastisch festigen wollen, sagte[illegible]albschwester Adolf Hitlers[27] [illegible]Mutter der in seiner Wohnung [illegible] „Geli“ Grund genug hatte, [illegible]hrer Kuppler- und Mitwisse[illegible]

Ob [illegible]er „Führer“ wurde Friedelind immer unsympathischer, je länger und näher sie ihn kannte. Seine Physiognomie und sein schlechtes Gebiß stießen sie ab, sein epileptisches Temperament befremdete sie, sein schlechtes Benehmen bei Tisch und sein kleinbürgerlicher Geschmack erfüllten sie mit tiefer Verachtung. Zwischen der Urenkelin der Gräfin d'Agoult und dem Anstreicher aus Braunau bestand eine soziale Kluft, die ihm wohl selber bewußt war und die er durch hündische Verehrung zu überbrücken suchte.

Da auch die Liaison mit Verena nicht zustande kam - sie verliebte sich in den Reiseleiter der Organisation „Kraft durch Freude", heiratete ihn und bekam fünf Kinder - blieb es bei ideeller und finanzieller Subvention der Festspiele - zum „Auftakt" 1933 allein 364 000 Mark[28]. „Onkel Wolf" durfte sich als Retter des Wagnerschen Erbes fühlen und avancierte auch ohne Versippung zum unheimlichen Herrscher von Bayreuth.

Friedelind bleibt in ihrer Wortwahl relativ moderat, ohne Verletzung oder auch nur Zynismus zu zeigen, es sei denn, daß von Abstrusitäten wie der Debatte um die garantiert arisch-germanische Damenbrustwarze oder Tischdecken mit Hakenkreuzstich die Rede ist.

Trotzdem spürt man hinter jeder Zeile die Kämpferin, die sich vor nichts und niemandem duckte, am allerwenigsten vor Winifreds Ungerechtigkeit und mangelnder Intellektualität. Das war eine so empfindliche Störung des Wahnfriedens, daß Winifred immer wieder bestrebt war, sie loszuwerden, nach England in ein Sanatorium für Nerven- und Drüsenkranke, in verschiedene Zucht- und Besserungsanstalten oder in die Jenaer Klinik eines Professor Veil, der die schmerzhaftesten Experimente an ihr vornahm, um sie zu „heilen“, ob von Fettleibigkeit, Halsentzündungen oder Individualität, wird nicht recht klar. Ihre Schilderung dieser unglücklichen Jugendjahre liest sich wie die Vita eines Charles-Dickens-Helden. Schumann-Kenner mögen an die Erinnerungen von Eugenie denken[29], der jüngsten, eigenwilligsten Tochter Claras, die bei Brotsuppe und Protestantismus öfter an Selbstmord dachte.

Tragisch ist, wieviel Liebe in diesen Passagen mitschwingt, wieviel Bewunderung für diese ferne hohe Frau, die selbst elternlos aufgewachsen war und als Pflegetochter der deutsch-nationalen Klindworths statt Mutterliebe nur Fanatismus empfangen hatte. In der Ehe mit dem homosexuellen Siegfried, der schon bald nach der Geburt ihrer Kinder anfing, seine Junggesellen-Angewohnheiten wieder aufzunehmen, war sie als Gebärmaschine mißbraucht worden, und auch Tietjen, der smarte Frauenliebling, dankte ihr ihre Anhänglichkeit nicht durch Treue. Hauptopfer dieser vielen Enttäuschungen war Friedelind, der geborene Sündenbock, mit schlechten Schulleistungen und krankhaftem Übergewicht sicher schwerer zu lieben als die hübsche Verena.

Das Buch schildert eindringlich, wie Winifred immer wieder Ansätze von Warmherzigkeit zeigte, bis der Haß wieder durchbrach, den sie nie überwinden konnte, auch Jahrzehnte später nicht, als aus dem Trampeltier von einst eine beeindruckende Frau mit markanten, wagnerianischen Gesichtszügen geworden war. Jemanden wie sie müsse man vertilgen und ausrotten, sagt Winifred im letzten Alptraumkapitel dieses Buches, als sie nach Zürich kommt, um Friedelind zur Rückkehr nach Deutschland zu bewegen. Friedelind hört es, schreibt es auf und kommt trotzdem zurück, wenn auch fünfzehn

Jahre später, sei es, um das Erbe ihres Vaters fortzusetzen oder endlich zu spüren und zu erfahren, daß die Mutter sie liebt.

Die Geschichte der Wagner-Enkelin ist natürlich mit diesem Buch nicht zu Ende, aber die Fortsetzung, „Pardon my return", ebenfalls auf Englisch geschrieben und laut „Spiegel" 1967 druckfertig vorliegend[30], ist nie erschienen. Winifred soll ihren Freunden erklärt haben, eine Antwort mit dem Titel „Friedelind, go home" schreiben zu wollen, wobei mit „home" nicht Deutschland, sondern Amerika gemeint war. Welches Ausmaß an Psychoterror, juristischer Drohung und finanzieller Nötigung mag eingesetzt worden sein, um das Erscheinen des zweiten Friedelind-Buches, eine vermutlich bittere Chronik des sogenannten neuen Bayreuth, zu verhindern, wobei es gegen simples „Abrechnungsbedürfnis" spricht, daß sie das Manuskript bis nach Wielands Tod zurückhielt. Nun würden Haß, Rachsucht und Rivalität wieder aufbrechen, sah sie voraus[31] - und behielt Recht.

Zur Genüge durch Familienbande stigmatisiert, gründete sie keinen neuen „Clan", sondern blieb unverheiratet und versuchte, ihren Weg als Siegfried-Wagner-Tochter zu gehen, in dem sie sich für die Rehabilitation seines Werkes einsetzte. Ein zögerndes Bekanntwerden seiner schwierigen, hochartifiziellen Musikdramen, die von Winifred unterdrückt worden waren und nicht in die Musiklandschaft der NS-Zeit gepaßt hätten, ist ihrer Pionierarbeit zu verdanken.

Trotzdem wird man bei Lektüre dieses Buches den Eindruck nicht los, daß hier eine Persönlichkeit reduziert oder zerstört wurde, daß das „Erbe des Feuers" ein Fluch war, der die Entwicklung einer

Regisseurin oder Musikschriftstellerin verhindert hat.

Die folgende Übersicht faßt die Stationen ihres Lebens seit dem Erscheinen des Buches zusammen:

1945
Kriegsende, amerikanische Besetzung des Festspielhauses, Selbstmord von „Onkel Wolf“, Übersiedlung der Wagners an den Bodensee und ins Fichtelgebirge, ins „Exil“, wie Winifred noch Jahre später schreiben wird, wirtschaftliche Not und Ungewißheit über die Zukunft des Imperiums. Friedelind versucht, der Familie zu helfen, indem sie amerikanische Verleger für eine Übersetzung der Korrespondenz Richard/Minna Wagner interessiert[32].

1947/48
Friedelind und ihr Schweizer Cousin Franz Wilhelm Beidler werden als einzige politisch Unbelastete der Familie vom bayrischen Kultusminister aufgefordert, bei der Festspielleitung mitzuwirken, zusammen mit einem künstlerischen Beirat, darunter Hindemith, Bruno Walter, Sir Thomas Beecham und Thomas Mann. Friedelind erklärt vor der Presse, die Familie habe versucht, sie zu enterben, jedoch ohne Erfolg[33].

1948
Winifred, nach Artikel 4/2 des „Gesetzes zur Befreiung von Nationalisozialismus und Militarismus“ zu 450 Tagen Sonderarbeit, Verzicht auf Wahlrecht, Rente, öffentliche Ämter und Abgabe von 60 Prozent ihres Vermögens verurteilt, wird in zweiter Instanz als „Minderbelastete der Gruppe III“ eingestuft. Tietjen wird rehabilitiert. Auch Wieland muß sich der Spruchkammer stellen.

Friedelind tritt in keinem dieser Fälle als Zeugin

auf. Ob ihr Buch, das belastendes Material enthielt - Winifreds Mitwisserschaft um Hinrichtungen im Umkreis des Röhm-Putsches, um die Vorbereitung von Reichskristallnacht und Deportation - vor dem Verfahren „aus dem Verkehr gezogen“ wurde, ist nicht bekannt. Im Urteil zweiter Instanz erscheint es nicht als Quelle[34].

1949

Winifred verpflichtet sich „feierlich“, sich „jedweder Mitwirkung an der Organisation...der Bayreuther Bühnenfestspiele zu enthalten“ und, „einer schon lange gehegten Absicht entsprechend“, Wieland und Wolfgang als Leiter einzusetzen. Der bayrische Ministerpräsident Ehard setzt sich über die Beiratspläne des Kultusministers hinweg und stimmt Winifreds Vorhaben zu, vermutlich unter Berufung auf Siegfrieds Testament, das Winifred als gesetzliche Vorerbin einsetzt und ihr, für den Fall, daß sie nicht wieder heiratet, uneingeschränkte Handlungsfreiheit garantiert. Die Töchter Verena und Friedelind sind damit entrechtet[35].

1950

Friedelind „schießt“ - immer noch von New York aus - „quer“, indem sie gegen den Ausverkauf Wagnerscher Autographen protestiert, mit dem die Wiedereröffnung der Festspiele finanziert werden soll. Sie verweist auf andere Finanzierungsmöglichkeiten und besteht darauf, diesen „einzig wahren Besitz“ zu erhalten. Gleichzeitig erinnert sie die vergeßlichen Wagnerianer daran, daß „dem Führer“ Autographen zum 50. Geburtstag geschenkt wurden, nämlich „Die Feen“, „Das Liebesverbot“, „Der Fliegende Holländer“ und „Die Walküre.“ Winifred dementiert diesen auch von der Spruchkammer anerkannten Tatbestand und erklärt die Schenkung als von der Deutschen Reichswirtschaftskammer „freiwillig erzwungen". Nach heftigen Presse-Debatten erklärt sich die kapitalkräftige „Gesellschaft der Freunde Bayreuths" bereit, die Finanzierungslücke (DM 400.000) zu schließen. Der Ausverkauf unterbleibt[36].

1951
Das „neue Bayreuth" wird unter künstlerischer Leitung Wieland Wagners eröffnet. Wolfgang verwaltet die Finanzen. „Im Interesse einer reibungslosen Durchführung der Festspiele" bitten die Brüder, „von Gesprächen und Debatten politischer Art ... freundlichst Abstand nehmen zu wollen. Hier gilt's der Kunst."

Am Dirigierpult u.a. Furtwängler und Herbert von Karajan[37].

1954
Friedelind, gerade aus Amerika zurückgekehrt, steht in Bayreuth vor Gericht. Prozeßgegnerin: Baronin Gerta von Einem. Es geht um die Juwelen, die Friedelind unter abenteuerlichen Umständen ins Ausland gebracht hat. Die Baronin gibt ihren Wert mit DM 300 000 an, das ist etwa soviel wie Friedelinds Erbe. Spekulationen werden laut, daß Friedelind ein zweites Mal entrechtet und um ihren Anteil am Festspielvermögen gebracht werden soll. Da der tatsächliche Wert des Schmuckes nicht nachweisbar ist, kommt sie mit einer niedrigeren Schadensersatzzahlung davon[38].

1959
Friedelind gründet mit Wielands Unterstützung die

„Bayreuther-Festspiel-Meisterklassen" für Musikstudenten aus aller Welt. Das Thema: Analyse von Wagner-Opern und ihren Inszenierungen. Wolfgang steht dem Unternehmen skeptisch gegenüber, weil es auch vor hauseigenen Inszenierungen nicht halt macht[39].

1966
Um Friedelind ist es in den letzten Jahren stiller geworden. In den Feuilletons dominieren Diskussionen um Wielands provokanten Inszenierungsstil, in den Klatschspalten Nachrichten über eine außereheliche Liaison mit der Sängerin Anja Silja. Wieland stirbt mit erst 49 Jahren an Krebs. Wolfgang, nun alleiniger Leiter, versucht, Friedelinds Meisterklassen wegzuekeln, indem er den Teilnehmern die Luft aus den Autoreifen läßt. In Kooperation mit Winifred entzieht er Friedelind ihren Platz in der Familienloge und untersagt ihr schriftlich „das Betreten der Weihestätte."

Sogar ihren Privatparkplatz muß sie abgeben. Da Rücksichten auf den ausgleichenden Wieland und ihm befreundete jüdische Intellektuelle entfallen, hält Winifred wieder als First Lady Hof und empfängt politische Freunde wie Edda Göring, Ilse Heß, Adolf von Thadden, den britischen Faschistenführer Oswald Mosley und den NS-Filmregisseur Karl Ritter. Friedelind spricht öffentlich von einer Rückkehr faschistischen Ungeistes nach Bayreuth[40].

1967
Friedelind inszeniert in Bielefeld „Lohengrin" als streng pointiertes, szenisches Oratorium mit minimalisierten Bewegungen im Stile ihrer nach Wielands Tod ebenfalls aus Bayreuth weggeekelten Schwägerin, der Choreographin Gertrud Wagner.

Die Charaktere sind dem eigenen Clan entnommen: Winifred als heidnische Intrigantin Ortrud, Wolfgang als schwacher, machtgieriger Telramund. Die damals noch dezidiert frauenfeindliche Wagner-Journaille fällt einmütig über sie her. Ein Rezensent nennt ihr Anti-Pathos-Konzept „kleinkariert" und empfiehlt „mehrjährige Regiepause". Bruder Wolfgang erklärt: „Die Frau hat ihre erste Inszenierung gemacht in einem Alter, in dem mein Bruder ...gestorben ist, mit Neunundvierzigdreiviertel. Wenn sie mit ihrer zweiten Inszenierung wartet, bis sie Neunundneunzigeinhalb ist, ist es gut. Aber·sie sollte sich abgewöhnen, zu behaupten, ich, ihr Bruder, mache nur Scheiße."[41]

1972
Friedelind läßt sich in England nieder, gründet ein Opernstudio und widmet sich der musikalischen Rehabilitation Siegfried Wagners[42].

1975
Sie besorgt die Uraufführung seiner Oper „Der Friedensengel", zu der sie Wolfgang und Winifred in die Londoner „Queen's Hall" einlädt. Winifred erscheint, Wolfgang nicht. Fotos der glücklich wiedervereinten Mutter und Tochter gehen durch die Presse[43].

1976
Hans Jürgen Syberberg enthüllt in seinem Film und anschließenden Dokumentationen zu seinem Film die faschistische Vergangenheit des Wahnfried-Clans und benutzt Friedelinds Buch als zentrale Quelle.

Vor der Kamera nennt Winifred Friedelind eine Lügnerin, die „nie so recht auf'n grünen Zweig gekommen" sei[44].

1979
Friedelind findet auf dem Speicher des Festspielhauses Partitur und Aufführungsmaterial des verschollen geglaubten Siegfried-Wagner-Jugendwerkes „Sehnsucht", einer symphonischen Dichtung, die von Daniel Barenboim wiederaufgeführt wird[45].

1980
Winifred stirbt mit 83 Jahren.

1991
Friedelind stirbt mit Dreiundsiebzig im westfälischen Herdecke. Es erscheinen nur wenige Nachrufe, in denen sie wie seit eh und je als enfant terrible, schwarzes Schaf und „abtrünnig" bezeichnet wird. Die „Süddeutsche Zeitung" erweist ihr einen letzten zynischen Dienst, indem sie sie zur Gründerin der „Bayreuther Festspiel k a s s e n" ernennt[46].

Anmerkungen

1 „‚Nacht über Bayreuth' wird ihr noch jetzt von alten Wagnerianern krummgenommen." (In: Welt am Sonntag, 23. 11. 1975, „Mutter Winifred besucht Tochter Friedelind in London")

2 Sachs, Harvey: Toscanini. Eine Biographie, München/Zürich 1980

3 Prieberg, Fred K.: Kraftprobe. Wilhelm Furtwängler im Dritten Reich, Wiesbaden 1986

4 Pachl, Peter A.: Siegfried Wagner. Genie im Schatten, München 1988

5 Karbaum, Michael: Studien zur Geschichte der Bayreuther Festspiele (1876 - 1976), Regensburg 1976

6 Syberberg, Hans-Jürgen: Winifred und Wolf. In: Zeitmagazin, 30.4. 1976

7 Cooper, Page (Ed.): Heritage of fire. The story of Richard Wagner's granddaughter, Westport, Conn. 1974

8 Geissmar, Bertha: Musik im Schatten der Politik, Zürich 1945

9 ebda., S. 352f.

10 ebda., S. 354

11 zur Auseinandersetzung zwischen Tietjen und den Brüdern Wagner s. v. a. Karbaum, a. a. O., S. XIX, Dok. 1 - 9

12 Pachl, S. 88, 146, 236, 286, 360

13 zit. nach Berndt W. Wessling in: Münchner Merkur, 18./19. 6.1977 (Zum 80. Geburtstag Winifred Wagners)

14 s. dazu Brief an den Präsidenten des Alldeutschen Verbandes, August Püringer, auf S. 153 dieses Buches. Püringer hatte seine Subvention der Festspiele an die Bedingung geknüpft, daß Bühne und Auditorium des Festspielhauses frei von „nichtarischen Untermenschen" würden (s. auch Pachl, S. 400)

15 z.B. in „Das Flüchlein, das jeder mitbekam", wo ein sadistischer Räuberhauptmann Wolf auftritt, der Experimente an entführten Untermenschen vornimmt.

16 Siegfried Wagner an Rosa Eidam, Weihnachten 1923, zit. bei Karbaum, S. XI, Dok. 2 („Die Zustände in Bayern sind ja unerhört...Meineid und Verrat wird heilig gesprochen und Jude und Jesuit gehen Arm in Arm, um das Deutschtum auszurotten! - Aber vielleicht verrechnet sich der Satan diesmal. Sollte die Deutsche Sache wirklich erliegen, dann glaube ich an Jehova, den Gott der Rache und des Hasses.

Meine Frau kämpft wie eine Löwin für Hitler! Großartig...")

17 Karbaum, S. 98, Anmerkung 9

18 Ebermayer, Erich: Die Wagners in Bayreuth, in: Revue, 11. 8.1951. Dort bezeichnet Winifred Friedelinds Schilderung als „Geschwätz einer Fünfjährigen" und als „Unsinn". In der Fortsetzung dieses Artikels (Revue, 25. 8. 1951) Furtwängler-Zitat von 1933: „Die jetzt fünfzehnjährige, intelligente, von ihrem Vater maßlos verwöhnte Friedelind verträgt sich nicht mit ihrer Mutter. Egozentrisch, impulsiv, zur Selbstüberschätzung neigend hat sie schon als Kind...die Überzeugung gewonnen, sie sei die Wagnerschste der Familie. Sie habe am meisten Ähnlichkeit mit ihrem Großvater. Sie sei einmal berufen, das Werk ihres Vaters fortzusetzen. Friedelind hat Neigung, überall aufzufallen, vielleicht um so mehr, weil sie körperlich dick und reizlos ist."

19 Leider, Frieda: Das war mein Teil. Erinnerungen einer Opernsängerin, Berlin 1959

20 s. dazu Syberberg, Hans Jürgen: Winifred schweigt. Wahnfried ist zornig. In: Zeitmagazin, 21. 5. 1976. Syberberg zählt Wielands Privilegien als Führerliebling auf und kommentiert: „War er nicht das Alibi von Bayreuth...? Er hat Bayreuth rehabilitiert, denkmalhaft, wurde aber deshalb als Nothelfer nie nazifiziert.
Aber auch die Wielandsche Lichtgestalt wird sich...gefallen lassen müssen, wie es ist, wenn über ihr das Licht einmal ausgeschaltet wird, aus Gründen der Sparsamkeit und der Probe auf seine wirklichen Werte, und wie es ist, wenn man um das Denkmal herumgeht....Die ganze Elite der Nation wunderte sich nicht, daß von ihm kein Wort kam nach 1945." Zu Wieland Wagners künstlerischer Laufbahn im NS-Staat s. auch Mayer, Hans: Richard Wagner in Bayreuth 1876 - 1976, Stuttgart/Zürich 1976. Karbaum (a.a.O., S. 91) erwähnt, daß Wieland Wagner noch Anfang 1945 zu Hitler reiste, um ihn

von der Notwendigkeit einer Wagner- Neuausgabe zu überzeugen.

21 zit. nach Mayer, a.a.O.

22 zit. nach „Der Spiegel", 1. 3. 1976 („Bayreuth: Die Götter dämmern") und „Welt am Sonntag", 23. 11. 1975 („Mutter Winifred besucht Tochter Friedelind in London")

23 Hitler, Adolf, Aufzeichnung aus den „Tischgesprächen" vom 13. 1942, Stuttgart 1965: „Daß dieser Jude Schorr den Wotan gesungen hat, das hat mich so geärgert! Für mich war das Rassenschande! Ich bin dann jahrelang nicht mehr hin, was mir an sich sehr leid getan hat. Frau Wagner war ganz unglücklich, hat zwölfmal geschrieben, fünfundzwanzigmal telefoniert." (zit. nach: Wessling, Berndt W.: Bayreuth im Dritten Reich. Richard Wagners politische Erben. Eine Dokumentation. Weinheim/Basel 1983, S. 77)

24 s. dazu Karbaum, a. a. O., S. IX, Dok. 3 („Die Nacherbfolge tritt ein mit dem Tode oder der Wiederverheiratung der Frau Winifred Wagner")

25 zit. nach Wessling, a. a. O., S. 179

26 zit. nach Revue, 25. 8. 1951

27 Frankenpost, 1. 8. 1950 („Friedelind schießt quer"): „Es gab dann noch einmal eine Bemühung, eine Ehe zwischen dem Hause Wahnfried und Hitler zu stiften. Hitler sollte Friedelind Wagner heiraten."

28 zur Finanzierung der Festspiele im NS-Staat vgl. Karbaum, a.a. O., S. 86

29 Schumann, Eugenie: Erinnerungen. Stuttgart 1925

30 „Der Spiegel", 25. 12. 1967 („Friedelind Wagner: Endlich Mensch") „Doch all diese Schmach wird Friedelind Wagner der feindlichen Familie möglicherweise in Kürze heimzahlen. Das Manuskript eines neuen enthüllenden Buches über Bayreuth

liegt zum Druck bereit. Titel: ‚Pardon my return'..."

31 s. dazu Keller, Roland, in: Kölnische Rundschau, 4. 8. 1968 („Wagner-Enkelin Friedelind mußte Hotel verlassen")

32 s. dazu Mayer, a.a.O.

33 s. dazu Wördehoff, Bernhard: „Es ist viel Hitler in Wagner", in: Die Zeit, 26. 7. 1991 (zit. Friedelind, 1947: „Man hat übrigens auch den Versuch der Enteignung gemacht, aber die Rechtsgrundlage ließ zum Glück eine solche Manipulation nicht zu")

34 Wortlaut des Urteils der Berufungskammer Ansbach bei Wessling, a.a.O., S. 284ff.

35 vgl. Wördehoff, a.a.O.

36 s. dazu Frankenpost, 1. 8. 1950 („Friedelind Wagner schießt quer")

37 Zitat nach Karbaum, a.a.O., S. 106. Schon 1924 und 1933 waren gleichlautende Appelle ausgegeben worden, um, so Karbaum, „einer fortschreitenden antidemokratischen Radikalisierung der Bayreuther Traditionsgemeinde wenigstens pro forma Einhalt zu gebieten."

38 s. dazu „Der Spiegel", 24. 3. 1954 („Kummer in Bayreuth") und „Süddeutsche Zeitung", 3./4. 4. 1954 („Es geht um Friedelind Wagners Vermögen")

39 „Der Spiegel", 25. 12. 1967 („Friedelind Wagner: Endlich Mensch")

40 „Der Spiegel", 25. 12. 1967. Vgl. auch Anm. 31

41 vgl. Rezension in der Stuttgarter Zeitung vom 4. 1. 1968 (Horst Koegler: „Zwischen Lattenrosten"); Wolfgang-Wagner-Zitat in: Welt am Sonntag, 23. 11. 1975

42 Welt am Sonntag, 23. 11. 1975; „Der Spiegel", 1. 3. 1976

43 Welt am Sonntag, 23. 11. 1975

44 ebda.

45 vgl. Pachl, S. 135

46 Süddeutsche Zeitung, 11. 5. 1991 („Ganz der Großvater - Friedelind Wagner starb dreiundsiebzigjährig“); s. auch Nachruf in Frankfurter Allgemeine Zeitung, 11. 5. 1991 („Die Abtrünnige - Zum Tod von Friedelind Wagner“)

Register der Personen und Tiere

(Winifred Wagner, die auf beinahe jeder Seite des Textes erwähnt wird, wurde in diesem Register nicht aufgeführt)

Ortsregister

Werke Richard Wagners

Personen in Werken Richard Wagners

Werke von Siegfried Wagner

Bildquellennachweis

S. 177 Friedelind Wagner, „Nacht über Bayreuth“, Zürich 1945
S. 178 Friedelind Wagner, „Nacht über Bayreuth“, Zürich 1945
S. 179 oben, Richard-Wagner-Archiv, Bayreuth
S. 179 unten, Stern-Archiv, Hamburg
S. 180 Peter P. Pachl, „Siegfried Wagner, Genie im Schatten“, München 1988
S. 181 links, Richard-Wagner-Archiv, Bayreuth
S. 181 rechts, Adolf Hitler, Gesichter eines Diktators, Hamburg 1968
S. 182 Adolf Hitler, Gesichter eines Diktators, Hamburg 1968
S. 183 Adolf Hitler, Gesichter eines Diktators, Hamburg 1968
S. 184 Adolf Hitler, Gesichter eines Diktators, Hamburg 1968
S. 185 Wolf Siegfried Wagner, Die Geschichte unserer Familie in Bildern, München 1976
S. 186 oben, Adolf Hitler, Gesichter eines Diktators, Hamburg 1968
S. 186 unten, Wolf Siegfried Wagner, Die Geschichte unserer Familie in Bildern, München 1976
S. 187 Friedelind Wagner, „Nacht über Bayreuth“, Zürich 1945
S. 188 Wolf Siegfried Wagner, Die Geschichte unserer Familie in Bildern, München 1976
S. 189 Ullstein Bilderdienst
S. 190 Ullstein Bilderdienst, Kurt Hamann
S. 191 Ullstein Bilderdienst, Camera Press Ltd.
S. 192 dpa/Deutsche Presse-Agentur, Frankfurt a.M.